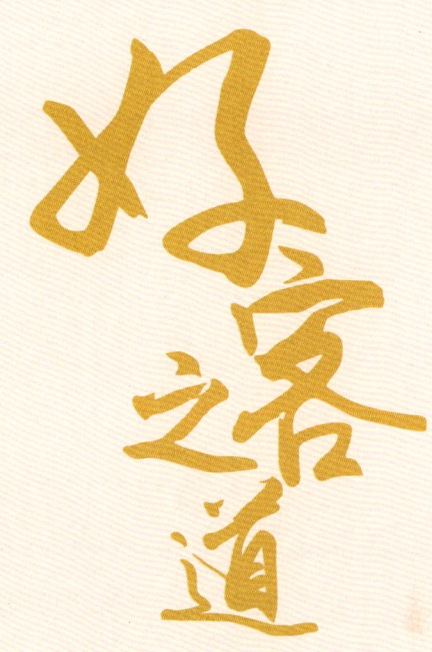

好客之道

中国石油非油业务发展探索与实践

《好客之道——中国石油非油业务发展探索与实践》编委会 ◎ 编

石油工业出版社

内 容 提 要

本书由奋进历程、华彩乐章、旗帜飞扬、流金岁月四部分组成。"奋进历程"主要概述中国石油非油业务2007年以来经历的发展阶段、提出的重大思路、实施的重要举措、取得的重大成就，展现中国石油非油业务从无到有、从弱到强、从规模壮大到高质量发展的创业之路；"华彩乐章"主要以典型案例形式，展现"昆仑好客"品牌创立以来中国石油非油业务创新亮点，探索实践经验，包括便利店业务、商品开发与运营、汽车服务、线上营销、新业务拓展等；"旗帜飞扬"主要展现非油业务中党的建设、企业文化和队伍建设成果，重点聚焦党建引领、品牌升华和榜样风采；"流金岁月"主要以非油业务领导和亲历者讲话摘录、口述回忆和员工寄语等方式，表达参与非油业务创业的感受和对未来发展的祝愿。

图书在版编目（CIP）数据

好客之道：中国石油非油业务发展探索与实践 /《好客之道——中国石油非油业务发展探索与实践》编委会编．—北京：石油工业出版社，2024.1
  ISBN 978-7-5183-6533-3

Ⅰ.①好… Ⅱ.①好… Ⅲ.①加油站-零售商业-商业经营 Ⅳ.①U491.8②F713.32

中国国家版本馆CIP数据核字（2024）第032742号

好客之道：中国石油非油业务发展探索与实践
《好客之道——中国石油非油业务发展探索与实践》编委会 ◎ 编

出版发行：	石油工业出版社
	（北京安定门外安华里2区1号　100011）
网　　址：	www.petropub.com
编 辑 部：	（010）64253773
图书营销中心：	（010）64523731
经　　销：	全国新华书店
印　　刷：	北京中石油彩色印刷有限责任公司

2024年1月第1版　2024年1月第1次印刷
787×1092毫米　开本：1/16　印张：18　插页：20
字数：320千字

定　价：350.00元
（如出现印装质量问题，我社图书营销中心负责调换）
版权所有，侵权必究

编 委 会

主　　任（主编）：刘　刚　朱　磊
副 主 任：陈建志　张恩怀　杨　旭　杨子燕
执行编写：于天水　杨　淼　关志强
参编人员：王桂娟　宋广喜　贾小娟　胜秋月　沈建雄
　　　　　张晓燕　董宇鲲　樊艳春　戴　扬　白　云
　　　　　兰　冬　李　杰　董英传　丁　晗　陈　舟
　　　　　王志勇　路存利　白　刚　陈　莹　亓敏霞
　　　　　张　镔　宋兆博　赵　晨　孙　洁　郭伟杰
　　　　　郑文才　杨新梅　朱育蓉
素材提供：周桂申　张正新　李　阳　王贵平　刘　媛
　　　　　庄博文　王馨竹　苗　苗　白　宇　朱　宁
　　　　　项　雯　贾　青　王阳雪　檀叶萱　张　帆
　　　　　孙　静　王运泽　续彩红　康雅宁　丁　涛
　　　　　孙浩强　李　岚　杨　婷　刘晓晖　王　佩
　　　　　李佶阳　金　燕　杨娅妮　王梦含　腾　毅
　　　　　王　婷　杨柳春　陈立宏　张　敏　唐莹碑
　　　　　甄　娜　黄启凤　董　聘

编 委 会

主　　任（主编）：刘　刚　朱　磊
副 主 任：陈建志　张恩怀　杨　旭　杨子燕
执行编写：于天水　杨　淼　关志强
参编人员：王桂娟　宋广喜　贾小娟　胜秋月　沈建雄
　　　　　　张晓燕　董宇鲲　樊艳春　戴　扬　白　云
　　　　　　兰　冬　李　杰　董英传　丁　晗　陈　舟
　　　　　　王志勇　路存利　白　刚　陈　莹　亓敏霞
　　　　　　张　镔　宋兆博　赵　晨　孙　洁　郭伟杰
　　　　　　郑文才　杨新梅　朱育蓉
素材提供：周桂申　张正新　李　阳　王贵平　刘　媛
　　　　　　庄博文　王馨竹　苗　苗　白　宇　朱　宁
　　　　　　项　雯　贾　青　王阳雪　檀叶萱　张　帆
　　　　　　孙　静　王运泽　续彩红　康雅宁　丁　涛
　　　　　　孙浩强　李　岚　杨　婷　刘晓晖　王　佩
　　　　　　李佶阳　金　燕　杨娅妮　王梦含　腾　毅
　　　　　　王　婷　杨柳春　陈立宏　张　敏　唐莹碑
　　　　　　甄　娜　黄启凤　董　聪

序

中国石油天然气集团有限公司（简称中国石油或集团公司）发展非油业务是一项重要的战略举措。2007年集团公司审时度势，贯彻"资源、市场、国际化"战略，在中国石油天然气股份有限公司销售分公司（简称销售公司，各省区分公司简称"省区名+销售"，如北京销售）板块践行市场战略，依托当时加油站销售网络，借鉴国外便利店营销经验，决定拓展非油业务，作为销售业务新的效益增长点，提升中国石油整体效益，增强核心竞争力。

作为国有骨干企业，中国石油认真学习贯彻习近平新时代中国特色社会主义思想，在保障国家能源安全的同时，有序发展非油业务服务民生，着力践行以人民为中心的发展思想，把企业的发展融入国家的战略、人民的福祉之中，这是中国石油非油业务发展壮大的理论基石，也是促进国有资本保值增值、国有企业做强做优做大的创新途径。

中国经济持续发展，进入"汽车时代"，中国石油销售网络从为汽车提供加油服务，延伸到为驾乘人员提供非油商品服务，既满足了人民群众的出行生活需要，也促进了石油销售企业转型升级。中国石油非油业务经过15年的持续发展，由最初作为油品销售辅助性的一种增值业务，发展到成品油销售环节不可或缺的重要部分，昆仑好客便利店规模发展超过2万座，非油业务变成了中国石油销售主营业务。油品和非油品共同发展、相互促进，非油业务为中国石油每年能实现近1亿吨的成品油销售、近7000万吨的成品油零售起到了非常重要的支撑作用，对中国石油可持续发展和整体效益提升作出了应有的贡献。非油业务从一种增值服务变成销售主营业务，应该说集团公司决策进军非油业务的发展方向是正确的，效果是显著的。

中国石油非油业务的道路是发展之道。非油业务坚持品牌化、规范化、专业化发展之路，高起点谋划、高标准运作，实现了高质量发展。非油业务从无到有、从小到大、从弱到强，规模实力不断壮大，效益水平持续提升。2007年，中国石油仅有2940座加油站开展非油业务，年销售收入6.6亿元，利润不足1亿元；经过15年奋斗，2022年中国石油开设昆仑好客便利店20600座，非油店销收入277.6亿元，实现毛利总额超过50亿元，中石油昆仑好客有限公司（简称昆仑好客）资产总额突破20亿元，在中国便利店百强榜排名第三。集团公司历届党组的决策部署为非油业务发展规划了路线图，尤其是在发展非油业务10年之后，为了把非油业务做大、规模做精、管理做强，2017年成立昆仑好客，作为非油业务的管理运营平台和合资合作平台，统筹开展跨省区和全局性的业务运营及组织协调，从此非油业务进入了市场化配置、专业化运营、规范化发展的快车道。"十三五"期间非油收入、毛利年均增速分别达到12.5%和15%，盈利能力持续提升。非油业务的发展促进了中国石油成品油销售，在油品销售微利时代保持了销售业务整体收入的稳定，支持了集团公司整体协调发展和销售业务转型升级，走出了一条符合中国特色和石油特点的非油业务发展之路。

中国石油非油业务的道路是创新之道。中国石油非油业务从各地自发探索到统筹协调加快发展再到成立昆仑好客实施专业化运营，将中国石油的规模优势与市场灵活性结合起来，推行规范管理、精益管理，优化管理出效益。昆仑好客切实履行业务经营、管理协调、运营指导、专业服务、支持保障、合资合作等职能，强化非油业务的顶层设计，制定标准规范，加强品牌管理，拓展业务领域，推进商品集中采购，积极开发自有商品，完善供应链建设，用新理念指导新实践，用新方法实现新目标。

持续创新带来显著变化，管理创新促进非油业务运营管理更加规范。近年来，昆仑好客以精益零售理念为指导，结合非油业务实际，以商品管理为核心，创造性地构建了"战略、业务、IT/DT"三位一体的"昆仑好客运营体系"，建立以门店为起点的需求链与供应链的全价值链流程，梳理完善非油商品质量管理规范，有效提升了中国石油非油业务的发展质量。商业模式创新促进非油业务布局更加优化。以便利店业务为核心，大力开发自有商品，加速发展汽车服务业务，积极探索发展线上业务，有序开发化肥、快餐、团购等新业务，在扩大规模的基础上追求质量效益持续提升。巩固发展便利店核心业务，便利店销售商品发展到22大类近7万种商品，年销售百万元以上的便利店超过8000座；自有商品创新开发模式，改变了最初"小、散、弱"的局面，自有商品年销售收入由昆仑好客成立之初年销售额不到2亿元，到2023年突破20亿元，累计开发涵盖12个大类自有商品1400多款新品，形成了以武夷山水、"优选+"米面油、"好客壹生"纸等为代表的全国性品牌；汽车服务业务加快发展，建立专业化的汽服业务运营体系，扩大连锁经营网络，从洗车、维修、车辅产品到整车销售，2022年汽服年收入达到6.7亿元；与时俱进发展线上业务，通过互联网电商平台拓宽非油销售渠道，形成了面向加油卡客户、中国石油员工和第三方公共领域渠道三个市场的"1+1+N"线上渠道，广泛开展直播带货，2022年非油业务线上销售收入7.28亿元，成为近年来非油销售最快的业务增长点；因地制宜发展非油新业务，2022年，化肥农资业务产业链不断延伸，销售收入达到35亿元，大力推进快餐业务着力打造"人·车·生活"生态圈。昆仑好客成立5年来，非油销售收入翻了一番，毛利翻了一番。中国石油非油业务由早期的投资驱动转向创新驱动为主，从规模扩张转向高质量发展的新赛道。

中国石油非油业务的道路是奋斗之道。中国石油历来以油气开发加工销售为主，进军非油业务是全新的探索，没有现成经验可循，面临各种风险挑战，只能摸着石头过河。从事非油业务的队伍包括中国石油销售系统专职干部员工和兼职人员，秉承中国石油红色文化基因，充分发扬石油精神和大庆精神铁人精神的优良传统，在集团公司党组的关怀指引下，在销售公司的大力支持下，团结协作、艰苦奋斗、勇闯市场、攻坚克难，一步一个脚印，持续奋斗十多年，把非油业务做大做强做优。在非油业务创业征程中，昆仑好客成立，昆仑好客进一步坚持党建引领，把党的建设与业务经营深度融合，有效发挥党组织的核心作用。注重非油队伍建设，狠抓员工培训提升专业技能，引进人才优化队伍结构，拓宽人才成长通道激发全员创新活力。昆仑好客总部员工有三分之二是从石油系统和零售行业招聘引进的优秀人才。非油战线经过多年时间锻炼成长，培育出一大批甘于奉献、锐意进取的非油业务骨干，涌现出一大批非油业务销售能手，为非油业务持续壮大奠定了坚实的人才基础。中国石油非油业务网点遍布全国 31 个省区，是中国石油服务民生的形象窗口，为人民的美好生活奋斗，努力提供优质产品和服务，积极履行社会责任，开展消费帮扶支持乡村振兴，参与支持疫情防控，持续提升社会效益和经济效益，树立了良好的品牌形象。近年来，非油业务凭借优秀的管理模式和销售业绩，昆仑好客品牌价值节节攀升，销售额从 2020 年的 126 亿元增长至 2023 年的 170 亿元，在全国零售行业企业品牌价值跃居第二。昆仑好客的美誉度也在持续提升，在中国国家品牌网举办的品牌日活动中，2021 年至 2023 年连续 3 年入选"我最喜爱的中国品牌"名单。

"行百里者半九十"。中国石油非油业务下一步发展确立了更高的目标，昆仑好客承担非油业务专业化运营的重任，面临着更大的挑战。我们有一个梦想，那就是希望通过各方的关心理解、大力支持和非油战线干部员工脚踏实地的努力，未来实现非油业务年销售过千亿元，毛利过百亿元，非油业务成为中国石油销售业务的半壁江山，为社会民生服务创造更大价值。期待这一天早日到来！

中石油昆仑好客有限公司执行董事、党委书记　刘　刚

2023 年 9 月

领导关怀

2016年9月13日,时任集团公司董事、总经理、党组副书记章建华在云南销售阳光便利店调研

2016年12月9日,时任集团公司董事、总经理、党组副书记章建华在青海销售五四加油站便利店调研

2017年4月14日,时任中国石油天然气股份有限公司(简称股份公司)副总裁、销售公司总经理田景惠在河南销售郑州西四环加油站便利店调研

2017年5月22日,时任集团公司党组成员、副总经理喻宝才在山西销售太原和平南路加油站调研

2017年6月14日,时任集团公司党组成员、副总经理、安全总监段良伟在云南销售西福路加油站便利店调研

2017年9月28日,时任集团公司副总经理覃伟中在四川销售元华加油站便利店调研

2018年1月10日，时任国务院派驻中国石油监事会主席杜渊泉在云南销售西福路加油站调研

2018年8月2日，时任集团公司董事、总经理、党组副书记章建华到昆仑好客调研

2019年1月24日，时任集团公司党组成员、总会计师刘跃珍在山西销售加油站调研指导

2019年2月20日，时任集团公司董事、总经理、党组副书记张伟在陕西销售西安凤城十路加油（气）站便利店调研

2019年4月2日,时任集团公司董事、总经理、党组副书记张伟在云南销售张本荷加油站调研

2019年5月28日,时任集团公司董事、总经理、党组副书记张伟在青海销售五四加油站便利店调研

2019年6月12日,时任中央委员、河北省委副书记,省政府省长、党组书记许勤到河北销售政务服务中心便利店调研

2019年7月6日,时任集团公司党组成员、纪检监察组组长徐吉明在陕西销售西安凤城十路加油(气)站便利店调研

2019年10月29日,时任集团公司党组成员、副总经理刘宏斌在陕西销售西安朱宏路加油站便利店调研

2019年11月7日,时任集团公司党组成员、副总经理焦方正到福建"武夷山"水公司调研

2020年2月19日，集团公司董事长、党组书记戴厚良到昆仑好客调研慰问

2020年5月8日，集团公司董事长、党组书记戴厚良在天津销售港八井加油站便利店调研

2020年6月4日,集团公司董事长、党组书记戴厚良在黑龙江销售哈尔滨友谊加油站便利店调研

2020年8月4日,集团公司董事长、党组书记戴厚良在宁夏销售滨河加油站查看便利店陈列及自有品牌商品

2020年8月11日,时任集团公司总经理、党组副书记李凡荣在云南销售西福路加油站了解非油线上直播

2020年9月7日,时任集团公司总经理、党组副书记李凡荣在重庆销售兰馨加油站便利店调研

2020年9月10日，时任集团公司总经理、党组副书记李凡荣在四川销售元华加油站便利店调研

2020年9月30日，时任第十三届全国人民代表大会民族委员会副主任委员，西藏自治区党委副书记，区人大常委会党组书记、主任洛桑江村到雅拉香布水厂调研

2020年11月10日,时任集团公司党组成员、副总经理吕波在四川销售元华加油站便利店调研

2020年11月17日,集团公司董事长、党组书记戴厚良在集团公司市场营销工作会议期间,到非油商品展销现场调研指导

2021年3月8日,时任集团公司总经理、党组副书记李凡荣在北京销售北苑加油站调研

2021年4月1日,集团公司董事长、党组书记戴厚良在吉林销售镜湖加油站便利店调研

2021年5月18日,集团公司董事长、党组书记戴厚良在贵州销售习水县双垭子加油站了解非油业务提篮销售

2021年5月19日,集团公司董事长、党组书记戴厚良在四川销售新牌坊加油站便利店调研

2021年5月21日,集团公司党组成员、副总经理、安全总监黄永章在贵州销售贵阳观山加油站便利店调研

2021年9月16日,集团公司董事长、党组书记戴厚良在西藏销售拉萨功德林加油站便利店调研

2021年10月15日，集团公司党组书记、董事长戴厚良在青海销售西宁五四加油站便利店调研

2021年10月21日，集团公司董事、总经理、党组副书记侯启军在中国石油大厦昆仑好客便利店调研

2022年5月26日,时任吉林省委副书记,省政府省长、党组书记韩俊在吉林销售调研期间对非油业务提出殷切希望

2022年9月23日,集团公司董事长、党组书记戴厚良在安徽销售锦天加油站调研

2022年11月21日，集团公司董事长、党组书记戴厚良在辽宁销售沈阳昆山加油站便利店调研

2023年1月11日，时任集团公司党组成员、总会计师蔡安辉在昆仑好客调研，看望慰问干部员工

2023年2月7日,集团公司党组成员、副总经理、安全总监黄永章在陕西销售西安朱宏路加油站便利店调研

2023年2月16日上午,工业和信息化部党组成员、国家烟草专卖局局长、党组书记张建民,辽宁省副省长靳国卫在辽宁销售怀远门加油站调研中国石油与中国烟草异业合作情况

2023年2月22日,集团公司党组成员、副总经理任立新在河北销售石家庄31站便利店调研

2023年2月23日,时任集团公司党组成员、总会计师蔡安辉在甘肃销售酒泉玉门加油站便利店调研

2023年5月9日,集团公司董事、总经理、党组副书记侯启军在河北销售石家庄136加油站便利店调研

2023年5月10日,集团公司董事、总经理、党组副书记侯启军在山东销售济南燕子山路加油站便利店调研

2023年5月17日，集团公司董事、党组副书记段良伟在甘肃销售兰州西固西路加油站便利店调研

2023年5月19日，集团公司董事长、党组书记戴厚良在重庆销售新牌坊加油站便利店调研

2023年6月26日,集团公司董事、总经理、党组副书记侯启军在辽宁销售昆山加油站便利店调研

2023年6月28日,集团公司党组成员、副总经理张道伟在内蒙古销售康巴什中心加油站便利店调研

2023年6月29日，集团公司党组成员、副总经理任立新在西藏销售拉萨功德林加油站便利店调研

2023年7月5日，集团公司党组成员、纪检监察组组长钱朝阳在新疆销售乌鲁木齐团队二加油站便利店调研

2023年7月7日,集团公司董事、总经理、党组副书记侯启军在甘肃销售兰州建新加油站便利店调研

2023年7月14日,中央委员、福建省委书记、省人大常委会主任周祖翼到福建武夷山水食品饮料有限公司现场调研,慰问在岗员工

2023年7月20日,集团公司董事长、党组书记戴厚良在广东销售广州赤沙加油(气)站调研

2023年8月22日,集团公司党组成员、纪检监察组组长钱朝阳在青海销售五四加油站便利店调研

2023年9月16日,集团公司董事长、党组书记戴厚良在广西销售利福加油站便利店调研

目　录

第一章　奋进征程 ... 1

概要 ... 2

第一节　开篇布局　创建非油品牌（2007—2009年）... 5

第二节　稳步成长　实施品类营销（2010—2013年）... 14

第三节　专业运营　强化业务拓展（2014—2016年）... 24

第四节　转型升级　驰骋快速赛道（2017—2023年）... 36

第二章　华彩乐章 ... 75

概要 ... 76

第一节　夯实基础　持续深耕店网建设 ... 77

第二节　发挥优势　着力开发自有商品 ... 104

第三节　科学统筹　加快推进汽车服务 ... 128

第四节　与时俱进　精准施策线上非油 ... 137

第五节　市场导向　推陈出新多元经营 ... 145

第三章　先锋旗帜······159

概要······160
第一节　党建引领　助推企业发展······161
第二节　品牌升华　展现国企担当······166
第三节　精准发力　争做帮扶表率······178
第四节　榜样示范　凝聚磅礴力量······189

第四章　流金岁月······221

概要······222
第一节　高屋建瓴　把关定向谋全局······223
第二节　踔厉奋发　淘尽黄沙始到金······230
第三节　忠诚担当　非油路上写春秋······239
第四节　寄语未来　长风破浪会有时······281

第一章 奋进征程

概　要

　　1998年3月10日，第九届全国人大第一次会议审议通过《国务院机构改革方案》，决定将中国石油天然气总公司和中国石油化工总公司重组为两个特大型石油石化企业集团公司。同年7月27日，在北京人民大会堂召开两大集团公司成立大会，如图1-1所示；28日，两大集团公司正式挂牌。新组建的中国石油天然气集团公司（简称中国石油或集团公司），主营业务从主要从事油气勘探开发扩展到上下游、内外贸、产销一体化经营，对现行管理体制和经营机制进行脱胎换骨式改造，发起并创立的中国石油天然气股份有限公司（简称股份公司），主要经营勘探开发、炼油化工、油气管道运输、油气产品和化工产品销售等业务。由此开始，股份公司在产销一体化大旗下，终端销售初露锋芒。北油南运、稳定区内、开拓区外，从管住源头到规范市场，成品油销售企业，即中国石油天然气股份有限公司销

图1-1　中国石油与中国石化两大集团公司成立大会

售分公司（简称销售公司，各省区分公司简称"省区名+销售"，如北京销售）"苦练内功"，全力"造势扩张"。

截至2007年，中国石油拥有1.8万座加油站。巨大的客户群和完善的网络优势，犹如亟待开发的"富矿"，使开辟油品以外商品销售成为成品油销售企业尤其是所属加油站的必然选项。

2008年，中国石油加油站第一座样板便利店在北京销售望京南加油站开业，标志着加油站由单一销售成品油的1.0时代迈入经营非油商品及服务的2.0时代。此后，按照集团公司"自主经营、因地制宜、规范发展、稳步推进"的部署要求，各成品油销售企业坚持品牌化、规范化、专业化发展之路，高起点谋划，高标准运作，非油业务得到长足的发展。

2017年，为推进非油业务专业化发展，中国石油天然气集团有限公司（简称中国石油或集团公司）决定成立中石油昆仑好客有限公司（简称昆仑好客）（图1-2），作为非油业务的管理运营平台和合资合作平台，统筹开展跨省区和全局性的业务运营及组织协调，主要负责非油品业务的顶层设计、标准规范制定、品牌管理，指导省区公司非油业务专业化运营，承担全国性综合类商品统采统配、自有商

图1-2　2017年12月7日，中石油昆仑好客有限公司在北京正式揭牌

品开发、物流优化、合资合作等经营职能。至 2018 年，中国石油加油站遍布全国各地，形成"油卡非润"一体化运营体系，加油站向专业化、品牌化、市场化、信息化、网络化转变，进入"加油站 + 互联网 +N"的 3.0 时代。

新时代，新征程，新成立的昆仑好客，继往开来，迈出油非一体化运营的新步伐：

标准先行、精益管理。将"优品、优质、优享"贯穿商品全生命周期管理，创建商品开发运营、质量管控和品牌商标管理等一整套制度、标准、流程。创建以精益零售理论为核心，"战略、业务、IT/DT"三位一体的昆仑好客运营体系，经过深入推广应用，非油各层级量化管理意识和市场应变能力不断增强，商品引入、陈列、营销执行、库存管控等工作水平大幅提升，单店收入增速优于行业平均水平。

双向引流、精准营销。搭建"1+1+N"线上平台，推动加管 3.0 系统和好客商城非油专项高效建设，不断提升线上商城、直播带货、配送到家等业务能力，延伸市场触角，实现线上线下密切协同。聚焦精准营销，运用大数据手段洞察客户需求，形成"商品 + 服务"的营销模式、"数据 + 督导"的跟踪机制，打造购物节、饮水节等一系列特色营销品牌。聚焦精细对标，创建覆盖 4 个方面、3 个维度、17 项关键指标的精益对标模型，全国掀起"比学赶帮超"热潮。聚焦精良门店，持续开展店面优化提升，分片区打造示范店，门店运营质量不断提高。

塑造品牌、提升形象。与头部企业强化制售同盟，逐步由贴牌代工向贴牌代工和自主设计研发双向转型，培育"昆享""昆悦""昆觅""昆壮""好客雲品"等大批知名品牌，武夷山水、昆仑好客"优选 +"米面油、"好客壹生"纸、"好客之義"酒、"好客·智"咖啡、好客童品等一系列自有商品深受顾客青睐，店面形象和顾客认知显著改观，万店无假货形象深入人心，逐步培养顾客目的性消费习惯。昆仑好客品牌价值不断提高，2023 年销售额突破 170 亿元。

第一节　开篇布局　创建非油品牌（2007—2009 年）

2007 年，集团公司面对国内外宏观环境的新变化、新趋势，围绕"科学发展""构建和谐"两大主题，发挥整体优势、优化资源配置，在大力实施资源、市场、国际化三大战略的同时，将全面发展非油业务提上重要的议事日程。

一、战略部署，发展非油

非油业务是指依托加油站网络和客户资源，利用加油站场地和公司资产，为顾客提供除燃油、燃气以外的商品或服务，提高公司赢利能力的商业活动。伴随着油气销售业务的蓬勃开展，辽宁、甘肃、宁夏、山东、新疆、吉林、内蒙古、广东等省（区）销售公司，于 1999 年相继尝试便民商品销售（图 1-3）。这一时期的非油业务，由于是各自经营，没有形成统一运营标准，业务规模相对较小，但是点亮了非油业务的星星之火，抢抓了加油站便利店业务发展的有利时机。

2007 年 12 月 25 日，销售公司（板块）召开非油品业务视频会议，全面吹响进军非油品领域的号角。为坚定发展非油业务的信心，祛除"不务正业"等模糊认识，会议对

图 1-3　辽宁销售锦州分公司广开思路发展非油业务

非油业务明确定位：非油业务是销售公司践行集团公司市场化战略的重要举措，也是增强公司竞争能力、保持利润和市场优势的有效补充，更是销售业务新的增长方式。

销售公司将加油站非油业务经营作为中国石油销售业务的重要内容之一，以成为优秀的加油站网络运营商为目标，以市场为导向，以客户为中心，以规范与发展为主线，逐步建立经营业务统一调控、物流组织相对集中、组织架构专业化运作、运营管理信息化支持的非油业务营销体系。

销售公司要求执行统一规划、统一形象、统一标准、统一核算、统一管理（简称"五统一"），自主经营。按照"自主、统一、规范、科学，有边际效益、具备前瞻性"原则，以市场为导向，发挥品牌优势，实现运作规范化、营销差异化，因地制宜，稳步推进。

2010年，开展便利店业务的加油站达到8000座，开展汽车服务的加油站达到300座，建立中央仓50个，销售收入50亿元，毛利率达到15%以上，实现全面盈利。

销售公司以"国内非油品行业的领跑者"作为战略定位，以"积极乐观时尚的消费群体"作为顾客定位，设计并出台"uSmile昆仑好客"便利店品牌，实施"三步走"战略。第一步，2008年至2009年，为开发市场、培育顾客认知度、美誉度阶段。第二步，2010年至2011年，为总结经验、提高忠诚度阶段。第三步，2012年以后，为网络高效运营、实现规模效益阶段。

按照"三步走"要求，各省区销售公司积极筹划、勇抢先机，非油品业务出现迅速发展势头。

二、创建标准，统一形象

2008年，是非油业务全面规范之年。按照集团公司对非油业务"规范、稳健、有效、科学"的发展要求，销售公司（板块）以规范和发展为主线，强化组织运行，推动非油品业务在金融风暴席卷全球、世界经济跌宕起伏的背景下稳健起航。

2008年1月16日至17日，非油业务座谈会在广东省东莞市召开。会议期间，华南销售、中油BP石油有限公司、华北销售，分别从实战技术角度介绍非油业务；美国CBX公司高级合作伙伴陆福和墨菲集团首席及管理合伙人墨菲，根据20多年的从业经验，分析中国石油非油业务现状，展望3—5年后中国石油非油业务的前景；与会人员参观中国石油非油业务形象样板试点站——水电加油站便利店（图1-4）。

这是"昆仑好客"品牌

图1-4　水电加油站便利店

第一次在加油站应用，经全新设计包装，样板便利店门楣、收银台、商品陈列等令人耳目一新。对比样板店，剖析现状，会议针对包装和运行标准、新建站房结构标准、非油业务信息系统、专业人才、非油工作人员编制和激励机制等方面存在的问题，提出应对措施，明确责任部门。为落实好这次座谈会精神，销售公司（板块）按照集团公司对非油业务"自主经营、因地制宜、规范发展、稳步推进"的要求，对2008年的重点工作作出部署。

确立品牌，统一标准。按照"规范发展"的原则和要求，由销售公司（板块）非油处牵头，逐站摸底，深入研究。聘请国际专业咨询公司对品牌形象和运作标准作出设计，出台"uSmile昆仑好客"便利店品牌。对便利店、洗车、汽车养护、快餐、广告等业务，统一形象、统一标准、统一管理。对汽车服务业务按标准要求进行试点，广告业务利用中国石油的整体网络优势由销售公司（板块）统一运作；其他非油业务因地制宜，积极推进。为改变加油站非油业务因自主经营、自发经营和租赁经营等模式带来的业务形态单一、单站销售收入偏低的现状，各单位对照既定标准认真清理，积极整合。到同年7月，对便利店出租、集资外包等不规范的经营方式整顿完毕，为规范运作奠定良好基础。同时，对控股的加油站非油业务，按自主经营原则进行清理和整顿。

图 1-5 "uSmile 昆仑好客"便利店品牌

编制和落实发展规划。对非油业务整体规划，明确两个"定位"（以"国内非油品行业的领跑者"作为战略定位，以"积极乐观时尚的消费群体"作为顾客定位），在进一步完善"三步走"发展战略的同时，设计并出台"uSmile 昆仑好客"便利店品牌（图 1-5）。围绕年内"开展便利店 4000 座、汽车服务网点 150 座、中央仓 25 座和销售收入 10 亿元、非油业务毛利达到 10% 以上"的工作目标，各单位将非油业务与油品业务同计划、同部署、同落实。2008 年上半年，编制"十一五"后三年非油业务滚动发展规划。下半年，销售公司（板块）组织人员分区域对各公司发展规划进行评审指导。至年底，汇总形成中国石油全国非油品业务总体发展规划。

建设样板项目，以点带面。按照"五统一"要求，各单位根据地域情况，创建非油业务示范项目。在商业氛围好的地方建立旗舰店，重点培育，重点指导，摸索经验，扎实推进。在华南、华东、华北等公司的示范和引导下，2008 年销售系统百万元店达到 50 座，50 万元加油站 100 座，30 万元加油站 300 座。

探索供应链管理模式。组织专人，认真研究供应链管理系统，对"订、进、收、结退"四个环节做出明确规定和要求。订货采购环节，对供应商分级管理，对大宗商品统一采购。同时，根据商品数量及规模，与有关生产厂家建立长期战略合作伙伴关系。配送环节，采取集中配送与供应商直送结合方式，综合考虑当地合理配送半径及运费成本，因地制宜，逐店规划。收货仓储环节，采取直流与中转结合方式。结算环节，按照财务规定，严格把关，规范操作。

设立专项课题，做好营销研究。围绕便利店货品陈列、供应链、促销、快餐、汽车服务等工作，先后成立相应的课题小组，借助有关专业机构和专家团队，就如何开发市场、如何提高营销能力、如何提升中国石油非油业务美誉度和顾客忠诚度等专题,深入探讨,逐站研究,一站一策,因地制宜,力推非油业务好中求快,健康发展。

2008年,各成品油销售企业按照《中国石油加油站便利店标准(试行)》《非油业务手册》等一系列标准和制度的规范要求,加大对非油业务的推进力度。华南、黑龙江、辽宁、四川、重庆等公司,先后成立专门的非油业务机构,初步建立起非油业务的制度体系。同年,中国石油开始在年销售3000吨以上的加油站开展便利店业务,在条件成熟的地方开始推行汽车服务、广告、餐饮、农资等业务(图1-6、图1-7);增办烟草专卖、卫生许可等专项证照。由此,非油品业务实现突破性进展。截至2008年年底,便利店开店数量增至5832家,比计划增加45.8%;销售收入16亿元,同比增长150%。

图1-6　2009年辽宁销售鞍山分公司加油站开展轮胎销售业务

图1-7　山东销售加油站开展化肥销售助力春耕

三、加强管理,激发活力

2009年,非油业务稳步发展,便利店网络日益健全,品类结构更加完善,管理水平不断提升。

围绕效益运作,提升专业化管理水平。对非油投资按项目管理,建立高级店、标准店和机油店三种店面的开店模板。高级店,即地理位置在城市主干道和高速公路的便利店,测算日营业额在1500元以上,硬件投入20万元左右;标准店,即地理位置在市郊繁华镇区及国道的便利店，测算日营业额在600元以上，硬件投入10万元左右；机油店，即地理位置在省道、乡镇、农村的便利店，测算日营业额100元以上，硬件投入3万元左右。随着加油站便利店网络的建立健全，非油业务整体销售能力大幅提升，与供应商谈判议价能力显著增强。从2009年下半年开始，陆续与品牌优秀、份额领先、发展前景好的供应商开展总部级合作，与可口可乐、中国移动、汇源、伊利、好利来等多家供应商签订全国战略合作协议。知名供应商的引入，丰富了商品种类，提升了中国石油和"uSmile"的品牌价值，增强了便利店专业运作能力。2009年年底，各单位便利店经营商品涵盖22大类35500多个品种。为增强配货的及时性、节省物流成本，各单位在物流管理方面纷纷采取新建和租赁等方式进行仓储与配送，在不同程度上节约了物流费用，扩大了毛利空间。

多措并举，提升竞争能力。为快速提高从业人员的业务知识和技能水平、持续推进昆仑好客形象店建设，销售公司（板块）多管齐下，狠抓既定措施的落实。

一是搭建非油研究体系，建立板块与省区销售公司相结合的课题研究小组，抓重点、分层次开展系列研究工作，统一制订并下发非油业务的分析模板，解构分析经营过程中的关键指标，为各单位强化业务创新能力提供了深层次的理论思考。

二是编发《非油动态》，向各省区销售公司业务处（室）实时通报行业、竞争对手和企业内部的业务动态。

三是制订并下发《中国石油销售公司非油业务化肥经营管理办法（暂行）》，启动化肥零售业务。除黑龙江、宁夏和湖北省的三个试点单位外，另有8个单位开展化肥零售业务（图1-8、图1-9）。

四是在全国公开招标，以"场地租赁经营"模式开展加油站广告业务，与北京北广移动传媒有限公司正式签订合作协议，启动加油站多媒体广告业务。

五是典型引路。2009年8月27日至28日，销售公司（板块）在吉林省长春市召开非油业务工作会，聘请业内专家对便利店商品管理进行专题讲座，听取各

图1-8 吉林销售"惠农补给站"

图1-9 江苏销售镇江黄山加油站

省区销售公司昆仑好客形象店建设工作汇报,分享并推广吉林、黑龙江和山东销售"标准执行到位""化肥零售""品类陈列专项课题研究"等经验做法。在样板的示范和带动下,各省区销售公司的非油业务迅速发展。至同年年底,累计完成便利店改造2118座(图1-10),实现收入6.97亿元,与改造前相比,增长146%;改造后,加油站单站油品日均销量增长2%以上,"油非互动"效果显著。

随着各项管理水平的不断提升,便利店业务成为加油站的活力单元。2009年,开展便利店业务的加油站达到8840座、同比增长73%,非油业务实现销售收入

图1-10 加油站便利店改造后场景图

27.6亿元、同比增长69%，年均吨油非油收入达到47.7元、同比增长73%。广东、辽宁、黑龙江公司销售收入突破2亿元大关，内蒙古、山东、甘肃、河北、云南、吉林、新疆、四川等8家公司销售收入突破亿元大关。

四、强化对标，规范运营

按照销售公司（板块）《关于贯彻落实非油业务发展若干文件精神的通知》《中国石油加油站便利店标准（试行）》等规范要求，各单位对标对表，做实功，求实效。随着昆仑好客品牌便利店在中国石油加油站的闪亮登场，"微笑"设计体现的销售公司的服务理念，在重新包装的加油站相继亮相，迅速提升整个加油站的外观形象。在落实各项标准和规范的系列生动实践中，各省区销售公司多措并举树品牌，上下联动"两手抓"。

抓"硬件"建设毫不松懈。按照"稳步开展、重点扶持、集中优势"的开发策略，自2008年起，销售公司（板块）在油品年销售5000吨以上的加油站开设高级便利店，在年销售3000吨以上的加油站开设标准店，在年销售3000吨以下的加油站酌情开设和发展非油业务。同时，因地制宜开展汽车服务及其他业务；在经济发达地区、中心城市、高速公路优先考虑，在北京、上海、天津、青岛等奥运城市重点扶持、迅速展开，在长三角、珠三角等地区成片发展，对万吨级加油站优先开发；充分发挥加油站广告集中开发、大宗商品集中谈判议价、网络信息共享三个优势，努力实现规模效益目标（图1-11、图1-12）。

图1-11　重庆销售牛滴路加油站

图1-12　西藏销售加油站

抓"软件"建设毫不动摇。为应对"引导、促销、与顾客有效沟通"等挑战，各加油站将《非油业务运作手册》等规范，作为从事非油业务人员的必修课，掀起学习和宣贯热潮。各省区销售公司着眼改变员工的营销和服务理念，因势利导，注重培育良好习惯。相继出台了落实各项规范和标准的制度及政策，建立样板站并大力推广，努力培养具有专业技能的非油业务管理人才和操作技能的员工队伍。

甘肃销售以学习和宣贯《非油业务运作手册》为先导，强力规范非油业务运作程序：对照"手册"，认真梳理以往开展非油业务的制度及措施，规范运作流程；对标"uSmile"品牌形象的规范要求，着力打造样板店、标准店。对年销售5000吨以上的加油站分析评估后，确定42座标准店建设改造方案，修改便利店建设图纸；标准店建成后，在设施布局、商品陈列、经营项目、品种及销售技巧等方面严格培训，确保42座标准便利店在2008年按照模块化标准顺利运营。2009年，出台"促进非油业务发展的指导意见"，从便利店开发、岗位设置及人员配备、商品采购、销售等12个方面，高标准、高起点运作。重庆销售在对标管理中，将便利店主要业务流程细化为"购（采购）、存（库存）、订（订货补货）、配（集配与直配）、进（到货收货）、销（销售）、退（退货）、结（结算）"8个环节，制订每个环节的工作步骤和细则，找出占销售额60%以上的几大贡献品类和前50到100种畅销商品，设定总体销售目标、品类销售目标、重点发展品类销售目标，形成采购计划。在北京销售柳荫加油站便利店，随时可见员工的微笑服务，抬头就有商品的促销信息。从包装改造前的每天500元到改造后的日均2500～2900元，体现的是顾客对加油站购物满意度的提升，彰显的是服务与营销实践的成功。

"两手抓"实现"两手硬"。2009年，在国际金融危机的大环境下，加油站便利店业务成为中国石油加油站极有活力的业务单元。

第二节 稳步成长 实施品类营销（2010—2013年）

2010年，商务部下发《商务部关于促进加油站非油品业务发展的指导意见》（商贸发〔2010〕41号），这是从国家政府层面将促进加油站非油业务上升到促进内需、拉动消费的高度推动发展的有力举措。中国石油各成品油销售企业以此为契机，围绕集团公司"全面建成世界水平的综合性国际能源公司"目标，按照"有质量、有效益、可持续"发展方针，牢牢把握建设国际水准销售企业目标要求和稳中求进总基调，持续推进精细化管理，提升发展质量，强化网络建设，扩大销售规模，实现新的跨越，促使非油业务呈现出"量效齐增"的好势头。

一、健全机构，优化体制机制

2010年5月27日，销售公司（板块）召开以"践行科学发展观，注重提高执行力，持续推进非油品业务规范有序有效发展"为主题的非油业务视频会议。会议针对非油业务仍处于初级阶段的情况，要求各销售企业结合实际，进一步健全非油业务管理机构，完善相应的工作机制。在年销售收入30万元以上的便利店，设立专职便利店主管；年销售收入30万元以下的便利店设兼职便利店主管，机构和人员随着业务的发展增减合理调配，保持最佳人力配备（图1-13）。在建立和完善机构的同时，通过落实各

图1-13 便利店主管在销售非油商品

种制度和规范，不断完善工作机制。尤其是针对非油业务是"不务正业"等模糊认识，完善激励机制，将非油指标纳入月度与年度计划，层层分解，与绩效挂钩。同年8月19日，非油业务专业线又在成都召开非油商品选择与陈列专题会议，在广泛征求意见、充分研讨存在问题的基础上，会议明确指出：非油业务发展到现在，不是"干不干"的问题，而是"如何干""如何才能干好"的问题。

各单位对非油业务的重视程度与日俱增。四川、广东、山东、新疆、宁夏等销售公司率先从机构、人员、政策等方面予以大力支持。西藏、贵州、山西、海南等销售公司，主动采取对策，克服困难，努力发展非油业务，形成上下协调、齐抓共管、整体推进非油业务有效发展的新局面。到2012年7月，20家省区公司设置非油业务运营管理部门。各省区销售公司在站点建设中强化非油标准，在薪酬分配中增加非油业务权重，在业绩考核体系中增加对非油指标的细化内容（图1-14）。为进一步理顺机构机制，加大对非油业务的管理力度，销售公司（板块）在深入调研的基础上，以会议和文件等形式，推出一批不同层面的典型经验模式。

图1-14　非油营销队伍日益完善

其中，在完善体制机制、创新管理方式方面，云南销售的做法和经验被广泛推广：

2009年2月，云南销售把非油业务作为经营业务的重要组成部分，成立非油品中心，按照"油非并重"原则，不断拓展销售网络和经营项目。2010年7月，将非油品中心更名为非油品经营管理公司，按照公司化模式运作。云南销售创新思路，寻求突破，聘请业内资深专家，研究制订非油业务"三年三步走"发展规划，踏线运行，深入实施。第一步，改革体制，完善机制，实现业务流程科学化。2010年7月，制订并实施《非油业务改革方案》，在省公司层面组建非油业务专业机构，在地市分公司层面设立非油品业务部，形成省、市、便利店三级非油业务管理体系，调整优化公司非油业务管理体制与运行机制。第二步，培训人员，提升技能，实现非油业务管理专业化（图1-15）。2011年，通过人员培训和导入非油专业线职业技能鉴定及岗位资格管理，提升非油队伍的整体业务素质和专业技能，实现专人专责专业化经营，使非油业务的整体经营和管理水平迈上一个新台阶。第三步，拓展网络，创新业态，实现经营效益的稳步提升。在前期建立健全组织机构与非油队伍的基础上，通过规模经营和经营业态创新，实现非油业务由数量增长向质量增长的转变。按照"三步走"要求，健全组织架构，力保项目平稳运行。

图1-15 对非油业务人员进行培训

通过抓点带面，云南销售的示范效应很快普及，在销售系统形成"领导重视、非油（业务机构）牵头、部门配合、全员参与"齐抓共管的工作局面。各单位引智借力、破解难题，加强保障、资源共享，严格按"三控制一规范"要求，探索建立机关大部门、油库大班组、加油站大岗位机制，不断优化劳动用工，提升劳动效率，推动非油运作新模式取得实实在在的新成效。

二、完善标准，提升品牌价值

2012年，销售公司（板块）紧紧围绕建设国际水准销售企业目标，按照"坚守标准、扩大规模、提高毛利、稳步发展新业务"的非油工作思路，深化精细管理，持续提升发展能力。

标准推广持续深入。商品引进方面，制定并实施了完善的采购流程，从源头上确保商品质量和规模采购优势，坚决杜绝三无产品；对总部合作的商品确保执行到位、陈列到位、销售到位；对地方特色商品，力求经营出特色、出亮点。商品陈列方面，普及推广业内好的经验和做法，研究陈列方法和技巧，严格按标准和规范陈列、管理商品。为切实防范经营风险、堵塞经营漏洞，编制加油站便利店（站）级工作流程，并逐步完善总部级操作流程，列示风险点及相关风险控制挡，不断完善、细化各项管理规定和操作流程，做到靠流程管理、靠细节提高。通过视频会、现场督导等方式，及时开展各种标准培训。同时，与工程施工紧密结合，把设计标准融合到加油站建设标准中，增强应用性。汽车服务业务方面，制定并实施《汽车服务建设标准设计》《汽车服务业务运营手册》《汽车服务项目后评价编制规定》等标准，从立项开始，按照"只有规定动作，没有自选动作"要求，全程跟踪，全程介入，不折不扣地落实标准。快餐业务方面，通过试点，进一步完善《加油站便利店食品安全管理规范》，制定《加油站便利店快餐操作手册》。2010年，在广泛进行"uSmile"便利店包装改造时，各单位业务和工程部门严把设计源头关，共同审核施工方案，强化施工过程管理，将"uSmile"标准不折不扣地实施到位。同时，通过对"uSmile"标准执行情况进行检查，进一步推动和促进标准体系的有效运行。经过近三年的培育，至2012年已有"uSmile昆仑好客"便利店和"carCare咔咔"汽车服务两个品牌及建设标准，被消费者广泛认同，在全国连锁零售品牌中产生较大影响力。

业务范围逐渐扩大。致力于新业务的研究和探索，通过市场调查、对策研究、制订规则、组织试点等途径，积极寻求新的业务增长点和利润增长点。

图1-16 重庆销售新牌坊加油站汽服区域（集洗车、维修、保养等功能于一体）

一是稳步推进汽车服务业务。坚持顶层设计理念，出台汽车服务标准体系。2011年，在山东、河南、江苏、吉林、重庆（图1-16）开展洗车服务试点，初步积累经验，特别是吉林延边新丰汽车服务站，在整个加油站非油业务中毛利率和利润率最高，真正做到"油非互动"，成为比较成功的案例。

二是开发建设高速公路服务区。在有条件的高速公路服务区扩大非油业务经营范围，积极创新营销模式，加快推进高速服务区标准化建设和规范化运营，努力打造国内一流的高速公路服务区。涌现出宁夏小红沟服务区、四川新安服务区等优秀典型（图1-17）。

图1-17 宁夏小红沟服务区便利店内景

三是有序、有效推进快餐业务。研发8类53种产品（图1-18）。其中，茶叶蛋、冰沙、豆浆等商品得到顾客的普遍认可。

四是快速推进广告等业务。2012年，在继续开发多媒体广告的基础上，持续开发平面广告位的商业价值，形成加油站统一的媒体平台。住宿、彩票、汽车保险等业务相继开展（图1-19）。

专业技能显著提高。2012年，提升专业化水平呈现出6个明显标志：第一，优化商品品类结构，提升品类管理能力。例如，香烟收入占比28%，同比上升7个百分点；包装饮料销售占比9.2%，较上年稳中有升。广东、湖北、新疆、山东等公司业绩突出，尤其是新疆销售烟草销售突破1.3亿元。第二，完善促销模式，在加管系统中确立6类18种促销方式，持续开展节假日全国统一促销，促销单品增加到9类120种，全年实现促销收入8.92亿元。第三，强化供应商管理，先后在昆明、南宁、合肥召开三届商洽会（图1-20），建立由26家战略合作伙伴、68家全国合作伙伴、113家区域合作伙伴构成的三级供应商管理体系。第四，发展专业化仓储配送模式，15家公司实现中央仓集中配送，基本形成由点到线的仓储配送体系。山东销售与专业公司采取合作方式，大幅提高配送及时率，销售公司（板块）迅速将这一经验在全系统内推广。第五，全面实施充值缴费等便利服务，在一线、二线主要城市建立便利服务网点，年交易16.7万笔，交易金额5.2亿元；开通6大类、

图1-18　加油站便利店快餐业务

图1-19　北京销售便利店开展彩票业务

图1-20　广西南宁商洽会现场

53项便利支付业务,搭建优惠券兑换、折扣消费等业务平台。

专业的人干专业的事,新业务成效凸显。2012年,优质店数量继续增加,经营品种持续丰富,品牌影响力不断增强,形成供应商入围的管理机制。通过昆明、南宁两届商洽会,形成由22家战略合作伙伴、60家全国合作伙伴、63家区域合作伙伴组成的三级供应商管理体系。2013年,进一步完善供应商管理办法,完成便利店商品陈列工具试点,效果良好。汽车服务、快餐及广告业务等,经过近两年的试点和培育,分别形成成套规范和标准。

三、精细营销,强化品类管理

2010年,是"十一五"收官之年。在这承前启后的重要年份里,销售公司(板块)按照集团公司实施"资源、市场、国际化战略"的部署要求,稳健、有序、有效地推进非油业务快速发展,也是从这一年开始,精细管理逐步深入,精细营销广泛展开。

图1-21 店员在进行开口营销

细分客户,灵活实施差异化经营策略。利用"uSmile昆仑好客"品牌形象站包装机遇,各销售公司扩大高级店、标准店、机油店的商品品类,提高单日销量,特别是加大百万元店、50万元店的培育力度。截至2010年6月,百万元店同比增长110%,50万元店同比增长136%。以世博启动会、商务部会议等大型活动和重要会议为契机,销售公司(板块)在上海、武汉等地选树了一批标准店、培养了一批具备品牌推广专业知识的业务骨干。2011年,通过开口销售、全员营销、细化考核等方式,进一步提高销售服务水平,巩固和拓展客户群体(图1-21)。

强化品类管理,着力提升核心商品品效。结合不同地区、不同类型的客户群体，开发不同的商品品类。各单位进一步加强主数据管理，优化品类管理，把动销商品数量控制在 2500 种左右。持续优化品类结构，要求在主要商品中包装饮料销售占比不低于 12%、香烟销售占比不低于 20%、汽车用品销售占比不低于 5%。积极用好陈列图，

图 1-22 积极做好商品陈列

不断提升商业氛围。省区销售公司通过专项检查，督促各单位准确把握陈列原则，认真执行陈列手册，提高陈列专业化能力（图 1-22）。

深化专项研究，努力突破瓶颈制约。针对顾客行为、商业氛围提升、高速服务区经营、促销、品类管理、商品陈列等非油业务发展中的要点和难点，销售公司（板块）于 2012 年组织相关研究单位，结合地区公司实际，分类分组成立非油业务专题小组，分别承担不同研究课题，并下发研究提纲，安排具体研究任务。随着精细管理、精细营销步伐的加快，销售收入年均增速接近 30%，"量效齐增"势头良好。

四、加强培训，专业队伍建设

随着非油业务的发展，培训工作及时跟进。2008 年，销售公司（板块）非油处和培训处结合，制订培训计划，分步组织实施。成立四支现场实践指导团队（图 1-23），分片区现场培训指导，围绕专业知识、客户服务、运作流程、营销活动、异常处理等主题，从操作演练到现场实践，及时改进，即时辅导，规范"规定动作"，优选"自选动作"，全力打造中国石油一流的非油业务管理和操作团队。在浓厚的学习和培训氛围中，各单位逐步涌现出一批又一批非油开店小组、商品陈列营销专家及管理人才（图 1-24）。经过几年的运作，从上到下建立健全培训工作的体制机制，使培训工作呈现出常态化、多样化的特点。

图 1-23　非油业务现场实践指导　　　　　图 1-24　非油业务培训表彰

2010 年，举办非油业务相关培训班 20 期，参训人员超过 2000 人次。同时，搭建非油研究体系，建立销售板块与省区公司结合的课题研究小组，抓重点、分层次、分阶段对商品品类管理、商品陈列等进行专项研究。

2011 年，狠抓多形式培训，力促专业技能的新提高。通过送教下基层和经理人培训班等方式，开展非油品标准和业务培训。编写加油站经理资格认证非油品部分题库，依托远程培训学院协助开展加油站经理资格认证，持续提升非油品业务专业队伍素质。

2012 年，销售公司（板块）进一步强化专业培训和业务交流。各省区公司结合实际，在非油队伍中广泛开展分级、分目标的管理培训，并以打造样板店、标准店为契机，通过召开视频会、现场会及现场督导等方式，以会代训"明方式"，以点带面"传帮带"，先后组织各种标准培训 13 次。

2013 年，开发培训课件，强化网上培训和示范站培训，坚持每训必考，敦促非油队伍员工素质提升。各单位采取"走出去、请进来"方式，对专家队伍和管理人员开展国际、国内非油知识培训。结合专项课题研究、专业认证培训、业务交流，加强对专业队伍的培训。通过业务规范学习、岗位练兵、技术比武，力促操作队伍业务技能的新提高。

本着学以致用的前提，各单位把非油业务的学习和培训列入重要议程，面向实际，及时完善方式方法；注重实效，适时调整培训内容，远学国外经验，近学身边榜样，在理论与实践的结合上促提高，一批又一批高素质的培训师及陈列专家、营销专家脱颖而出，先进便利店、优秀便利店主管等典范不断涌现。在收入稳步增长的同时，专业队伍稳步壮大，全系统从事非油业务的专职人员近6000人，一支忠诚事业、素质优良、熟悉业务、敢打硬仗的专业化队伍逐步形成。

2013年2月20日，销售公司（板块）召开非油工作视频会议，明确指出：非油业务既是展示国际水准的重要窗口和提升品牌形象的重要载体，又是培养国际化人才、提升销售队伍整体素质的重要途径。会议将发展非油业务上升到战略层面，对加快建设具有中国石油特色的国际水准非油业务体系提出新要求，并组织专家队伍编写《非油业务培训实务》《非油品业务便利店培训》等教材。2013年5月22日至24日，中国石油销售企业精细化管理会议在呼和浩特召开（图1-25）。会议决定，到2020年全面建成效益领先、规模发展、管理科学、服务优良的国际水准销售企业，为非油业务的快速发展不断提供着精神动力和发展方向。

图1-25　中国石油销售企业精细化管理会议现场

第三节 专业运营 强化业务拓展（2014—2016 年）

2014—2016 年，世界经济复苏进程艰难，国际油价持续大幅度下跌，国内油气需求增速放缓，集团公司积极适应新形势、新变化，转变发展理念及思路，妥善应对各种困难和挑战，及时调整生产经营策略，大力实施开源节流、降本增效，加快由过去注重规模速度的粗放发展向更加注重质量效益的稳健发展转变。顺应经济发展的新常态，非油品业务系统牢牢把握稳中求进的总基调，坚持"有质量、有效益、可持续"发展方针，紧抓"转型""创新"两个关键，突出便利店、汽车服务、自有商品、新业务、信息系统、队伍建设六项重点，做精质量、做优效益，强化合作拓市创效，发展质量持续提升，营销网络不断扩大，实现规模和效益的共同提高。

一、聚焦店面优化，品牌深入人心

2014 年，国内加油站以规范管理、加快非油业务发展为重任，非油业务系统广大干部和员工，在应对市场严峻挑战、努力提升发展质量效益的关键时刻，不负重托，迎难而上，以精细管理为手段，形成品牌标准执行规范、经营业务统一调控、物流组织相对集中、组织架构专业运作、运营管理信息化支持的非油业务营销体系。注重发挥品牌优势，坚定不移地继承和发扬大庆精神铁人精神和石油战线优良传统作风，以"三老"为立身之本，"四严"为做事之基，守本开新，赋予适应时代的新文化内涵，升级"昆仑好客""咔咔"两个非油品牌形象，使其成为销售业务扩大对外合作、提升网络价值、展示中国石油良好形象的重要平台。

贵州销售开展便利店全流程诊断，抽派业务骨干赴 9 个地市公司、70 余座加油站帮扶指导，提升基层非油业务的运作水平。组织业务骨干到便利店进行商品布局、陈列等方面的实际操作，巩固帮扶指导的实效。在着力提升店面优化水平的同时，致力于加油现场的非油商品销售，总结并推广遵义湘江加油站的"提篮销售"（图1-26、图1-27）、毕节环东加油站的"推车销售"（图1-28）、贵阳甲秀加油站的"挎包销售"（图1-29）、安顺夏云加油站的"现场柜台销售"等经验（图1-30），形成贵州公司"以店面销售为主、多种营销模式为辅"的非油商品销售新格局。

图1-26 提篮销售（场景一）

图1-27 提篮销售（场景二）

图1-28 推车销售

图1-29 挎包销售

图1-30 现场柜台销售

西藏销售实施"走出去"战略,指派专业销售人员对拉萨市区进行地毯式摸查,拜访每一位润滑油销售终端客户、每一个修理厂及4S店,并详细记录客户信息;对拉萨、林芝、山南的24座便利店,以及阿里地区非油业务进行现场调研,提出并落实改造、改进和升级的针对性措施。

河北销售注重发挥典型作用,培育形成以石家庄、保定、秦皇岛、邯郸为代表的四个非油示范区。

广西销售加强需求分析,准确定位客户行为和消费习惯,有针对性地进行订货销售,规范门店陈列,树立精品样板,在内部打造样板便利店的同时,通过外部专业咨询公司强化提升,培育出南宁金凤、柳州三桥等高效便利店(图1-31、图1-32)。

图1-31 广西销售南宁分公司加油站

图1-32 广西销售柳州分公司加油站

各单位结合集团公司深入开展的"弘扬光荣传统、重塑良好形象"大型讨论活动,注重发展质量,发挥品牌优势,诚信合规经营,改革创新,统筹协调,争先为昆仑好客品牌争辉,创出"深化精细管理、增强发展质量、打造强大现场、树立良好形象,为实现集团公司整体产业链的价值作贡献"的生动局面,取得非油业务快速发展的不凡业绩。

二、推广汽服业务,探索快餐业务

汽车服务项目启动于2009年3月。当时,销售公司(板块)在对国内外汽车服务市场和技术研究的基础上,编制《中国石油加油站开展汽车服务发展思路》,形成实施方案,明确汽服业务定位,并逐步在有条件的北京、山东、江苏等地试点。同时,启动快餐业务。此后,各单位积极引导和培育顾客消费习惯,努力打造"人·车·生活"生态圈。经过几年的努力,形成了一定的规模和品牌效应。

(一)汽车服务业务

2014年11月14日,销售公司(板块)召开非油工作视频会议,推出陕西销售、吉林销售、河南销售的三个典型。其中,吉林销售延边分公司新丰加油站打造"人·车"一站式服务现场,实现规模效益快速发展(图1-33)。其经验主要是"六个互动",即"与汽柴

图1-33 吉林销售延边分公司新丰加油站

油互动",开展了大巴车用户持IC卡加油或加满油箱当日可享受免费洗车活动;"与IC卡互动",对每月消费满600元的新办卡大巴车客户,免费洗车一次;"与自助加油互动",每月自助加油600元以上客户,免费洗车两次;"与快餐业务互动",对每日下午1点至2点洗车的客户及当日洗车尾号与日期相同的顾客,赠送一杯冰沙或热豆浆,推广快餐业务的同时带动汽服业务;"与网络营销互动",通过与拉手网联合,建立微信平台等举措,促进忠诚顾客的数量增加;"与拓展集团客户互动",联合中国建设银行、中国邮政银行开展龙卡洗车、自驾游一族洗车美容优惠,吸引客户持卡洗车,促进油品销量的增长。随着"六个互动"的持续强化,新丰加油站成品油与非油业务形成相互促进的良好局面。

销售公司(板块)这次非油业务视频会结束后,各单位以学赶先进为抓手,掀起宣贯会议精神的热潮。在持续优化店面的同时,积极推广汽服业务,催生出油品和非油品"双轮"驱动、销售业务健康发展的生动局面,形如百舸争流、千帆竞发。

云南销售，大力推广"咔咔"汽服业务，探索汽服团队开发新模式，拓展汽服项目和经营范围，着力打造爱心汽车驿站，探索汽车保险业务，与大地保险实施战略合作，突出加油卡、非油商品和保险产品的联合营销；在城市中心、高速及国道省道高销量站点开展ETC充值业务试点工作，2014年创效超过50万元；健全全省连锁、"专业、特色、便捷"的一站式汽车服务网络；尝试自主经营、委托经营、联合经营等方式，与第三方密切合作，构建起"整车销售+汽车后服务"的汽服业务生态圈；依托加油站网络开展3S汽服业务、与润滑油公司开展2S店建设等，促进滇西全线加油站便利店投放汽车广告，增加广告收益；在新建和改扩建加油站，预留汽服运营场地，加快整车销售、汽车美容、汽车配件销售与更换服务，不断提升汽服业务的创效能力。

新疆销售，将发展汽车服务业务作为连接"油卡非润"一体化营销的核心节点。2015年，借鉴吉林销售经验，在乌鲁木齐和昌吉分别建立一座"咔咔"汽车服务专业店，开展洗车、换油、快修快保、自驾游服务和轮胎销售等业务（图1-34）。

图1-34 新疆销售昌吉汽服项目

湖南销售，借助车享家智能全自动洗车等商家品牌和渠道优势，以全省主城区为开发重点，稳步推广汽服业务，营业汽服站点30座，收入300多万元。

天津销售，拓展跨界非油业务合作，在开展彩票业务和代销景点门票的同时，与天津车保姆集团联合开展昆仑之星车辅产品促销及昆仑润滑油保养套餐销售等工作，收效显著提高（图1-35）。

图1-35　天津销售汽服项目

安徽销售，针对汽服业务点少面小，且部分单位租赁经营，致使合作较松散，没有统一的服务和经营规范等情况，引入第三方专业公司，不断规范汽服业务。

同心同力，创新实践，各省区公司的汽车服务业务呈现出三种发展模式：一是以现有门店为依托，按照汽服建设和运营标准自主经营模式；二是与国内外知名汽服企业、周边汽修厂、4S店联合开展的汽服模式；三是承包和委托经营模式，在200多个门店引入汽服业务，个别旗舰店可实现买车、保养维修、救援、二手车回收等与传统4S店类似的多种服务。

（二）快餐业务

加油站便利店的快餐业务与汽服业务基本同步。2010年，由销售公司（板块）组织研究，并试点、推广。2011年，在试点的基础上，完善并制订《加油站便利店食品安全管理规范》《加油站便利店快餐操作手册》等基本规范。此后，各单位踊跃探索、快速推进，形如"八仙过海、各显其能"，呈现出"不拘风格亮实招、特色各异求实效"的生动局面。

重庆销售结合重庆自有和特优商品，筛选出涪陵榨菜系列成品、火锅底料和重庆小面等精品，率先在旅游点、国道和省道沿线便利店上架销售。快速进入积分商城兑换平台，拓展在线销售渠道，加快重庆特色食品走向全国的步伐；立足长远，引导和培育顾客消费习惯，优先与知名连锁餐饮、甜品、咖啡等企业合作，推进加油站"安全、营养、便捷"餐饮业的快捷发展(图1-36)。

图 1-36 重庆销售快餐项目

图 1-37 新疆高速服务区加油站的新疆特产专营店

新疆销售在推进快餐业务时,依托高速公路加油站和服务区网点优势,本着引客流、上规模、有效益、重安全原则,先在高速路、国道和省道试点推广,后在城市中心逐步发展,着力打造连锁快餐业务线:在进出新疆的高速公路服务区加油站开设新疆特产专营店,采取租赁柜台、场地出租等方式,增加服务区经营项目(图1-37);引进合作伙伴,实施专业化管理,逐步在新疆推广打造连锁经营链条;根据商圈客户需求,经营适合城市白领人群营养、卫生、新鲜的早餐和工作餐。同时,依托OTO线上销售和物流体系开展送餐业务,拓展了做大做强快餐业务的途径。

河北销售创新销售模式,拓展增收渠道,加快推进餐饮业务,率先与正大食品合作,在秦皇岛分公司加油站设立速食简餐;在唐山友谊路加油站建立销售系统内首座肯德基汽车穿梭餐厅;与百胜(中国)深度合作,积极投运肯德基汽车穿梭餐厅,单店日均销售过万元;引入新型餐饮业务,在石家庄136站建立"舌尖尖"拉面馆，提升客户消费体验（图1-38）。

广西销售为盘活员工餐厅的现有资产，将"便利店+餐厅"有机整合，合理划分便利店商品陈列与员工就餐区域（图1-39）。"餐厅"以"壮乡桂品"为食品总称，拥有150余种日用品、米面油、休闲小吃、时鲜蔬果、区内特产等，同时设有进口食品区，以满足员工"高端需求"。为检验这个非油品销售"试验田"的成效，分公司对该店运营情况跟踪分析，在大众目光的聚焦下查缺补漏，及时改进。

湖南销售与百胜（中国）公司沟通，优化株洲醴陵服务区肯德基餐厅疫情管控时段用工及成本，有效提升高峰时段现场管理服务和运营水平，促使餐饮效益大幅提高（图1-40）。

图1-38　石家庄136站"舌尖尖"拉面馆

图1-39　广西销售便利店休闲小吃区域

图1-40　湖南销售株洲醴陵服务区肯德基餐厅开业

云南销售曲靖公司黄金海岸主副站的"一名蘇"西式快餐店品种丰富，量效齐增，使"昆仑好客""咔咔"品牌在云南市场逐步深入人心。

江西销售积极启动加油站餐饮业务，在南昌、九江、新余等中心城市标准站进行早餐业务试点的基础上，与当地满意早餐合作，面向出租车司机及广大车友开展早餐服务。

甘肃销售不断引入新品，精心准备适合私家车主和自驾游客户消费的早餐包、零食包、提神包等，搭配陈列，扩销增效。

2016年，在中国石油非油业务正式运行10周年之际，汽车服务和快餐业务，与高速公路服务区、自有商品等，共同构建起非油业务的新格局，驶入稳健发展的新阶段。

三、四季主题营销，丰富营销手段

2014年，非油业务系统启动四季主题营销活动，2015年10月在保定召开非油品业务工作会（图1-41），对非油业务进行系统部署。各省区公司将主导生产运营的特色商品，列入必有必保商品目录，将四季主题促销等销售竞赛作为常态化工作广泛开展。

图1-41 非油品业务工作会

广西销售强化营销措施，使销售模式日益丰富（图1-42）。加强需求分析，准确定位客户行为和消费习惯，有针对性地进行订货销售；通过开展"加多宝杯"后备箱促销、"昆仑之星"车辅竞赛等活动，提升促销效果；探索"互联网+"电商模式，成功开发公司微信平台，实现网络营销，为公司转型升级提供新动力；开展"红牛杯"便利店商品

图1-42 广西销售参展东博会

创意堆头竞赛，涌现出"情满中秋""心系中油"等一批优秀作品；加强对外合作业务，成功开发广西区邮政、广西中粮等单位。

新疆销售抢抓元旦、春节、端午、中秋、国庆五大节日促销契机，2014年联合供应商开展大型主题促销活动。利用双休日，开展加油赠送非油商品、购买非油商品享受油品价格折扣、购非油商品返加油卡积分等"油卡非"互动品牌营销活动，使品牌营销常态化，逐步改变顾客的消费习惯，培育"昆仑好客"便利店的忠实顾客群。将销售阵地前移，统一制定店外售货车标准，推行店外推车式主动销售模式，努力扩大站前销售。

内蒙古销售为强化促销工作，2015年开展主题为"贺岁迎春、真情回馈"的节日促销和"春暖花开、踏青出游"的主题促销活动，11家供应商、148个单品、300家门店参与，促销商品以包装饮料、家庭食品、户外用品和礼盒为主。促销手段主要是以微信、95504短信、宣传海报、促销折页等为途径，营造门店销售氛围，鼓励员工开口促销（图1-43）。

天津销售在开展的"油卡非润"主题营销活动中，天天有惊喜、周周有乐享、月月有主题、季季有活动（图1-44）。按照"办卡储值优惠、刷卡消费积分、积分兑换商品"的"油卡非润"一体化思路，2016年深入开展四季主题、乡村赶集、3·15公益等促销活动。

图1-43　内蒙古销售赤峰分公司燕山街加油站开展促销活动

图1-44　天津销售牛道口服务区便利店开展促销活动

随着四季主题促销活动的开展，使季节性选品问题得以有效解决。各省区公司根据52周计划，将每月的节假日和农历的二十四节气列表明示，月月有主题。比如，三月为"女人月"，四月是"踏春月"，五月是"爱家月"，六月是"爱宝月"，七月是"畅游月"，八月是"畅饮月"，九月是"敬师月"等。分区域确定不同节日、不同月份的核心单品及主推单品，每月滚动修正、每周滚动发布商品信息。

通过四季主题促销活动中"开口营销"环节的锻炼，有效提升员工推销能力。过去，加油站非油销售氛围沉闷，员工难开口、不开口、开口效果不佳等问题普遍存在。在四季主题促销活动中，各加油站员工认真诊断、研究对策，相互切磋、反复练习。湖北刘莎团队利用黄金9秒、34字促销语使现场开口营销成功率达到60%，油非转换率提高6个百分点。北京刘静团队的加油七句话、收银五句话，将非油促销固化到员工日常服务中。浙江聂伟团队关联商品凑整销售，客单价同比提高150%。京津冀鲁豫5省联动试点与中粮战略合作新模式，河北销售、安徽销售、上海销售等单位，开通网上商城。全系统形成群策群力、全员创新、助力非油业务发展的良好氛围。

2016年，是集团公司销售业务自1998年重组以来运行最为艰难的一年，成品油资源供大于求持续加剧，油价跌破"地板价"，市场争夺空前激烈，极端天气多发频发，油品升级任务紧迫，企业增收创效面临空前压力。就是在这种"酷冬"考验的形势下，非油业务仍取得高于预期的好成绩。

四、加强零供协同，深化品牌合作

2016年6月，销售公司（板块）首次召开自有商品推进会，就高标准开发自有商品业务相关工作，提出"坚持以我为主、合作共赢"的要求。"以我为主"，就是要大力发展总部主导的自有商品；"合作共赢"，就是必须在内外合作中遵循市场规则。

销售公司（板块）在统一指导、全力推进各单位非油业务的同时，率先主导开发武夷山矿泉水；与中粮实施战略合作，开发以米面油为主的家庭食品，以及进一步拓展的其他产品系列。按照销售公司（板块）的部署要求，各单位踊跃行动，承前启后，迈出"加强零供协同、深化品牌合作"的新步伐。

四川销售重效益、"开好店"，实现店销店效双增长。在加强店面的"外""内"改造方面，重点加大对优质店的资金投入，店面平效增长10%以上。

云南销售积极推进云南特色商品省外代销业务，与白药大药房、普洱茶集团、后谷咖啡等商家做好促销支持的商洽。

青海销售立足"品牌+渠道"发展理念，开发"青天润""昆仑缘"两个自有品牌、六个青藏特色单品，为开辟新的增收创效渠道拓展路径。

2017年3月30日，销售公司（板块）举办昆仑好客十周年营销启动会，中粮、红牛、上汽等6家合作伙伴就十周年营销活动作出介绍，与会人员参观展会现场，对非油业务10年来的运行状况有了直观的认识（图1-45、图1-46）。2017年1月和2月，非油业务累计实现收入27亿元，同比增长31%，25家单位同比正增长。吉林销售、西藏销售增长超过100%，湖南、四川、广东、河北、辽宁、海南、甘肃等销售公司增长超过50%。其中，辽宁销售提前谋划、精心准备，销售海鲜大礼盒9.4万个，带动年货销售突破8000万元。吉林销售挖掘网络潜力，主动走出去，传统业务与新业务协调发展，店内销售与店外销售并重，同比增收8750万元。

从总体指标看，这一阶段非油业务整体保持快速增长，成为销售业务增效的重要来源。非油业务成为既能够满足顾客多元化需求、完善加油站服务功能的重要驱动，也是扩大对外合作、提升网络价值、展示中国石油良好形象的重要平台和窗口，预示着非油业务进入一个新的发展阶段。

图1-45　昆仑好客十周年营销启动会

图1-46　昆仑好客十周年营销展会现场

第四节　转型升级　驰骋快速赛道（2017—2023年）

为进一步做大做强非油业务，销售公司（板块）于2016年向集团公司提出组建专业化非油品公司的建议。2017年4月，集团公司印发文件，拟组建昆仑好客。5月底成立昆仑好客筹备组。7月19日以视频会议形式，宣布昆仑好客正式成立——这是非油业务进入新发展阶段、助推销售业务转型升级和持续健康发展的重要标志，开启非油业务"五化"发展的新征程。

一、筹建昆仑好客，迈入专业化发展新阶段

站在新起点上的昆仑好客，围绕"建设国际知名、国内一流的'油气氢电非'综合服务商"目标，借鉴国际先进经验，坚持标准先行、示范引路，从规划、可研（可行性研究）、建设、运营到后评价，实行全流程顶层设计，致力于非油业务品牌体系、便利店和汽服业务标准体系、供应商管理等专项制度的建立，为非油业务健康发展夯实根基。

（一）统筹谋划、快速推进，公司组建工作顺利完成

按照集团公司党组关于组建非油品专业化公司的部署要求，有序开展各项筹备工作：研究制定《昆仑好客公司章程》，明确公司治理结构，以及执行董事、监事、总经理、党委书记等岗位设置和职责权限；强化与北京市朝阳区、昌平区政府沟通协调，及时完成全部工商登记注册工作，以及税务登记、银行开户、财务系统和财务信息系统搭建及15亿元资本金注册等工作；积极协调有关方面，确定昆仑好客

公司部门设置、人员编制，及时抽调部分骨干，落实工作责任，形成基本的组织架构。2017年11月月底，集团公司党组和股份公司下发文件，组建公司党委、任命公司班子，标志着公司完成筹备工作，正式进入运营阶段。至此，形成销售公司（板块）—昆仑好客—省区公司三级非油业务的管理机构。

（二）精准定位、明细职能，完善管理界面和工作流程

按照集团公司对非油业务的发展要求，精心梳理销售公司（板块）、昆仑好客和省区销售公司的管理关系，明确各方的管理界面和业务流程。销售公司（板块）统筹"油卡非润"一体化运营管理，强化对非油工作的全面领导；昆仑好客作为销售公司（板块）非油业务的管理运营和合资合作平台，兼具非油业务管理和经营职能，通过专业化管理及机制创新，带领和帮助省区公司做大做强非油业务，对业务整体发展负责。

管理方面，昆仑好客全面行使非油业务管理职能。负责顶层设计，强化规划计划、品牌、供应商、大客户、HSE等专业化管理及合规管理，推进非油信息化建设；非油业务预算及经营指标下达，工作跟踪督导和业绩考核评价；指导省区公司非油业务专业化运营，强化跨专业、跨地区协调。

经营方面，昆仑好客负责全国性、综合性商品集采和统配，整体优化物流运行；开发运营自有及进口商品，拓展新业务；开展年度营销组织、客户研究、互联网及大数据业务等全局性工作；开展对外合资合作，打造资本运营平台；为省区公司提供业务支持、专业服务和管理指导，协调解决省区公司业务经营进程中的难点问题。

各省区销售公司作为经营责任的主体，主要负责具体运营。即实行"处室+公司"管理体制，持续完善本省区非油业务机构、薪酬、考核、激励体系，落实销售公司（板块）对考核权重、薪酬激励的政策要求；强化专业队伍建设，选聘专业人才，提高专业水平；分解落实非油业务工作指标，落实全国统采统配和新业务工作的相关部署；致力于店面优化和日常运营水平的新提高，积极开展区域性商品采购

配送、地方特色特产商品开发等工作。

（三）建章立制、注重落实，为地区公司提供全面支持

为开好头、起好步，新成立的昆仑好客以建章立制为抓手，在确定各部门工作流程和岗位职责的基础上，大力推进财务管理体系构建、投资管理流程优化、薪酬体系设计等工作，逐步搭建起公司良性运作的管理体系。

图1-47 非油业务培训班

随着各项制度的完善，进一步凝聚强化非油业务专业化管理的共识，形成上下聚力促发展的合力。2017年8月，昆仑好客在昆明组织召开非油业务座谈会，9月在厦门举办品类管理培训班，12月在北京举办非油业务处长培训班和研讨会（图1-47），从而使工作机制日趋完善，为省区公司提供强有力的支持。

集采统配和物流优化方面，力促重点商品降本增效，增强商品竞争力；经营资质方面，推动股份公司营业执照增项，实现新业务的合规运营；信息化建设方面，在优化现有系统的基础上，开发新功能，使加油站客户体验登上新台阶；创效商品方面，通过开发适销对路的自有商品和定制商品，提高加油站收入规模和毛利空间；新业务开发方面，通过合资合作等方式，为加油站开展新业务提供资金、技术、经验和人力资源等支持；专业化运营方面，引进专门人才，强化品类管理，为加油站科学选品提供支撑；线上运行方面，与科技公司加强协调，优选商品和服务，确保线上线下的全渠道运行；会员和大数据业务方面，协助销售公司（板块）相关专业线共同建立零售会员体系，加强会员消费行为研究，实现全方位营销支持；品牌创效方面，通过全国性、系统化的品牌宣传推广活动，促进品牌影响力向经济效益的转化；专业培训方面，制订全系统培训工作计划，开展常态化业务培

训，进一步提升非油业务运作水平。

（四）紧盯目标、抢抓运行，重点工作有序展开

结合非油业务实际，昆仑好客狠抓"1+3"目标任务的落实。即为实现非油业务全年收入和利润指标"这一核心目标"，突出抓好"商品集中采购""自有商品开发""供应链优化"三项重点工作，强化各专业线协作，着力打造非油业务运营管理平台。

非油商品集中采购方面，成立集中采购领导小组和招标管理委员会，组织开展全国性综合类商品集中采购调研，分类确定招标方式，拓展集团公司招标评审专业目录，建立招标专家库，推进招标采购工作取得阶段性成果。开发自有商品方面，吸取各公司前期开发运营经验，制定《自有商品开发与运营指导意见（2017版）》，明确开发原则、模式、步骤和产品手册模板，规范开发管理。研究编制《昆仑好客"优选+"品牌和商品管理指导意见（试行）》，建立"名、优、新、特"商品内部认证标准，形成便利店一般性商品、昆仑好客"优选+"商品和自有品牌商品的三级产品架构，为后续商品管理和品牌管理打下良好基础。优化仓储物流管理方面，瞄准现代物流供应链体系建设目标，调研整理各公司中央仓位置、合作模式、租赁期限、物流费率等信息，与顺丰、京东、中远等行业领先仓储物流服务商交流对接，依据经济发展、地域分布、加油站门店密度和功能，初步形成《仓储物流优化方案》，启动中央仓布局规划研究，科学规划区域仓、省级仓和中转仓，将品类优化和库存管理结合，全力打造一体化物流配送平台，推动省区公司在供应链优化提效方面取得良好效果。商品总体周转天数下降至72天，同比减少23天，库存占用资金持续下降。

（五）加强组织、强化管理，非油业务水平有了新提升

坚持多措并举，强化帮扶指导、督导考核相结合，引导省区公司贴近顾客需求，开展精细化管理、一体化营销、个性化服务，顺利完成各项经营预算指标，发展质量进一步提升。

图 1-48 昆仑好客执行董事、党委书记、总经理刘刚到云南销售调研

注重考核督导，加大帮扶力度。通过现场调研、专业会议等形式（图1-48），细化省区公司月度督导制度，从主要指标扩展到重点工作，发挥销售月度劳动竞赛引领作用，每月跟进店面优化、专项竞赛、汽服业务等重点工作进度，对双欠单位帮扶督导，以点带面，局部突破，形成鼓足干劲、力争上游的良性竞争氛围。2017年下半年，全国双欠单位从6家下降至2家，双超单位从16家增加到21家。

培训与实践结合，力促队伍素质的新提高。组织公司领导班子成员和关键岗位员工，参加集团公司和销售公司（板块）组织的各类业务培训班。在非油视频会等场合增加培训环节，以经验分享、座谈交流等方式，敦促和激励省区公司创新营销方式、拓展服务领域、提升服务能力。选择北京销售天坛东路加油站作为"实验、实践、实干"的实训基地，昆仑好客所有干部员工轮流到站实践，进一步强化全员思想素质和业务能力，为提升加油站店销水平奠定基础。

全面客观对标，深挖销售潜力。分行业、竞争方和内部单位三个层面全面组织对标，通过数据分析和业务交流，找差距、查原因，逐项制订改进措施，推动效果评估及后评价，确保对标管理见实效。同时，引导省区公司广泛开展地市公司对标，初步实现地区、地市、库站三级横向和纵向对标。

狠抓营销组织，提升品牌影响力。着力组织、推进昆仑好客十周年整合营销活动，以后备箱营销、厨房工程、昆仑之星车辅等专项销售竞赛为抓手，涵盖店销、大客户、员工内购、线上商城等渠道，将月主题、周促销活动落在实处，使"油卡非润"一体化营销全面落地，有力推动便利店的业务发展，提升昆仑好客品牌知名度。将武夷山水列为优先发展和推广的自有品牌商品，产销实现跨越式发展。强化营销工作力度，分解指标，督导地区公司全面铺市和推广销售。2017年12月，根据股份公司批复文件，完成武夷山水公司股权划转，并实现财务并表。

加强预算分解，强化激励兑现。坚持预算分解和激励政策两手抓，督导省区公司按照均衡计划分解预算，专项跟踪省区公司薪酬和激励机制，推动薪酬、考核、激励、兑现环环相扣，确保压力层层传导、指标刚性执行、二次分配及时兑现，为经营工作开展提供坚实保障。

"公司筹建""业务运营"两手抓，实现昆仑好客成立元年"开门红"。2017年1月至7月，在顺利完成公司组建工作的同时，实现收入同比增长27.7%，利润同比增长18%。

二、创建昆仑好客运营体系，店面经营质量显著提升

昆仑好客成立后，及时理清建立健全昆仑好客运营体系的思路，即坚持以便利店业务为核心，在保持合理门店数量的基础上，通过提升商品能力做大优势品类、升级运营体系强化专业能力、深化异业合作延伸业务范围、加快供应链建设提高服务质量、做强线上业务完善服务平台，不断做大规模、效益，着力打造非油业绩增长极，创建一流零售服务商。据此，以"四个高质量"（建设高质量营销网络、开发高质量市场客户、实施高质量营销策略、提供高质量服务）发展要求为根本遵循，协调发展各项业务，保效益、保后路，促改革、促合规，提升内部运行效率和稳健发展能力，基础管理平稳有序，安全环保态势良好，企业形象不断提升，整体工作呈现出蓬勃向上的良好势头。

（一）狠抓便利店提质增效

2018年，是非油业务专业化运行的第一年。昆仑好客以提升加油站便利店经营水平为抓手，推进精准化营销、专业化运作、精细化管理。

深入实施店面优化。分级分类制订方案，细化工作方法，督导省区公司一站一策、逐站优化，挖潜增效，实现50万元以上店全覆盖，总数达到9793座，占比超过50%，同比增长17.7%。对优质高效店，瞄准打造昆仑好客旗舰店的目标，围绕

"人·车·生活"需要,增加服务内容,增强客户体验,打造47座千万元店,品牌体验更加丰富。对248座便利店实施升级和微改造,提升创效价值。

强化营销组织。加强与销售公司(板块)沟通协调,制订"油卡非润"月度主题营销方案。利用供应商资源,围绕四季营销主题开展特色营销、世界杯主题营销等活动,确保收入稳增长。统筹营销活动组织,策划店面三大销售竞赛,推动重点商品快速增长,家庭食品、包装饮料、车辅产品等销售占比逐步提升;丰富营销形式,围绕新品上市、主推商品加大互动营销力度,增强客户体验,提升商品知名度(图1-49、图1-50)。

图1-49 开展特色营销

图1-50 策划店面

各省区公司在便利店提质增效的生动实践中,坚定不移地做好"规定动作",面向实际、独辟蹊径,精心操持"自选动作",特色各异,亮点频闪。

湖南销售为提升门店运营质量,成立督导组,对12家单位的20座便利店着力提升;组织12场次的现场培训,有200多人次临场实操商品陈列;组织5次手绘POP海报培训,提升员工营造便利店内外氛围的技能。为提升商品增效能力,优化商品结构,加强动态跟踪分析,及时清理淘汰180天未动销商品,增加潜力单品,对重点品类定期专项促销;以家庭食品、昆仑车辅产品、烟草为重点,专岗管理、统筹规划、严明采购、专项清理,扩大业务规模,削减内耗风险。为使自有商品及特色产品销售量效齐增,以开发"新业务"为抓手,丰富定制商品种类,开发夜郎古酒、神农茶油、盛唐黑金茶、湖南特产礼盒、集中式智能雷电防护检测仪等自有特色产品,同时组织召开2018年非油业务座谈会暨自有商品品鉴会,现场成交额上百万元（图1-51）。

山西销售以"四个升级"为着力点，促便利店销售能力和创效能力的新提高。店面升级方面，精心组织实施店面分类、全流程诊断、打造高级店、落实巡检制度、优化收货流程等举措；商品升级方面，扩大山西土特产范围、开设特产专柜；进口食品并设专柜销售、增加销售点，有效带动其他商品的销售；在社区店引入巴黎水、瘦身用品等高端日用品和进口日化品，满足年轻、时尚品味生活的顾客需求；加大线上线下宣传力度，不断扩充武夷山水在包装水中的份额；推出"放心厨吧"，引入中粮调味品，丰富家庭食品品类（图1-52）。营销升级方面，积极探索与专业策划公司的合作；以电子券为抓手，加强"油非互动"；扩大经营范围，实现省区公司营业执照增项；联合其他行业有团购优势的供应商，扩充汽车、手机、3C等家庭必需品，运用总部内购平台资源优势，广泛推广山西土特产和名优产品。

图1-51 湖南销售自有商品品鉴会

图1-52 山西销售临汾分公司侯马宋郭加油站

（二）持续完善昆仑好客运营体系

2019年，针对非油业务面临的痛点难点问题，昆仑好客引入精益零售理念，在专业咨询和5省试点的基础上，融合形成"战略、业务、IT/DT"三位一体的昆仑好客运营体系（图1-53），强化"商品、运营、供应链、门店"职能协同，大力实施购买代理、门店起点、数据驱动、融合创新，支撑便利店运营实现以市场为导向、以顾客为中心。成立推广工作组，两年内行程5万公里，完成31家省区销

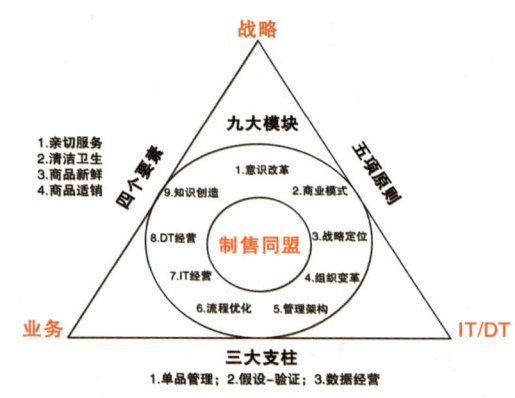

图1-53　昆仑好客三位一体运营体系

售公司全覆盖，各层级量化管理意识不断增强，组织机构、业务流程等明显优化，商品引入周期、库存周转时间有效缩短，全系统店销收入和毛利总额年均增长超过20%。

（三）不断夯实基础管理

2020年，受国际油价断崖式暴跌影响和国内"新冠肺炎"疫情冲击、南方洪涝灾害超历史极值的三重影响，非油业务面临严峻复杂的市场形势。在经营压力大、不确定因素增多的困难情况下，昆仑好客紧盯任务目标，狠抓重点举措落地。

制度建设方面：进一步完善昆仑好客综合管理体系，修订各专业线规章制度44项，梳理形成95项程序文件、169个流程图、109个风险控制文档，全面涵盖公司日常业务；出台站外便利店开发指南，完成21家省区销售公司站外便利店投资项目审核；印发汽服、咖啡、化肥等重点业务运营手册，进一步完善管理规范和业务流程。

专业管理方面：成立非油业务研究中心（图1-54），深入开展专业课题研究，不断提升科学决策水平；研究制订"十四五"发展规划纲要，进一步明晰公司和非油业务的发展方向、奋斗目标；大力推进非油信息系统建设，迭代升级集采系统功能模块和订货模块，推动电子营销平台"好客商城"实现上线；完成非油业务会计手册编制和财务共享平台上线；严把资金使用关，资金计划执行率超过95%；充分发挥投资导向作用，细化投资审核标准，重点支持1034座便利店升级改造和新业务拓展；持续加强对供应商的管理，现场考察16家供应商，力求商品质量源头可控、有效规避经营风险；全面实行关键绩效指标考核，进一步增强指标责任传导；严格规范商标使用，积极开展商标体系规划和注册储备，全年注册商标183个。

图 1-54　中国石油非油研究中心签约仪式

非油商品质量管控方面：开展质量监督检查，指导省区公司将非油商品质量管理纳入一年两次的质量和 HSE 管理体系审核，不断查找采购、运输、储存、销售各环节管控短板和漏洞，落实针对性措施；按照对集采和自有商品的督导安排，对福建、安徽、江苏、黑龙江、吉林 5 家公司开展非油商品质量管理调研指导工作，促进非油质量管理措施的有效落地；突出商品质量源头把控，对"好客·智"咖啡、"好客之義"酒、"优选+"大米系列、宁夏枸杞自有商品生产厂进行二方审核，深入研判审核结果，持续增强对自有商品的质量管控力；编制计划、组织实施奶类、速食、零食、家庭食品、饼干糕点、个人护理用品 5 大类 16 个单品的商品质量抽检，强化集采商品质量源头把控力；注重非油质量管理创新，以《非油商品质量手册》为蓝本，组织四川、黑龙江、河南、山东、内蒙古 5 家地区公司，编制大米、小米、面粉、食用油、燕麦、生活用纸 6 项重点品类自有商品的质量标准，为质量管理实现标准化、系统化和专业化奠定基础；不断增强风险防范能力，每月月初结合当月气候特点和阶段性管控重点等，编制并向地区公司发布《非油质量月度风险预警信息》，增强各层面风险防范意识和管控能力；组织举办商品质量管理、食品标签标识培训等讲座，使各层面的管理能力和业务水平有了新提高；实施安全生产"三同步"工作要求和质量安全责任制，对武夷山水公司、"昆悦"纸供应商等重点单位开展质量专项检查；组织隐患排查和应急演练，全员质量安全意识大幅提升。

2019年3月12日，以北京新京都市加油站为主会场，启动"昆仑好客·美好生活'优行动'"，国家有关部委、行业协会、集团公司党组领导、集团公司相关部门、销售公司（板块）领导等90余人在主会场参加仪式，上海、新疆、广东、黑龙江、河南5个分会场近千人共同参加启动仪式。会上，颁布、推行《非油商品质量管理规范》《非油商品质量诚信守则》，面向社会公开发起信用承诺，邀请广大客户随时随地进店体验，以"优品、优质、优享"理念，实现非油商品、服务、品质再升级。"优行动"的有序开展进一步提升各层面干部员工非油商品质量意识和服务意识，人民网、搜狐网、中国质量报、中国石油报、中央人民广播电台等近30家媒体对活动进行报道。

统筹谋划各项业务方面：科学制订发展规划，在深入研究分析内外部环境和行业发展趋势的基础上，按照集团公司工作会对非油业务的部署和市场营销工作会关于打造非油业务增长极的要求，加强顶层设计，组织制订非油业务"十四五"发展规划；结合提质增效专项行动部署，研究制订非油业务高质量发展方案，形成总体发展框架；持续提升便利店专业化运营水平，推进昆仑好客运营体系在31家省区销售公司落地，流程改造、商品团队建设等成效明显，重点推广单位的店销收入和毛利总额同比明显增长。开展升级店面优化工作，落实一体化营销举措，门店运营质量和效率不断提高，单店日均销售收入达到2993元，同比增长5.5%，50万元以上便利店达到12299个，同比增长12.9%。结合加油站客群需求，加快汽服业务布局，网点突破2300个，收入超过3.5亿元；组织开展全国洗车设备、服务商招标工作，并完成评标工作；大力发展化肥农资业务，与中化农业、新洋丰等国内化肥龙头企业开展合作，发挥加油站乡村门店网络优势，开展化肥农资终端销售，在盘活低效资产的同时更好地服务"三农"，7000余座加油站累计销售化肥29亿元；积极开展站内餐饮业务，深化与百胜（中国）的合作，推进肯德基汽车穿梭餐厅项目开发，新投运项目1个、储备项目30个，运作的6个加盟和租赁项目，单店日均销售超万元；积极寻求区域餐饮企业合作，有序拓展中小型餐饮项目。

协同服务方面：组织相关资源，通过送教下基层、专项培训等方式开展视频和现场分级培训 20 余次，培训超过 4000 人次；利用微信、中油即时通信等社交媒体平台在不同层面和专业领域建立沟通机制，业务运行、专业管理、重点工作等方面都做到上情下达、互联互通，丰富督导手段，提高及时性和实效性；围绕昆仑好客运营体系辅导、自有商品开发运营等工作，组织 22 家省区公司的现场服务工作，积极为省区公司排忧解难；与北京销售成立联合工作组，统筹考虑便利店供应链优化和运营管理，制订并实施整体提升方案。

（四）履行央企责任，提升品牌形象

积极履行乡村振兴和助农帮扶社会责任，在"保冬奥""助防疫"中继续踊跃担当作为。

助农帮扶方面：以深入开展"昆仑好客购物节""兴农周"活动为突破口，发挥加油站渠道和网络优势，设立消费帮扶专区专柜，通过优化产品堆头、张贴宣传海报等方式加强帮扶产品宣传推介，销售上百个原国家级脱贫县 2000 余种帮扶产品，帮销金额超过 10 亿元；创新消费帮扶模式，从采购帮扶逐步发展为培育"造血"能力、拉动产业升级，累计开发两级自有品牌帮扶产品 113 种，倾力打造"从田间到餐桌"的消费帮扶产业链；创新"化肥＋农资＋植保＋金融＋农产品"模式，努力打通化肥农资业务上下游产业链（图 1-55、图 1-56）。四川销售加快推进全省化肥销售网点战略布局，化肥销售网点达到 618 座，乡村站点覆盖率达到 99%，同时积极与生产厂家协调资源，有力保障春耕夏种用肥（图 1-57）。在销售化肥的基础上，进一步扩大服务规模，着力把农村加油站变成服务"三农"的重要突破点。重庆销售以化肥业务为依托，着力向农业全产业链发展，创建"昆仑惠农"品牌，围绕农村能源保供、化肥、种子、农药、农资、饲料、农技服务、农业金融保险、农村便利店商品等，搭建百座农村综合服务站（图 1-58、图 1-59），进一步帮助农民增资增收。在昆仑好客的引领下，各省区销售公司纷纷出台惠农政策，打造农资生态圈，开展"千站助千乡、万人兴万村"等活动，在全国各地纷纷打造"一站

图1-55　2019年8月9日至11日，中国石油消费扶贫对接会暨2019昆仑好客商洽会在新疆乌鲁木齐举办

式"农资服务网点。结合52周顾客生活行事历，优选帮扶目标商品，摸索并建立起一套适应乡村振兴的规范体系。

"保冬奥"方面：广泛传播冬奥文化，将销售终端打造成为展示企业良好形象的重要"窗口"，从赞助商到服务保障企业，始终把参与、支持、保障奥运作为光荣使命与重大责任。北京冬奥会开幕前，昆仑好客出资2000万元赞助冬奥测试赛"相约北京"系列冬季体

图1-56　中国石油"百城万站·扶贫助农"百日攻坚启动仪式

图1-57　2021年6月17日至18日，中国石油2021年度消费帮扶产品展销会暨昆仑好客首届购物节启动仪式在成都举行

图1-58　2023年6月14日，央企消费帮扶聚力行动之中国石油昆仑好客第三届购物节开幕式在重庆举行

图1-59　重庆销售江津李市农村综合服务站

育赛事，独家享有组委会提供的城市道旗及公交车身外部广告相关权益，相继在北京大街小巷部署1200面城市道旗，在市区重点线路公交车上张贴车身广告（图1-60），彰显中国石油的责任担当和良好形象。为了让消费者体验冬奥、感受石油人的温度，非油业务工作人员积极与冬奥组委会对接，获准销售冬奥会和冬残奥会特许商品后，迅速组织6家省区市销售公司联合中国石化易捷公司，与20余家特许生产厂商开展选商、选品谈判，确保特许商品的供应与价格保障。同时，大力打造便利店形象，累计建设冬奥形象站411座、冬奥商品货架490组、冬奥特许商品专柜101组（图1-61）。在形象站设置吊旗、地贴、多媒体屏等，在1240家门店累计张贴冬奥活动海报约3.7万张，精心策划，为主题营销活动营造良好氛围。为确保便利店服务保障万无一失，非油业务工作人员组织战略供应商，提前落实非油物资，及时做好备货和物流保障，紧扣冬奥主题，在加油站增设贴心增值服务20余项。冬奥会期间，核心区域便利店日服务1000多万人次，有10大品类100余款中国石油自有商品和16大类冬奥特许商品售卖，为宣传提高中国石油品牌形象发挥重要作用。

"抗疫保供"方面：2020年，面对突发的新冠肺炎疫情，昆仑好客及时联合31个省区市销售公司，与供应商、服务商快速建立"联防联保"机制，向全社会提出"不断货、不涨价、不打烊"等公开承诺（图1-62）；紧急协调向湖北调拨口罩200多万只、消毒液和杀菌洗手液30多万瓶；为保障"菜篮子"等生活必需品

图1-60　公交车身广告

图1-61　冬奥特许商品专柜

图 1-62 "不断供、不涨价、不打烊"的"抗疫保供"

供应,昆仑好客主动搭建连接消费者与菜农、果农之间的桥梁,各省区(市)销售公司通过便利店专柜、微信公众号、朋友圈等渠道进行果蔬生鲜销售(图1-63、图1-64);联合饿了么、美团等APP开展一站式无接触配送上门服务(图1-65),帮助100多家企业和农户销售上百吨滞销果蔬和生鲜。同年6月,在中国国家品牌网、新华网等联合举办的"我最喜爱的中国品牌暨'全国抗疫、品牌力量'经典案例"发布会上,曾连续两届获"我最喜爱的中国品牌"的昆仑好客,成功入选"品牌战疫"经典案例榜单,摘得中国品牌战"疫"桂冠(图1-66)。此后,在持续防控疫情的不凡历程中,昆仑好客协同省区公司建立"联防联保"机制。吉林、上海、北京、四川等公司,在疫情严重阶段,快速调整供应链模式,启动"抗疫有备、生活无忧"等社区营销,实施"无接触"销售,开展社区保民生团购,累计服务居民超过10万户,得到社会各界广泛好评。

在持续履行"助农帮扶、保冬奥、助抗疫"等央企责任担当重任的同时,大力弘扬"优品、优质、优享"理念,坚守"万店无假货"底线,超过1.8万座便利店统一行动、同频共振,形成全国"一盘棋"的良好局面,使产品品牌和企业形象的社会认可度不断攀升。

图 1-63　便利店专柜进行果蔬生鲜销售

图 1-64　果蔬生鲜销售宣传海报

图 1-65　无接触配送上门服务

图 1-66　我最喜爱的中国品牌暨"全国抗疫、品牌力量"经典案例发布会

三、大力推进三项重点，形成具有竞争力的商品体系

2018年2月9日，昆仑好客召开的2018年工作会议，围绕集团公司"三个阶段"战略安排和"十三五"规划，结合打造加油站3.0新版本部署，明确提出非油业务"55345"工作目标。其内涵主要是：2025年，奋力实现非油业务收入550亿元、非油利润55亿元，成为销售业务重要的业绩增长点；强化标准规则制定能力、产品和技术研发能力、培训能力"三种能力"；不断推进一流的零售业务、一流的咨询业务、一流的投资合作业务、一流的"人·车·生活"消费目的地"四个一流"建设；全面构建知识经验共享平台、关键核心能力集成平台、运营管理平台、产品和服务平台、全面创新平台等"五大平台"。为尽快实现"55345"目标，会议

作出持续强化自有品牌商品开发运营、大力推进商品集中采购和供应链优化等工作部署。

（一）深度开发运营自有品牌商品

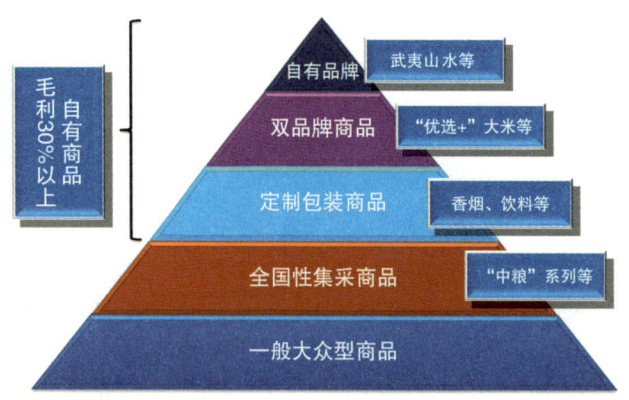

图 1-67　三级产品架构

昆仑好客成立后，吸取各省区公司商品开发运营经验，制定《自有商品开发与运营指导意见（2017 版）》，明确自有商品的开发原则、模式、步骤等，研究编制《昆仑好客"优选+"品牌和商品管理指导意见（试行）》，建立了"名、优、新、特"商品内部认证标准，形成便利店一般大众型商品、全国性集采商品、自有商品（含定制、双品牌）三级产品架构（图 1-67）。

为加快自有商品体系的建设步伐，各省区公司组建专业开发团队，与专业机构合作，共同开发符合顾客需求、适销对路的商品，健全自有品牌商品产品质量控制和管理体系（图 1-68）。2017 年，25 家省市公司开发 12 大类、48 小类共 378 个单品的定制包装和双品牌自有商品，武夷山水、昆仑之星车辅商品销量同比均增长 150% 以上。2018 年 4 月 25 日，中国石油在南宁"2018 昆仑好客商洽会"上，向

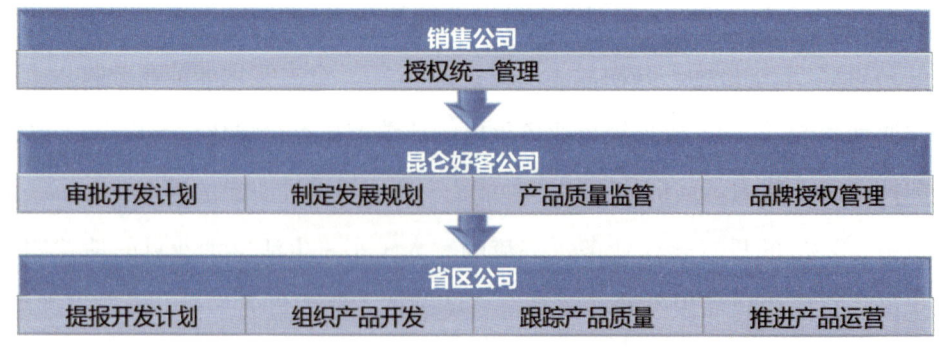

图 1-68　自有商品产品质量控制和管理体系

社会发布非油商品自有品牌昆仑好客"优选+",并对广大客户做出承诺,将遵循"优质、新鲜、便捷"的定位,深入推进自有品牌商品开发。由此开始,中国商品零售业自有品牌阵营再添新军。

本着提升毛利空间、增强创效能力的目的,昆仑好客坚定不移推动自有商品做大做强做优。

一是持续强化自有品牌水一体化运营。以三大水源地为中心,科学分解任务指标,督促地区公司按计划执行。同时,承担起对外推广销售责任,引入专业水运营公司实施专业化运作。全面实施"3+1"政策,加强沟通协调,争取理解支持,保障自有品牌水上架销售,确保自有品牌水销售占比达到75%。大力开展专项劳动竞赛,加大激励力度。统筹规划品牌推广,深入挖掘文化内涵,讲好水故事,做好水文章。持续提升武夷山水生产效率,适时扩大产能;加快推进合资合作,保障东北冰源水稳定供应;积极支持格桑泉水合资合作(图1-69)。

二是持续优化四大类自有商品运营。统筹"优选+"大米、新疆干果、宁夏枸杞、山东昆悦集中运营,加大产品铺货力度,强化营销活动组织,借助合作方力量,开展形式多样、体验感强的营销活动(图1-70、图1-71)。加强沟通协调,加大宣贯力度,强化考核评比,统一思想,深化认识,确保工作执行到位。加强物流组织,优化仓储布局,提升配送效率,保障商品配送快、供得优。制定四大类自有商品标准体系,优化生产布局,稳定商品供给。

图 1-69 武夷山水、格桑泉水、好客火山泉

图1-70 新疆干果

图1-71 宁夏枸杞

三是加快潜力商品开发运营。组织"好客之义"酒上线销售。科学分析销售数据，优选销售规模大、市场前景好的商品作为自有商品，重点推进功能饮料、车辅产品开发运营。引导地区公司科学、规范、高效开发运营自有商品，适时引入成熟的自有商品集中运营，调动自有商品开发积极性。持续规范地区公司自有商品开发，加强审核把关，杜绝重复开发、无效开发、随意开发。引入专业机构深入研究自有商品发展方向，为专业化运营提供支持。2019年，自有商品开发运营成效显著。抢抓各品类新品上市、旺季热销、节日主推等关键节点，全年上市5个系列50余种自有商品，销售收入5.7亿元，毛利率超过30%。开发双品牌系列米面油30余款，"优选+"大米持续发力，全年销售突破2亿元，家庭食品日益成为目标性消费品类。精心培育咖啡品牌，11款商品上市销售，初步建成商业化运营标准，罐装咖啡订货超过2000万元，现磨咖啡在51家门店试点。"好客之义"酒通过中华老字号故宫过大年展览，开展20余场品鉴推介会，在多省热销。16家省区销售公司28个系列的特色自有商品被纳入集采平台，拓宽推广渠道。

为进一步规范自有商品开发与运营工作，2021年8月，昆仑好客印发《关于进一步加强自有商品开发运营管理的通知》，要求各单位严格自有商品开发计划管理，规范自有品牌使用管理，强化自有商品订货铺货与营销及价格体系管理，慎终如始地坚守质量红线和底线，做好日常运营维护和数据跟踪分析，加强宣传，浓厚营销氛围，全力做好自有商品业务的发展保障。对自有商品开发与运营管理工作的机构与职责,通知明确规定由昆仑好客统一管理,统筹规划,授权开发,并对自有商品的开发管理、开发流程、动态维护、运营管理、质量管理、商标管理、考核评价等作出明确规定。

各省区公司按照要求,认真实施,掀起积极开发自有商品的新热潮。2021年,全系统开发"好客童品"、"昆觅"、赣南脐橙等58个系列新品;突出"大单品"引领,打造"优选+"大米、"好客壹生"纸等亿元级"爆品",带动10余款千万级畅销品,优化商品毛利结构;与高校和专业机构合作,共建产品研发中心,加快"产研销一体化"(图1-72、图1-73)。2022年,重点围绕米面粮、油、酒、纸等品类,综合市场需求优选区域推进合资合作,加快对制造型零售企业的市场布局。遍布全国的近2万座昆仑好客便利店各具特色,商品陈列鳞次栉比、琳琅满目,店内氛围声光兼备、爽人耳目。

图1-72 时任昆仑好客执行董事、党委书记刘刚在云南咖啡豆生产基地调研

图1-73 2022年3月2日昆仑好客与中粮营养健康研究院成立联合实验室

至此,昆仑好客品牌有口皆碑,昆仑好客自有商品广受欢迎。在众多的自有品牌商品中,自有大米品牌先声夺人,4年累计销售额达6亿元。另外,更有"十大自有产品"最受消费者欢迎:武夷山水行销全国28个省区市,先后成为"首届青年运动会""2019农博会""南京软博会""中俄汽车拉力赛""2016—2023年度中国国际投资贸易洽谈会"等国内外重大活动的官方指定用水;"昆仑之星玻璃养护液"被顾客描述为"一瓶在手、清晰我有",销量稳居汽车养护液前列;"好客之

力"是安徽销售 2019 年自主研发的一款功能饮料，创新性地将纯天然成分瓜拉纳、绿茶粉引入配方，可快速提高人体活力；"昆悦"纸种类齐全，仅山东公司 2019 年销售额就达 5800 万元；"昆悦"洗化用品去渍去污强劲、不伤手，漂洗彻底、衣物无残留，持久留香；"露露热饮"是河北销售与厂家携手推出的定制款，上市三个月销售金额 60 万元；重庆"老荫沱茶膏"荣获"西雅国际金奖"；"鲶鱼沟大米"产自黑龙江，广受好评，销量遥遥领先；"壮乡桂品烤海鸭蛋"被人们誉为日常佳品、过节礼品，成为顾客十分青睐的美味食品。

2019 年，法国出产的"康力皇冠"和"力科奇"葡萄酒全面进驻昆仑好客便利店。2022 年，在法国波尔多右岸骑士勋章授勋仪式上，作为昆仑好客自有品牌法国康力皇冠品牌大使杨武，成为本年度唯一被授勋的中国人，现场接受骑士勋章。

2017—2023 年，昆仑好客坚持"优品、优质、优享"理念和"优质、特色、新鲜、便捷"宗旨，不断强化自有商品开发运营的顶层设计，指导自有商品业务深入开展，形成"以自有品牌为核心、双品牌为辅助、集采商品为基础"的三级商品架构和"总部＋地区"协同推进运营管理模式。五年来，全国累计开发涵盖家庭食品、包装饮料、奶类、清洁用品、个护等 12 个大类 1400 余款自有商品，累计销售超过 50 亿元。形成以武夷山水、"优选＋"米面油、"好客壹生"纸、好客蒙牛奶等为代表的全国性品牌，以及"昆享""渔夫尚选""好客蜀韵""优斯麦尔""壮乡桂品""好客雲品""昆觅"等地方品牌商品，持续提升差异化竞争盈利能力。

（二）扎实推进商品集采落地

昆仑好客成立后，借鉴集团公司物资集中采购和快消品行业经验，开始推行昆仑好客和省区公司两级集采，力求最大限度地集中市场、资源和信息，提升供应链水平。五年来，坚持"守法、公开、竞争、择优、共赢"理念，通过公开招标等方式，与生产厂家直接合作，统一采购、统一签约、统一配送、统一结算，创新采购模式、重塑采购流程、统一信息与营销组织，实现创效能力、供应链效率、市场话语权、服务保障能力、品牌竞争力"五提升",以及采购成本、廉洁和质量风险"双下降",有效推动昆仑好客从单一零售商向制造型零售商的转型升级。

2017年,是推行非油商品集中采购的第一年。为深化对质量、价格、服务、规模4个采购核心要素辩证关系的认识,统一业务流程、统一采购标准,昆仑好客推动专家决策、团队决策、科学决策,有效发挥昆仑好客规模优势和专业化优势,在组织调研论证的基础上,制订非油业务的第一个集中采购方案,明确阐释集中采购的总体目标、范围和模式等。

总体目标:按照"集中市场、集中资源、集中信息"思路统筹规划、稳步推进。把支离破碎的市场变成统一、整体的市场,把省区公司多年来积累的多维度采购资源变成统一、整合的资源,把不对称的信息变成公开、共享信息。通过集中采购,实现整体利益最大化,推进非油商品供应链管理水平提升,并最终提升各省区公司非油商品经营业绩和水平。

集中采购的范围:按照一类、二类划分。一类商品由昆仑好客管理,主要是全国性、综合类商品,纳入昆仑好客集中采购范围;其余为二类商品,由省区公司管理并采购,其中部分商品也可下放到地市公司管理并采购,省区公司统筹制订其集采商品目录。

集中采购的模式:列入《非油集采商品目录(2017版)》的商品,分两种集采模式:一是昆仑好客统一采购、统一签约、统一配送、统一结算;二是昆仑好客统一采购、省公司分别签约、分别配送、分别结算。集中采购的具体方式包括招标采购、竞争性谈判、单一来源采购,能招标的全部招标采购。

非油集采方案分3个阶段实施。第一阶段,确定集中采购商品目录。经省区公司推荐、逐项数据分析、领导小组专项讨论、二次会议征求意见等,初步形成《非油集采商品目录(2017版)》。第二阶段,制订集中采购方案。昆仑好客组织制订试点商品采购方案,形成模板,组织资源分头制订集采方案,与部分供应商对接2018年采购任务等,分商品制订采购方案计划及进度。第三阶段,成立集中采购机构,制订商品采购协议、合同(模板),组织培训,开展集中采购商品谈判、合同签订等工作。具体表现为：昆仑好客成立采购领导小组；分商品成立工作和采购小组；每个省区公司选拔推荐2～3名非油专家录入集团公司专家库；就商品采购的方案、职责、工作流程、工作要求等方面组织培训；实施采购。按照"方案"的规定动作，集中采购工作于2018年全面推进后，取得阶段性成果：11个标包17家供应商中标，与12个标包16家供应商建立合作关系，与8类商品13家供应商达成合作意向，初步形成集采品类供应商队伍。

为进一步推进两级集中采购，聚焦优势商品、降低采购成本、提升商品质量、培育优质供应商队伍，实现综合效能最大化，昆仑好客在总结第一次集采经验的基础上，按照"坚持方向、突出重点、适度扩张、兼顾灵活、充分调动销售企业积极性"原则，2018年12月制订并实施第二个非油商品集中采购方案。2019年，方案将集采目标初步设定为：总部集采额在所属品类中占比整体达到40%，集采商品平均毛利率比集采前提高5%，到2020年，除香烟品类外，两级集中采购金额占比达到90%。

集中采购的范围：将一类全国性、综合类商品纳入昆仑好客集中采购范围，二类商品（包含区域性知名品牌、地方特产等），由省区公司管理并采购。省区公司统筹制订其集采商品目录，严格选商入围程序，完善风险控制流程，把好商品入口关，确保质量安全。

集中采购的模式：列入《非油集采商品目录（2019版）》的商品，分两种采购模式，一是统采统签统结，由昆仑好客统一采购、统一签约、统一配送、统一结算；二是统采分签分结，由昆仑好客统一采购、省区公司分别签约、分别配送、分别结算。对省区公司获授权开发的自有商品，按照"成熟一批、推进一批"原则，通过专家评选、价格谈判方式，逐步纳入集中采购平台，统一运营。

在具体组织和实施时，昆仑好客选择供应商的总体原则是"竞争、择优"，以生产商为主、中间商为辅，优先选择合作时间三年以上、具有良好市场信誉、较强服务能力、较高市场占有率的全国性、行业领先的供应商作为核心供应商。将两级集中采购的中标供应商纳入昆仑好客组织的供应商入围评审范围，列入年度合作伙伴名录。订货方面，由省区公司统筹，对于"$N+1$"或"$N+2$"模式的订货，以集采品牌和自有品牌商品为主、区域保留品牌为辅，优先保障集采和自有商品预算指标的完成。配送方面，由昆仑好客授权供应商按照订单需求，在合同约定的周期内统一配送至31家省区公司中央仓指定仓位，中央仓验收入库后，由省区公司负责完成从中央仓到门店的配送。特别是对新疆、西藏、甘肃、青海、内蒙古等偏远地区的物流配送，由昆仑好客组织协调省区公司和各品牌厂家，对分散资源进行整合，通过公开招标方式，选取信誉度高、服务能力强、配送网络成熟的服务商，与厂家签订配送服务协议，确保在订单配送、促销支持、巡店指导等环节的有效保障。验收入库方面，供应商按照省区公司要求，及时准确将订单所列商品配送至中央仓。质量控制方面，建立并落实质量保证和质量跟踪责任制，严格执行国家和行业技术标准，签订采购合同时首先应明确采购商品执行的质量标准，约定质量验收方法和质量责任的承担。实施"$N+1$"区域保留政策，将1000多种区域商品纳入集中运营，进一步满足消费者多元化需求。强化厂家源头合作，为各省区销售公司节约采购成本2.5亿元、全口径采购成本降低11.6%。

按照"坚持方向、突出重点、适度扩张、兼顾灵活、充分调动销售企业积极性"原则，2020年11月，昆仑好客制订并实施第三个集采方案。2021年，强化对全国集采的管理与服务，加大集采考核和竞品排他力度，借助系统管控等技术手段，杜绝集采平台外采购。分析查找集采欠量的根本原因，强化服务指导，优化激励方案，推动省区公司对二级集采的规范。科学组织集采运营，强化对集采营销数据的研究分析，优化营销方案，从源头上扩大集采规模，集采范围涉及14大类29中类，同比增加1大类7小类。全国合作品牌由88家增至136家、SKU达到2600多个，集采规模21亿元，综合采购成本降低11%。规范指导省区公司二级集采业务，明确选商、入围、品控等工作标准，将27家公司150个区域品牌纳入全国集采，满足集采合作品牌130余个，累计采购超80亿元，采购成本降幅超过10%。在集采基础上，累计开发近300种自有商品，销售额突破50亿元。

在总结前三期集采经验的基础上，按照"优化结构、突出效益、完善体系、提升品牌"原则，昆仑好客2022年11月制订了第四个集采方案。在方案实施进程中，严格按照"四统一"模式，集思广益，优化方案，谋划布局，强力推进。深化与头部品牌合作，致力于实现最低采购价格和最优运营服务。对先进单位采取专项激励法，将全国集采成果惠及省区公司，调动各方形成集采合力，为后两年顺利落实第四期集采方案奠定良好基础。

（三）持续优化供应链

昆仑好客成立后，结合商品集采工作进度，多措并举，着力推进仓储物流整体优化，为省区公司提供配送服务，总体费率明显下降，货品满足率和到货及时率年年攀新高。

瞄准现代物流供应链体系建设的目标要求，昆仑好客在调研整理各省区公司中央仓位置、合作模式、租赁期限、物流费率等信息的基础上，2018年完成31家成品油销售企业的47个中央仓、302家供应商、748种单品，超过7万条数据的编制、检查、修改及系统录入工作，新增供应商70余家，创建供应商物流平台账号302个，新增商品主数据超过300条、商品列表3万余条。在先期试点的基础上，快速打通业务与财务流程，确保业务如期上线运行。与顺丰、京东、中远等行业领先仓储物流服务商交流对接，依据经济发展、地域分布、加油站门店密度和功能，初步形成《仓储物流优化方案》，启动中央仓布局规划研究，科学规划区域仓、省级仓、中转仓，将品类优化和库存管理结合，全力打造一体化物流配送平台。利用省区公司闲置土地资源，根据合理配送半径，自建存储全国统采商品的区域中央仓。在京津冀、江浙沪及内蒙古，与周边省区等地理位置毗连或经济来往紧密的地区，打破行政区划，整合仓储物流资源，实施跨区配送，降低仓储物流成本。优化仓储物流信息系统，对加管HOS、物流2.0、中央仓等系统进行二次开发或优化，打通商品订货、配送、收货、入库、出库等系统操作流程，确保业务运作的全面受控。商品总体周转天数下降到72天，同比减少23天，库存占用资金持续下降。

2019年,昆仑好客研究制订仓储物流5年规划,持续完善建设标准和管理体系,搭建非油业务订货系统,在各省区公司分批推广实施可视化订货、自动分发及汇总功能;按照物采2.0物流配送要求,完成全国点对点配送承运商招标,为物流配送承接做好准备;按照前期工作部署,完成对供应商问题的整改和促销执行情况对接,对84个品牌402个供应商进行供货能力、交货能力、合同履约等方面的考核,统计31家省区公司的每月到货率,对较低的供应商通报、约谈、督导,并将考核结果纳入年底考核范畴,为进一步做好对供应商的分级管理及营销合作奠定基础。与大庆石油管理局、北大荒集团、新疆果业集团等单位就各自优势产品多次沟通交流,签订战略合作框架协议,发挥各自资源优势,进一步拓宽销售渠道,丰富产品种类。

2020年,面对突如其来的新冠疫情,非油业务上下快速响应,积极为湖北一线协调口罩、消毒液、洗手液、方便面等防疫物资35吨。后续从"保湖北"扩展到"保全国",多渠道多途径掌握各省区公司非油商品库存结构和运营情况,积极发挥昆仑好客头部作用,指导省区公司调整订货节奏,督导商品库存前移到油站,有计划、有针对性地做好商品保供;积极协调,超前谋划,与供应商建立物资沟通协调机制,两级集采供应商出具保质保量的"保供函"179份,使合作伙伴物资供应优先向昆仑好客渠道倾斜。协调供应商捐赠物资54吨,迅速驰援湖北武汉。

全年累计协调300余吨民生商品和防疫物资,使31家省区公司均未出现商品断供、采购价格上涨等情况;建立供应商履约情况周沟通、月通报、年考核机制,每周通过挂点联系,收集省区公司意见并及时解决;每月通报供应商到货率,全年约谈供应商并整改问题29项,使集采供应商累计到货保障率达93.4%(全口径,未剔除疫情、洪灾影响),同比提高3.8个百分点。对集采到货率未达到95%的供应商逐家对接,按合同执行违约金条款。

2021年,针对行业竞争日益体现在供应链上的新特点,为增强差异化市场竞争力,昆仑好客积极与头部企业进行合作。线下优化京津冀地区试点供应链,使订货满足率和响应速度大幅提升，物流费率和门店库存明显降低；线上尝试开展到家业务，试点运行电商物流仓。

2022年，非油业务着力打造强大的供应链体系，促进提质增效和供需匹配。完成京津冀、东北地区供应链优化试点，提高供应效率和履约能力；加快推广到家业务，上半年完成6个省区200座便利店试点，下半年推进全区域覆盖；完成供应链优化规划，建立非油业务仓储物流管理标准，实现对仓储物流的规范管理。与菜鸟合作升级供应链，经过一年运作，菜鸟整合仓储管理、门店配送、供应链全链路系统等服务（图1-74、图1-75），不仅帮助贵州区域的350家加油站昆仑好客便利店实现仓配一体化，还为其定制开发客户管理系统，并重塑门店订货系统、仓储管理系统、运输管理系统，在成本不变的情况下，此次合作覆盖的门店订单满足率提升至98%，配送满足率提升至99%，送货时效缩短1天。

图1-74　昆仑好客携手菜鸟打造仓配流新模式

图1-75　仓储规范管理

随着商品供应链的不断优化，密布全国的加油站便利店货源充足，到货及时精准，满足不同区域、不同民族消费者的需求，将昆仑好客的品牌效应辐射到大江南北、长城内外。

四、推进系统优化升级

随着互联网与电子商务技术的快速发展，中国石油非油业务顺势而为，围绕加油站客群需求，大力发展平台经济，积极探索尝试线上业务，促"油气氢电非"一体化加快融合布局。尤其是2017年昆仑好客成立后，紧跟时代变化，紧抓商业机遇，持续优化平台功能，不断完善线上线下全渠道运行模式，为非油业务的发展提供强有力的支持。

（一）大力推进信息系统升级

紧跟线上业务快速进展步伐，昆仑好客把数字化消费作为数字经济的重要组成部分，加快线上营销平台建设，在不断创造新业绩的同时，大幅提升昆仑好客品牌的影响力。

2015年11月，自云南、湖南开设天猫店开始，各省区公司陆续在第三方渠道开展线上业务，相继在各大线上平台崭露头角。2018年，各省区公司和润滑油公司全面上线，在天猫平台开设中石油昆仑好客官方旗舰店，在售商品超过1000个，粉丝超过19万，销售非油商品2963万元，带动油卡充值530多万元。推动自建线上渠道建设，开展好客e站商城试运行和中油即时通信内购商城测试。创新营销模式，积极与央视"云游中国""人人都爱中国造"等栏目合作，有效发挥明星带货效应；组织各省区公司举办直播带货大赛，并通过微信、抖音等平台开展线上营销，非油系全年线上销售收入超过1.4亿元。

2020年1月，昆仑好客秉持"数据驱动、线上线下一体化、强化总部任务到人"三大理念，积极为便利店数字化提供全渠道全场景解决方案：与多点Dmall合作试运行MiniOS智能商业操作系统，打通ERP、Mini购、小程序、商户号和新盘点等功能模块，昆仑好客统一管理的天猫官方旗舰店及直播间上线。在门店，通过多点Dmall的智能购与云POS，消费者自助结算，大幅提升昆仑好客的购物体验。年内，昆仑好客的智能购占比已达20%。

2021年，拓展营销模式，持续加快线上业务发展步伐。完善线上营销平台，中油即时通信好客商城上线，逐步实现各单位线上销售平台统一入口、统一管理，补齐线上线下一体化营销短板，充分赋能专业线各层级，挖掘会员卡客户边际效益。完成中油即时通信内购商城测试，并与"铁人先锋"平台融合，打开集团公司内部市场。构建全国统一会员体系，完成好客e站积分商城平稳交接，实现加油卡会员与非油会员身份关联互换，增加可兑换商品和增值服务、商城内广告业务、拓展合作伙伴和会员权益，促进线上线下油非一体化营销。发挥全国网络优势，在选品、配送、结算、客服等关键环节，有序推广到车、到家、门店自提等服务。常态化开展线上业务培训。利用天猫旗舰店及第三方互联网渠道，持续开展直播带货、社群拼团、消费送券等营销活动，增强对不同地域、不同客群的引流能力，全年实现线上收入3亿元，带动油卡充值15亿元。同年6月1日至7月1日，开办中国石油2021年度消费帮扶产品展销会暨首届昆仑好客购物节"助力乡村振兴、共享美好生活"直播大赛。期间，销售收入4334万元，吸引观众327万人次，获得点赞2146万次，店铺新增粉丝1.8万余人，涌现出一大批先进单位和台前幕后营销能手，取得良好的社会效益和经济效益。为创新营销模式，不断激发省区公司互联网营销能力，2021年11月11日至2022年1月11日，组织省区公司利用天猫旗舰店直播间，开展"百城直播一折起、好客惊喜一百天"直播比赛，共举办直播62场，累计销售收入6887万元，吸引观众126万人次，新增会员22.3万人，销售收入、客单价、平均观看时长均创新高，电商专业化运营水平进一步提升。

2022年，为进一步强化科技与信息支撑，昆仑好客全力为省区公司做好支持保障。完善非油研究中心运行机制，加强选题计划性、实效性和针对性；从全局层面加大科研管理力度，协助省区公司做好非油科研项目资源协调，组织精干力量推动课题转化应用；梳理非油业务相关标准，并立项申报，完善非油标准体系构建。全力推进加管3.0项目非油相关方案设计与落地，加快非油信息系统立项建设，同步推进便利店商品运营、商品开发和商品供应链3个应用单独立项和可研编制及系统建设。同时，开展美团/京东到家、新媒体、京东官方旗舰店业务。同年11月月底，中油好客e站好客商城中31家省公司商铺全部上线，万家便利店"走出"加油站；昆仑好客及中国石化旗下易捷上线美团，依托"线上下单、线下30分钟送达"的即时零售，便利店打通线上线下全渠道，更好地发挥门店数量多、24

小时营业优势，全天候和全场景捕捉消费者需求，开掘消费增量。同月，云南销售"咔咔洗车平台维护与服务招标项目"中标结果完成公示，浙江迅风智能科技有限公司成为中国石油"咔咔汽服"平台独家运营商，助力中国石油"咔咔汽服"品牌打造中国领先的一体化综合汽服平台。同年12月，线下洗车活动——"油"惠洗车及"咔咔币"支付正式上线。

至2022年，昆仑好客统一管管理的非油线上业务渠道有6类，覆盖公域和私域、内部和外部客户（图1-76）。除统一管理的线上渠道外，各省区公司使用的线上渠道有微信小程序、天猫旗舰店、爱逛平台等。随着多平台的建设和运营，适应了不同渠道、不同客户的即时和非即时消费对"远—近—即时"场景的需求，形成面向加油卡客户、中国石油员工和第三方公域渠道三个市场的"1+1+N"线上渠道矩阵。第一个"1"是中油好客e站好客商城，定位为核心渠道，主要面向超过1.2亿多的加油卡客户；第二个"1"是中油即时通信好客商城，定位为内部服务渠道，主要面向百万石油员工及家庭；"N"是指天猫、京东旗舰店等第三方营销平台，定位为协同销售渠道，主要面向第三方公域流量。2020年至2021年，非油线上业务收入超过10亿元。2022年，线上销售收入7.3亿元。

分类	1 （核心渠道）	1 （服务渠道）	N （协同销售渠道）			
渠道名称	中油好客e站好客商城	中油即时通信好客商城	天猫官方旗舰店	京东官方旗舰店	美团/京东到家	抖音等新媒体
客户群	加油卡客户（1.2亿）	中国石油百万员工及家庭	面向天猫的公域用户	面向京东的公域用户	面向美团/京东到家的公域用户	抖音等新媒体的公域用户
运营管理主体	昆仑好客统一管理，两级运营	昆仑好客统一运营管理	昆仑好客统一运营管理，两级运营	昆仑好客统一运营管理	昆仑好客统一运营管理，四级运营	昆仑好客统一运营管理
经营主体	昆仑好客、润滑油公司、31家地区公司共计33家	昆仑好客	昆仑好客、润滑油公司、31家地区公司共计33家	昆仑好客	加油站便利店	昆仑好客
运营团队	昆仑好客+地区公司	昆仑好客	昆仑好客+地区公司	昆仑好客	昆仑好客+地区公司	昆仑好客
营销工具	好客商城平台营销工具	好客商城平台营销工具	天猫平台营销工具	京东平台营销工具	依托美团、京东平台营销工具	抖音等新媒体平台营销工具
履约方式	一件代发（电商仓）	一件代发（电商仓）	一件代发（电商仓）	京东平台配送	即时达	一件代发（电商仓）

图1-76 非油线上业务统一管理渠道

（二）持续活跃线上业务

在"双碳"背景下，能源行业以电动革命、市场革命、数字革命、绿色革命为核心内容的"四大革命"加速演进，能源结构向绿色低碳快速转型。作为汽车燃料供应站的传统加油站将随时面临生存和转型问题。昆仑好客一经成立，就以发展非油业务为己任，勇于肩负起非油线上业务在加油站转型升级中的重任。

注重线上业务的研究与探索，加大力度推进数字化转型。先后对自营电销平台、第三方电销平台、合资合作线上保险等业务展开研究、论证和试点。

1. 加快推进非油系统 3.0 建设

制订信息系统发展规划，积极参与加管 3.0、物流 3.0 等系统建设，加快推进集采、仓储物流等系统建设，打通采、储、运、销流程，实现商品高效组织。加快电子销售平台的好客商城上线运行，探索合资合作运营，打造新的增长极。开发、建设专业的非油零管系统，统一站外店信息系统运行。

2. 不断提升数据经营能力

引入先进的互联网、大数据技术，探索开发数据经营分析平台，融合加管、ERP、卡系统、非油系统等信息数据，打通数据壁垒，加强数据分析研究，挖掘数据价值，服务省区公司经营决策。引进专业的数据分析人才，在深化数据运用上做实功、求实效，提供专业信息咨询和数据共享服务，帮助省区公司提升经营质量。在供应链优化上下功夫，深入调研分析，制订供应链与仓储物流发展规划，引入第三方物流，打造统一的物流配送体系。自建与租赁结合，在部分地区试点统采统配，探索建立昆仑好客统配、地区公司分配的供应链和物流运营体系。

按照"全数字化管理、全实时化分析、全流程化优化、全可视化监控"要求，自 2019 年起，昆仑好客力推非油信息系统全面升级。统筹兼顾，着力优化现有系统，强化系统应用，推动系统升级。

（1）"集采系统迭代升级"方面：完成集采平台系统实施计划大表和功能开发；总部系统集采一键汇总功能、物流平台新增供应商文件上传功能、权限变更，以及对账单等功能开发；完成搭建测试环境、总部级系统和物流平台新功能接口连通。

通过对订货系统迭代升级，实现可视化订货、与 HOS 系统连通、自动分发、汇总等功能的运用。

（2）"决策支持数据分析系统"方面：通过不断迭代更新的数据分析模板，实现对客户消费习惯、活跃情况、花销分布、城市分布等情况的精准分析。通过大数据分析实施精准推送、精准营销，优化昆仑好客对便利店客户的营销策略。

（3）"HOS 系统主数据管理优化"方面：编制主数据管理方案，完成主数据平台开发。率先对昆仑好客上海地区门店纸质价签升级，借助保资电子价签的应用功能助力门店效率升级，优化更换纸质价签的烦琐流程。借助电子价签的交互功能，实现商品溯源，打造全新数字化零售门店。

持续推进业务支持系统的建设和升级，2020 年建立由主要领导牵头、分管领导主抓、专人持续跟进的工作机制，完成加管 3.0 中非油信息系统建设需求计划，分 3 项 21 条，涵盖平台、功能、体验、管理、分析各个方面。在加油站管理系统（3.0 版）提升内容中，将与非油业务相关的自有商品管理、试销品管理、供应商管理、价格实时化、汽服管理、计划管理、餐饮管理、商品陈列、主数据共享服务、线上下单、线下提货等非油业务功能模块纳入开发规划，力推实施。跟进集采系统运行，梳理发现问题，编制优化和改进方案，组织实施集采系统的迭代升级；持续推进订货系统开发，组织部分省区公司对可视化订货、与 HOS 系统的连通、数据自动分发和汇总功能作系统测试，增加智慧后台、手持终端、扫码订货、订货建议等功能。结合加管系统 3.0 规划的实施，增加订货系统模块。搭建中油即时通信线上商城、京东商城技术架构，好客 e 站线上商城、天猫商城试点成功上线，直播平台、结算通路、清分、对账基本通畅，运营团队、试行制度、营销原则成型。通过搭建定制化数据中台、建设 BI 业务分析报表系统、增加智能化信息采集对接功能、门店收银智能化变革等方式，实现门店顾客数字在线，以及商品和供应链数字化、采销一体化，实现智能选品、智能陈列、智能排班、精准营销。在总部形成实时数字化指挥中心，数据驱动，任务到人，逐级落实，闭环运行。以规划并推动一体化信息平台建设为重点，结合统建、自建和第三方服务配套的 12 种系统使用情况，梳理仓储、物流、结算等环节横向联动、纵向协同需求，搭建非油业务订货系统、集采系统、仓储物流系统（EWM），并持续优化改进。利用第三方平台打开品牌建设、产品推广、电子商务新渠道。开发内购平台资源（图1-77），强化线上商品竞争力。2020年，先后与华为、TCL、海尔、现代汽车、长城汽车、长安汽车等品牌签订合作协议，并取得即时通信内购平台及中国石油系统内单位销售授权。

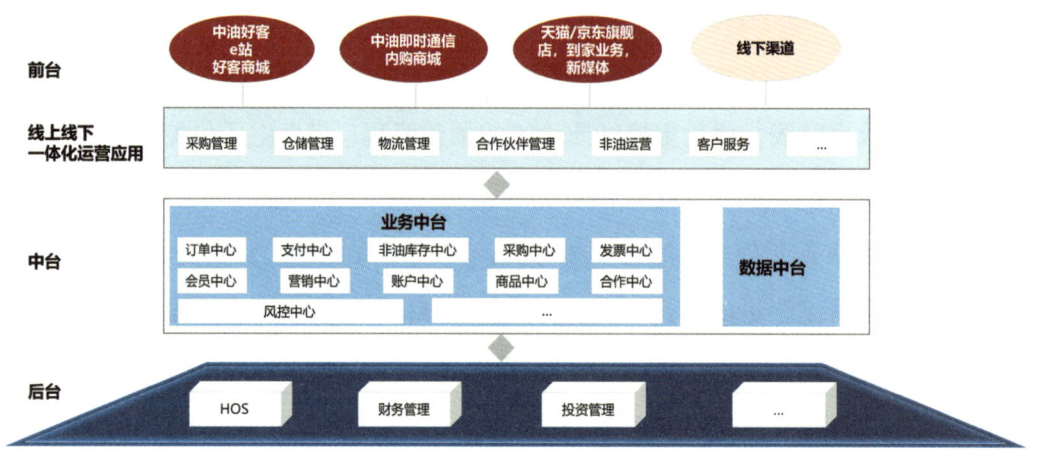

图1-77　加油站管理系统3.0

持续完善信息化建设的相关制度，2021年编制《中石油昆仑好客有限公司信息化管理办法》《中石油昆仑好客公司网络安全管理办法》《关于规范非油线上业务的通知》；研究业务发展，编制业务线规划方案和专项方案。其中，专项方案主要有：《中油好客e站非油商城及积分商城运营方案》《昆仑好客公司线上业务优化提升方案》《非油线上业务模式及渠道优化提升方案》《购物节直播比赛方案》等15项方案。

持续强化信息化支撑业务能力，2022年组织昆仑数智科技有限责任公司（简称昆仑数智）、福建销售、广西销售、河北销售、河南销售共同调研，编制完成非油信息化专项建设可行性研究报告，取得集团公司立项批复；搭建线上和新媒体业务平台，建立"1+1+N"的非油业务线上渠道，形成独具特色的线上业务总体框架（图1-78）。通过互联网营销、"以赛代训"和集中培训，带动省区公司跟班实操，通过线上集中培训，培养一批线上业务人才，提高整体互联网营销能力，为有序推进数字化转型奠定牢固基础。

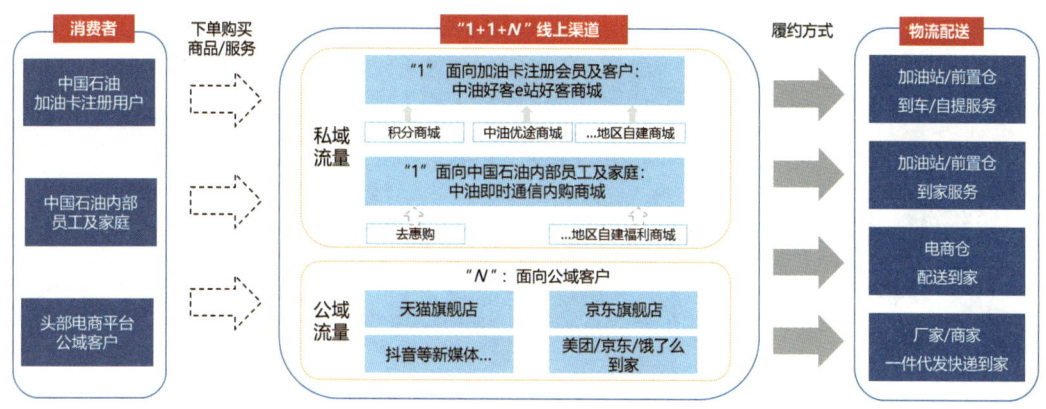

图 1-78 线上业务总体框架

（三）着力打造线上业务强板

零售电商的数字化进程分为信息化、线上化、数智化和平台化/生态化四大阶段，线上化阶段又分试运行、成长、成熟和持续发展四个时期。在非油线上业务处于线上化试运行后期、即将进入成长期之际，昆仑好客观形望势、详研细判，清醒认识到发展非油线上业务面临的五大挑战：如何优化消费全过程中的互动，提升客户与员工的消费体验；如何扩大客户规模、进行促活留存，提高单客户价值贡献；如何加速扩大销售规模、提高运营效率，以实现线上业务效益增长、跨越式发展；如何通过非油线上业务促进便利店业务及"油气氢电"业务发展；如何降低、预防、规避风险，实现健康运营。面对挑战，昆仑好客坚定"打造线上业务强板"的初心，按照集团公司建设"数智中国石油"的部署要求，积极谋划非油线上业务的高质量发展。结合筹划当前乃至今后一个时期的工作，着手补充完善非油线上业务发展规划（图 1-79）。

规划提出的非油线上业务发展战略主要有：

（1）战略架构：围绕客户与员工消费需求，协同发展"1+1+N"渠道，布局新场景、开发新商品、延展新服务、创造新体验，推动"人·车·生活"生态繁荣。

（2）发展目标：到 2026 年，实现线上业务收入 145 亿元。

图1-79　2023年6月6日，昆仑好客与昆仑数智在中国石油昌平科技园签署战略合作协议

（3）发展策略：突出垂直电商特色，强化"1+1+N"渠道建设，强化营销整合，强化顾客经营（简称"一个突出、三个强化"）。

（4）非油线上业务发展的六大方向：一是全渠道体验，即在客户消费全旅程中，全渠道与客户高效交互，改善客户体验；二是精准营销，客户立体画像，实时精准营销，推动到家、到车业务快速增长；三是构筑以专业运营组织为支撑、以制度流程体系为效率保障，业务与IT融合、建设与运营一体化的线上业务运营体系；四是健康自驱成长，以实时风险防控保障健康运行，以培训、知识分享赋能组织能力成长；五是优化品类，基于数据持续优化品类结构、开发新商品、发展自有品牌商品；六是打造新业务增长极，即承载新业务、新模式、新增长，加强流量变现，开放合作，生态化延展新服务。

（5）发展非油业务应不断提升的十项能力："市场营销"能力，即营销计划与管理、合作开发与管理等；"用户运营"能力，即设置运营活动与规则，包括会员权益建设、客户关怀设计、社群运营等；"活动运营"能力，即开展各类营销活动、提升活跃度和转化率等；"平台运营"能力，即制作、编辑、呈现线上渠道内容，以及确定产品/平台需求、优化产品/平台、流量引入和盘活及分配等；"商品管理"能力，即线上业务品类和品牌管理、线上业务商品全生命周期管理及商品价格管理；"供应链管理"能力，即商品采购、仓储、商品配送等；"支付结算"能力，即多支付方式的快速支付，确保商户、合作伙伴、供应商及时快捷结算；"客户服务"能力，即售后服务、客户投诉建议处理、客户满意度调查等；"数据运营"能力，即挖掘数据信息，服务于方便、快捷使用；"风控运营"能力，即制订策略、全面防控互联网业务风险。

（6）非油线上业务演进路径：2023年，为业务初始期（商品SKU 1万个，日活用户10万），主要任务为单个渠道业务运营全面开展、以会员为中心协同能力建成、信息化系统全面赋能业务、线上业务运营体系和机制建成；2024年为稳步发展期（商品SKU 2万个，日活用户20万），主要任务是形成初具规模的自有商品系列、自营商品集采规模超过50%、支撑线上业务的供应链体系完备、数据赋能线上营销和运营管理；2025—2026年，为快速发展期，主要任务是线上线下业务全面协同、线上线下资源全面共享、跨界合作和生态圈形成、数据科技驱动新兴业务。

（7）非油线上业务场景：为全域客户线上下单，提供到车/自提或到家服务；利用非油"1+1+N"线上业务渠道，为加油卡客户、中国石油内部员工及家庭、头部电商平台公域客户等，提供商品到车/自提或到家服务；打造中国石油"油气氢电非"综合服务为特点的、具有国企质量保证、客户放心的一站式生活购物渠道，构建"人·车·生活"生态圈。

规划还对"中油好客e站好客商城提升计划"，以及"改善客户体验""服务体系、交易支付等环节"的优化方向等予以明确擘画，为砥砺前行提供指引。

为确保"打造线上业务强板"的各项工作踏点运行，使规划顺利落地，昆仑好客进一步建立健全与线上业务发展需求相适应的系列举措。

（1）优化管理体制机制：参照中国石化易捷在省区公司成立互联网运营中心

的方法，与省区公司建立专业线上组织，地市公司设置专业线上运营岗，便利店设置兼职线上业务岗位，采用"自有+合作"（外包专业化团队）方式建设运营团体，核心岗位自有，非核心岗位合作，基于线上业务目标，分阶段配置人员，强化业务管理和考核，组建统一的市场化运营团队，支撑线上业务快速发展；引入行业头部电商企业合资入股等，实施市场化、社会化运营，创建形成信息共享、价值共创、分级支撑的业务管理模式。

（2）完善激励约束机制：设立"百元线上业务绩效工资"，建立完善"非油线上业务收入占比"考核指标；创新运营模式，大力推进全渠道运营，在淘了么、天猫超市、饿了么等平台增设渠道，增加一小时达、半日达、次日达等履约模式和预售项目等；加快会员数字化进程，在线上线下推出"超级星期三"等会员计划，为用户数字化运营夯实基础。

（3）完善资源整合机制：强化合资合作，精选销量可观、市场潜力大的"线上旺销品"，与行业头部企业、相关省区公司共同成立合资公司进行市场化运作。

（4）创新线上业务品类管理模式：规划核心品类增长策略，绘制品类增长地图，选择相应的落地场景；31家省区公司负责对大类进行运营，每个大类分配到2~3家地区公司负责运营，加强品类经理责任制，逐渐提升品类运营能力；实现商品差异化，凸显核心竞争品类；注重推广、采购、供应商及消费者体验等方面的创新，力求和品类管理同步；建立自有商品溯源机制，实行"一物一码"跟踪式管理，对生产商进行全过程考察考评，发现质量问题"一票否决"。

（5）强化线上业务供应链建设：加强全渠道商品管理和协同；分阶段建立云仓网络体系；构建供应链管理系统；加强供应链团队及专业人才建设等，整合供应链各个环节和各省区独立供应链体系，组建全国性的非油业务供应链运营管理中心，将技术、商务、财务、行政、运营、发展和推广支持按照专业运营程序集成化管理，实现企业内部和外部物流、信息流、资金流、商流的标准化运营，以各省区供应链运营管理岗位为基础，由昆仑好客牵头，通过加管3.0供应链管理模块进行联动。

（6）推动管理技术创新：加大技术创新力度，坚持以数字化转型为破局利器，借助加管 3.0 系统，探索运用大数据为客户精准"画像"，指导选品、动销、促销等全流程营销，立足"1+1+N"线上营销渠道，创新消费服务功能，全面实现在线充值、站点导航、移动支付、积分兑换等自助消费功能，以更加智慧便捷的营销方式和服务体验，开创大数据营销创效新局面；推进业态模式创新，深度挖掘用户需求，积极探索社交电商、直播电商、内容电商、生鲜电商等新业态新模式，发展云展会、无接触服务、共享员工等数字化运营模式，提高运营效率，发展数据服务、信息咨询、专业营销、代运营等相关服务业态，助力线上业务高质量发展；创新探索跨境电商，使用中油好客 e 站好客商城和中油即时通信好客商城作为电商交易平台，通过中国石油海外企业寻源采购，通过外部集团合作、直接与海外商品厂家或企业签订战略合作协议等形式，逐步打通庞大的海外市场。

展望未来，昆仑好客将顺应"'互联网+'时代"、创新商业模式的需求，打造以遍布全国加油站为主体的营销网络，构建线上线下全渠道发展格局，以发奋图强、行业领跑之势，向"建设国际知名、国内一流的'油气氢电非'综合服务商"目标砥砺奋进！

第二章　华彩乐章

概　要

中国石油非油业务经历局部试点到全面布局、商品分散经营到集中采购、品牌统一管理的创业历程，持续做强做优做大，位列中国便利店连锁百强榜前三位，发挥作用由销售配角到增效主力，走出一条符合中国特色和石油特点的非油业务发展之路，奏出事业拓展的华彩乐章。

2007年中国石油销售企业开始全面发展非油业务，2017年昆仑好客成立，非油业务进入专业化运营阶段。按照集团公司党组确定的"自主经营、因地制宜、规范发展、稳步推进"的方针，坚持品牌化、规范化、专业化发展之路，高起点谋划、高标准运作，实现高质量推进、高速度发展，助力推进中国石油上下游产业链不断优化，为集团公司战略目标的实现作出积极贡献。

拓展非油业务、优化产业布局，这是公司立身之本，企业效益之源。中国石油非油业务发展以便利店业务为核心，深耕细作，店销收入持续扩大；大力开发自有商品，形成昆仑好客与省区公司两级自有商品开发管理体系，累计开发自有商品14个大类1400多款新品；加速发展汽车服务业务，建设"咔咔"品牌汽服连锁网点，推动润滑油、汽车用品和洗车、维修等汽车服务三大汽服品类销售；积极探索发展线上业务，开拓电商渠道，开展直播带货，扩大线上营销，线上销售收入高速增长；有序开发化肥、快餐、团购等新业务，贴近市场需求创新多元经营，不断打造新的效益增长点。在销售公司（板块）支持下，昆仑好客与各省区分公司密切协作，在扩大规模的基础上追求质量效益持续提升，推进"油非互促"，增强协同效益，实现高质量发展。

第一节　夯实基础　持续深耕店网建设

中国石油非油业务架构中，便利店业务的核心地位从未动摇，店面规模不断扩大，质量效益持续提升。从2007年的2974座加油站便利店，到2022年的2万多座便利店，通过标准化建设、品牌化改造奠定发展基础，持续开展市场化精准营销、专业化高效运作、精细化科学管理，做大做强实体店面，做精做强便利店业务，便利店业务收入从2007年6.6亿元，到2022年的277.6亿元，店面规模增加5倍以上，销售收入增加41倍，成为中国石油非油业务当之无愧的顶梁柱，为非油效益增长作出重大贡献。

初创阶段，中国石油着力提升便利店标准化建设水平，提升运营质量。随着《中国石油加油站便利店标准（试行）》《便利店食品安全管理规范》等一系列标准制度的出台，便利店运作更加规范化。2012年，便利店业务迅速提升，开展便利店的加油站达到13149座，占运营加油站的68.3%，同比提高8.3%。到2016年，中国石油加油站开设便利店持续增多（图2-1、图2-2），全国平均开店率91%，湖南、云南、浙江、山西等4家单位接近100%。

便利店作为非油核心业务，成为昆仑好客业务布局一大重点。2018年，昆仑好客聚焦便利店业务，分级分类制订方案，细化工作方法，开展"精益零售"试点，督导省区公司一站一策、逐站优化，深挖便利店潜力，实现50万元以上店全覆盖，总数达到9793座，占比超过50%，同比增长17.7%。对一些优质高效店，瞄准打造昆仑好客旗舰店的目标，围绕"人·车·生活"需要，增加服务内容，增强客户体验，打造47座千万元店，品牌体验更加丰富。

图 2-1 江苏销售徐州徐林加油站便利店

图 2-2 四川销售成都分公司流花加油站便利店

2019年,昆仑好客创建推广"战略、业务、IT/DT"三位一体的昆仑好客运营体系,便利店业务驶入规范高效发展的快车道。当年,50万元以上店新增1277座,总量超过1万座。

到2020年底,中国石油在全国运营便利店总量达到20212座,其中50万元以上店达到12299座,分别较2015年增加3315座和6774座,50万元以上店年均增长约25%。中国石油销售系统31家省区公司全面推广,推动便利店打造阿米巴经营模式,各层级量化管理意识和市场应变能力不断增强,油非转换率持续提升,毛利指标增速超过收入指标增速,涌现出一批千万元级便利店。

2021年,昆仑好客抓督导强赋能,店销规模快速增长。便利店业务主抓三项重点工作:一是升级便利店精益管理。完善工作机制、优化业务流程,分片区打造示范店,大力推广"单品管理",不断提升选品、陈列、营销等核心能力,8个品类销售收入同比增长超过20%,门店整体运营质量效率不断提高,百万元以上店达到6839座、同比增长12%。二是对标一流加快赶超。瞄准行业一流,创建覆盖4个方面、3个维度、17项关键指标的精益管理对标模型,全系统推广应用,地市公司首次实现跨省分级对标,掀起全国互赶互超热潮。三是大力开展一体化营销。协同零售专业线深化"油非营销融合"机制,创办昆仑好客购物节,精选600多款畅销品和30款"爆品"组合"油卡非润"大礼包，历时3个月在全渠道分阶段统筹推进，全面开展销售竞赛和陈列创意大赛，按照"六统一"标准打造2299座示范店；开展冬奥主题、年货节、后备箱计划等30多项全国营销活动，连续两年参与"全国消费促进月"活动。加强"油非互促"双向引流，提高顾客黏性，全年油非转换率同比提升1.3个百分点。

2022年，昆仑好客店销规模实现新提升。全年完成非油店销收入277.6亿元，同比增长11.5%。到2022年，昆仑好客便利店提供近7万种商品，每天服务数百万顾客。

2017年昆仑好客成立以来，持续拓展非油业务，五年发展不寻常，昆仑好客非油业务运营能力显著提升。便利店业务由初步探索、扩大规模到精耕细作，奠定并巩固非油业务的发展基石。回顾五年历程，非油业务聚焦精益管理，创建以精益零售理念为核心的昆仑好客运营体系，各层级量化管理意识和市场应变能力不断增强，商品引入、陈列、营销执行、库存管控等工作水平大幅提升，单店收入增速优于行业平均水平。聚焦精准营销，运用大数据手段洞察客户需求，形成"商品+服务"的营销模式、"数据+督导"的跟踪机制，打造购物节、饮水节等一系列特色营销品牌（图2-3），油非转换率年均增长2个百分点。聚焦精细对标，创建覆盖4个方面、3个维度、17项关键指标的精益对标模型，全国掀起"比学赶帮超"热潮。聚焦精良门店，持续开展店面优化提升，分片区打造示范店，门店运营质量不断提高（图2-4），50万元以上店年均增长25%，百万元店年均增长16%。

围绕便利店业务规模效益提升的目标任务，昆仑好客加强顶层设计、标准体系建设和营销策划督导，各省区公司积极探索实践，优化自主经营，出现一批精彩的典型案例，成为便利店业务发展奏鸣曲中闪亮的音符，也是发展的强音。

图 2-3 宁夏销售高速分公司开口营销及昆仑好客购物节启动会现场

图 2-4 西藏销售日喀则斯玛加油站便利店

【案例一】

振兴昆仑好客便利店：非油店销第一店

上海，这座现代化的国际大都市，一直以来都是中国最繁忙、最具活力的城市之一。在这片沃土上孕育出漫天星辰般的优秀企业。

振兴加油站（图2-5），地处浦东自贸区腹地，毗邻陆家嘴金融圈，在这个寸土寸金、零售业态极大繁荣、竞争激烈的商业环境中，顺势而为，独辟蹊径，自2008年建立便利店以来，振兴昆仑好客便利店厚积薄发，2016年实现非油收入破1000万元，之后一路高歌猛进，年非油收入从1000万元攀升到1500万元，再到

图2-5 振兴加油站

2000万元，步步登顶；2010年获得上海连锁经营协会"市民最信任连锁店"，2013年获得中央企业"青年文明号"，2015年获得中国石油销售公司百强便利店，硕果累累。振兴昆仑好客便利店成为中国石油响当当的非油店销第一店，为这个美丽的都市平添一道靓丽的风景。

一、筑底强基，实现"从无到有"的突破

2008年振兴昆仑好客便利店开业，面对进驻市场时间较晚、市场基础较为薄弱、专业销售人员不足等制约非油业务发展的困难和挑战，振兴加油站全体员工勇于担当，转变观念，创新思维，通过寻求管理革新、销售模式革新，有效突破瓶

颈，闯出一条非油逆市飘红之路。

经营理念接地气。自 2013 年上海自贸区成立以来，DIG 进口商品直销中心大热，客户们对于进口商品的需求让振兴昆仑好客便利店找到方向。设立进口商品专柜，填补需求空白。引进生鲜水果，满足顾客生鲜水果的需求。以试吃吸引不少回头客，在满足客户需求的同时成为非油销售的一个新增长点。同时振兴加油站还增设 ETC 受理服务，吸引大量高端客户，并扩展微信充值加油站、增设充电桩等服务，并探索手机微信支付、支付宝支付等方式，优化顾客的加油体验，提升振兴加油站的服务品味，卡销比增长 6.6%。

服务内容冒热气。振兴加油站抓住便利店的黄金销售区，分析加油站便利店客户的购买行为。围绕顾客结账习惯将顾客"随手"可及的收银展柜作为黄金销售区。在这个区域铺设高利润、高附加值的产品。比如，将普通饮料换成高档矿泉水，带动饮品利润倍增；在靠近收银台的次黄金销售区，铺设受顾客热捧的自贸区商品、汽车用品；在离收银台最远的区域，放置便民服务台。调整后，非油收入持续增长，截至 2014 年，非油收入 555 万元，利润 98 万元，成为公司非油第一店。

服务模式聚人气。当中国石油加油卡积分能兑换便利店商品初期，振兴加油站首先设立积分兑换专柜，方便顾客兑换，并创下日积分兑换过万元的业绩，此举还在浦东分公司各加油站推广。面对公共交通卡在上海使用非常普及情况，站内开展调研，盯住空卡退押金难的问题，将难题变商机，适时推出交通卡空卡兑换等值非油商品服务，倍受客户欢迎，当年为振兴加油站增加非油收入 20 万元的同时，也为振兴加油站赢得了口碑。同时充分抓住 ETC 业务客流量大，客户消费能力强的特点，利用 ETC 充值室 8 平方米的空间，建起第二便利店，并针对客户特点规定香烟只卖整条不卖单盒。一年为振兴加油站非油销售额增加 50 万元，毛利增加 11 万元，相当于卖出 200 吨油。

一路耕耘一路歌，振兴加油站八年磨一剑，非油品销售从 200 万元增加到 555 万元，再到 2016 年非油销售突破 1000 万元，用一个个创新汇聚成加油站便利店发展的新动能，以全方位的优质服务缔造高效益、好品牌的良好形象。

二、内外兼修，实现"从有到优"的转变

对于一个双万吨站来说，振兴加油站的营业面积并不大，便利店只有百余平方米，但振兴加油站历任站经理像庖丁解牛一样，把这百余平方米的空间细细剖析，深抠营销、服务中的每个细节，"螺蛳壳"里做开了非油大道场（图2-6）。

内向挖潜，精细管理。为丰富便利店商品，让顾客不断

图 2-6　振兴加油站昆仑好客便利店

有新鲜感，刺激消费，振兴加油站从商品选品入手，制订商品轮换制度，设立新品专区。每季度淘汰销售排名后 20 位的商品，选取近 50 种新品尝试，保留销售较好的商品并陈列在醒目位置。精细测算，小空间出"大作为"，大胆将手机专柜设立在门口，2 平方米专柜年销售额 65.2 万元，平效高达 32 万元；围绕高标号油品消费群体，增设双立人、戴森等高端产品专区，打造"优品生活"区，客单价超 1000 元。

外拓服务，精准发力。振兴加油站开启体验式营销模式。面对陆家嘴高端客户群，仅是"加油+便利店"远远不够，振兴加油站围绕"人·车"服务主题，布局加油、非油商品、ETC 安装、车辆维修"四位一体"的服务，打开"人·车·生活"生态圈。开展"加油+检测"，将昆仑快速换油中心与油品、非油品联动，开展多元服务；"加油+水果"，开辟新业态，以试吃法、满额法、卖点转移法等营销技能吸引顾客，实现创利 150 万元；"加油+品牌"，围绕公司"'油'惠生活""10 惠"等品牌活动，提升现场氛围，打造同频共振的活动商品，实现非油店销同比增长。引入支付宝、微信等新支付方式，提升客户体验度，新增卡销比 6.6%。

振兴加油站昆仑好客便利店在全体员工的努力下,已将"uSmile"品牌形象树立于人心,历任站经理刘国超、苏国明通过抽丝剥茧的分析,查找振兴加油站营销服务中的短点、痛点,对接客户的需求,坚持做有质量、有效益的开口营销,将振兴加油站昆仑好客便利店打造成非油2000万元便利店。

三、价值赋能,实现"从优到精"的升华

在来势汹涌的市场大潮中,便利店业态不断迭代更新,唯有加快创新的步伐,立足消费者个性化、便捷化、差异化、多样化的需求,才能在竞争中形成新优势,实现新发展。

聚焦"新模式"精准发力。2020年,在疫情及低油价的双重影响下,振兴加油站以党支部为堡垒,将眼光投向"微信朋友圈",奋勇投身在线上新型营销的浪潮中。在浦东分公司的支持下,振兴党支部所辖5座站统一宣传,结合"加好友送礼"活动,将到站加油的客户变为好友。随着客户广泛参与,以及口碑的溢出效应,客户好友人数实现从零到百、从百到千、从千到万的逐步跨越,10余站扩大至10万人。实现用户画像,做强精准营销,做到"朋友圈"信息推送时间制度化、宣传广告统一化、商品推广精品化,拉进与客户的亲近感,提高客户满意度,增加客户黏性,实现线上处理业务咨询1.1万,解决问题1598个,客户投诉率直降84%。

锚定"新业态"精准出击。振兴加油站昆仑好客便利店一直致力于深耕周边小区客户维护,从针对周边居民积极开展粮油街和年货大街的"中粮厨吧"到米油进社区的"居民一家亲"。在社区营销下应运而生,振兴加油站昆仑好客便利店基于长期的居民基础,迅速出击抢占市场。2022年疫情期间,随着小区不断封控,振兴加油站率先通过"万人朋友圈",采取线上下单、线下配送的"零接触"销售模式,向周边居民配送蔬菜,"油卖菜"让加油站变"后勤站",振兴加油站为2000余户居民配送物资,提供商品到家服务。这一做法迅速被人民网、上海市经济和信息化委员会相继报道,上海电视台上门专访,展现中国石油的社会责任,树立品牌

形象。封控期间，振兴党支部开团 88 次，配送物资近 3 万件，创收 222 万元。

突出"数字化"精准对接。近年来直播行业风生水起，直播带货也成为非油创收的"新赛道"。2022 年振兴加油站首次配合上海销售开展"直播带货"，以储备人才培养为依托，组织便利店主管培训、模拟直播 12 次；以"万人朋友圈"为渠道，提前发布预告 20 余站次；以线上同步直播为创新，加油现场点燃顾客激情，仅振兴加油站当日线上销售 19.2 万元，该场直播总计 1.32 万人次观看直播，收获点赞达 23.04 万次。同时借助直播首次试销年宵花卉，打造直播热门单品，当晚售出 306 盆花卉绿植。

一座城，一座站，一代人，振兴加油站见证上海伟大变迁，新时代新征程赋予振兴人更加光荣的使命。未来，振兴加油站昆仑好客便利店坚持油非"双轮驱动"主线，通过跨界经营、党建共建、共享资源、"万人朋友圈"等新模式，做强店销、深耕线上、做大店外、夯实基础，立足新起点踏上新征程。

【案例二】

湖北销售特色便利店：三朵"金花"齐开放

湖北销售大力发展便利店业务，注重因地制宜，突出特色，把握用户需求，在便利店非油销售中培育出三朵各具特色的"金花"。

一、高质量发展模范店——十堰首达加油站便利店

2022 年，十堰首达加油站因站前道路维修，车辆绕行，站内油品销量下滑 30%。为打破困局，一方面稳住存量客户强化店内销售，另一方面走出站外拓展新客户加大店外销售，非油业绩实现逆势增长，2022 年非油收入 342 万元，同比增

图 2-7 十堰首达加油站便利店

幅 40%,毛利 113 万元,同比增幅 50%(图 2-7)。

一是建立"进二去三"订货机制,持续开展商品优化。年初首达店商品 SKU 多达 620 种,其中滞销品 150 种,通过对周边市场、客户群体问卷调查,重新定位,采取"进二去三"的订货模式,最终选定 440 种畅销及差异化商品进行销售,商品层次分明,迎合不同客户需求,全年油非转换率保持 36% 以上。

二是结合爆款商品打造火爆卖场。通过分析油站客户类型、季节等因素,精准选品,提炼卖点,突出加油岛、龙门、便利店等区域氛围营造,开展创意堆头陈列,吸引客户眼球,同时强化员工营销话术培训,营造班组 PK 赛,员工每售一单,在站务群里接龙,每周对比分析、经验交流,从而大大调动员工的开口推销热情。

三是积极开发站外团购客户,做大非油销售规模。通过阿米巴经营激活每一名员工的积极性,谁开发谁受益,鼓励员工站外开发身边客户,2022 年累计开发三类客户 15 家。

二、湖北销售首座商业服务综合体——武汉盘龙大道站

武汉盘龙大道站于 2008 年 2 月投运,2021 年 1 月完成智慧加油站升级改造形成湖北销售首座商业服务综合体(图 2-8)。综合体营业面积 1400 平方米,在加油、购物基本服务之外,通过渠道合作引入充电、肯德基餐饮、综合汽服、酒类店中店、新能源汽车等,实现多业态合作经营模式。为提升顾客进店率,店前设置两处购物专用停车区,可同时停车 12 台,并坚持"油非"营销活动联动策划、一体

组织，开展抽奖送券、加油满赠等引客进店活动，同时不拘泥于标准陈列，充分利用收银台周边空白区域，将米油、牛奶、鸡蛋等高频家用食品，以及饮料、畅销小食品等顾客目的性商品进行个性化主题陈列，结合月度爆款、主题促销、组合礼包等营销政策，大大增加员工推销成功率，店销水平持续提升，

图 2-8　武汉盘龙大道站便利店

盘龙大道综合体非油业务日均收入 2.6 万元，其中自营便利店 1.3 万元，店中店 0.4 万元，肯德基餐饮及充电桩 0.9 万元。

三、湖北销售首座站外店——武汉阳光生活馆便利店

为满足武汉中油大厦 8 家入驻单位近 700 名员工、武汉阳光酒店入住旅客，以及周边社区居民的购物需求，同时盘活武汉阳光酒店 300 平方米的空闲场地资产价值，2016 年湖北销售启动武汉阳光生活馆建设项目并于 2016 年 9 月开业（图 2-9）。该店以"畅享品质生活"为定位，布局上体现出温馨感、现代感、时尚感，商品选择上包含烟酒、进口、特产、水果、冷冻等，同时设立咖啡休闲区，引进自动售卖机满足夜间顾客应急商品购物需求。除满足内部单位员工、酒店旅客的个人销售需求，坚持"内外结合，稳定加拓展"的单位客户开发理念，对内实现酒店、入驻单位的办公用品、食堂用品、劳保福利商品的采购开发，对外以店面为依托，由"坐商"到"行商"，实行从楼内到楼外的"走出去"战略，累计开发企业客户 9 家，与 3 个居民小区建立稳定联系。

武汉阳光生活馆自开业之初就步入了千万元店行列并以年均 15% 的增长实现跨越式发展，2022 年实现收入 1780 万元，毛利 392 万元，毛利率 22%。

图 2-9　湖北武汉昆仑好客阳光生活馆

【案例三】

雄安 1 站便利店："好客酒坊"

雄安新区位于河北省中部，地处北京、天津、保定腹地，是首批交通强国建设试点地区，是京津冀的"希望之星"。在这璀璨的星辰中，雄安 1 站加油站分外亮眼，它位于雄安新区的核心地带，肩负着雄安各大央企单位和当地人民的交通、文化、生活供给和保障，一直为雄安的建设和发展贡献石油力量。

2022 年，雄安 1 站全新打造的"好客酒坊"一经推出就分外吸睛（图 2-10）。这是河北销售打造的第一座"好客酒坊"，汇聚国内外知名白酒、葡萄酒、啤酒和洋酒等酒类品牌，打造集商品展示、名酒品鉴、文化传播于一体的消费平台，传递"书酒"文化，为客户提供"商品丰富、购买放心、价格实惠"的一站式买酒解决方案。欢迎大家走进这充斥着浓浓酒香的"好客酒坊",感受"书酒"的独特魅力。

自古文人爱酒。酒者,五谷之精华,文化之载体。白酒是中国传统文化智慧的结晶,也是五千年历史中最独特、最鲜明的符号。

图 2-10　雄安 1 站便利店内的"好客酒坊"

"好客酒坊"以书会友,以酒为媒,当雄安新区建设者们卸下一身疲惫,步入这一方天地,随着酒香的浸润,书香的浸染,身心慢慢放松,感受窗前的四季美景,领略雄安新区日新月异的发展,积蓄能量,满血复活。

山庄老酒系列白酒,青岛、燕京、珠江系列啤酒,各种红酒迎接着雄安建设者们,许多全国各地的朋友们来到雄安,到"好客酒坊"品酒打卡。

雄安"好客酒坊"肩负着三大任务,首要任务就是为全国石油系统率先打造示范样板。其次是依托"央企联盟",服务央企合作单位客户,打造集商品展示、名酒品鉴为一体的酒类消费平台,客户可通过线上线下等形式选购,下单后由站内员工提供送货上门服务。最后就是打造"书酒"文化,酒坊内书籍品类丰富,涵盖各大畅销榜单名录、文学书籍、儿童读物,客户来到这里可以免费阅读,希望通过书籍架起品牌与客户的一道桥梁,从人来人往到心来心往,共同推动雄安新区朝着更加高远的目标一路前行。

"李白斗酒诗百篇,长安市上酒家眠"。文化需要传承,更需要创新,"好客酒坊"正是让底蕴深厚、历史悠久的中国传统文化,焕发新活力。

这里有各大名优酒品的品牌背书,从产品质量、售后服务等各方面为客户提供保障;通过强大的销售网络实力与大品牌供应商建立集采合作,确保酒品的价格合理;酒坊的客户体系完备,借由中国石油的大数据优势,通过品酒会、读书会等丰富的活动，可实现商务客户资源共享；随着新区的发展建设，外部人流不断涌入，疏解功能也在逐步形成，建设者们汇集于此，以酒为媒迅速拉近距离，为交友互通提供广阔空间。

以"好客酒坊"为新契机，打造雄安新区央企融合的发展新生态，践行央企承诺——助力新区建设的"服务站"，传播石油品牌的"宣传栏"，展示雄安新貌的"风景线"。

这里是雄安1站，酒香、书香、馨香，期待您来体验不一样的好客酒文化，感受希望之星的勃勃生机（图2-11）。好客新醅酒，能饮一杯无？

图2-11 雄安1站便利店内"酒香"伴随"书香"

【案例四】

燕山街加油站便利店：综合服务"排头兵"

2020年内蒙古销售非油公司赤峰分公司对燕山街加油站昆仑好客便利店实施改造，精准定位为综合服务特色便利店。改造后，店面由100平方米升级到269平方米，设置10个分区，根据顾客动线，增加儿童玩具、电子产品、厨房厨具、高档烟酒等商品陈列，新增分区年创收400万元。

为了更好地打造综合服务特色，燕山街便利店还增加生鲜用品、烘焙产品专区，专区开设后创效200余万元。生鲜与烘焙产品是社区客户的刚需商品，为了快速打开生鲜销路，分公司立足于专区培育，借国家倡导地摊经济的契机，在燕山街加油站路口开展地摊营销，组织机关员工轮流上岗，将自有产品、生鲜产品、鲜花产品进行站外摆摊销售。通过3个月的持续活动，创收60万元，打开便利店销售新局面，许多客户成为"昆仑好客""昆享"的忠实粉丝。此后，又通过推出"晚8点，享8折""加油即享现烤蛋挞""10元早餐包"等活动，不断吸引社区非加油顾客进站，实现专区年销量过百万。

2022年受疫情影响，赤峰城区封控达百日，为了解决顾客买菜难的问题，员工自发组成"宝石花"闪送队，分为接单复核组、打包消杀组、外卖配送组，开展"一个电话送货到家"外卖服务。员工们用自己的电瓶车、小轿车承担起配送任务，由"加油员"秒变"快递员"。每天清晨就开始订单收集，蔬菜入库，打包发货，为客户及时送上粮油、蔬菜、牛奶等暖心商品。晚上，员工们还要查看客户订单情况，梳理各自网格客户，在40多个客户群中展示商品信息、促销政策，分组关注不同的客户群，确保对客户互动及时反馈。通过线上接龙，为客户采购配送预制菜等紧缺食品。通过与社区志愿者联动，为居民提供紧俏的蔬菜礼包。疫情封控期间，一天接单最高136笔，配送金额达到11000元，最远配送距离12.6公里，累计配送2830多笔，总行程达到11800公里。

燕山街加油站便利店满足社区客户多元化需求，打造生鲜果蔬专区，推出"晚8点，享8折"等促销活动，成为吸引社区客户的"新磁石"。

打造综合服务平台做大规模必须善于发现顾客需求，除此之外，燕山街加油站还围绕车辆需求做文章。一是与油站旁边的大型洗车店开展合作，为客户提供互动洗车服务，油品或便利店消费满金额赠送免费洗车，直接带动非油收入15万元，带动汽油销售300余吨。二是为加油站购买润滑油的顾客提供免费换油和车辆"体检"服务，让昆仑润滑油成为更多客户的选择。三是对车辆有年检需求的客户，购物百元赠送检车百元代金券，赢得客户好评。

自2020年以来，赤峰分公司燕山街便利店通过打造综合服务特色，3年销量增幅121%，2022年销售收入突破1500万元，油非转换率由9%增长到20%，始终保持内蒙古销售排头站位。

【案例五】

玛多加油站便利店：青海高原上的"乡亲店"

图 2-12　青海销售玛多加油站

图 2-13　玛多加油站便利店营销人员在整理商品

青海销售玛多加油站位于三江源头，海拔 4300 米（图 2-12）。2019 年 5 月，玛多加油站进行翻修重建，便利店重新升级改造。

旅游季为了方便旅客，玛多加油站坚持 24 小时免费提供热水、应急药箱等服务。员工们各尽其责，时刻留意热水还够不够，并及时补充。若遇到大车用水较多的情况，则做到随烧随用，坚持为司机提供贴心周到的服务。正是这样时刻为顾客着想的一个个细节，才让进站顾客有了宾至如归的体验（图 2-13）。

"缺氧不缺精神、艰苦不怕吃苦"是高原石油销售人一直秉承的优良传统，玛多加油站海拔高、气候差、生活条件艰苦，五月，春回大地，然而在平均海拔4200米的玛多县，雪花依旧飘扬在大地上。贺罗藏家、贺洛桑家是玛多加油站的普通员工，在平均海拔4200米的"天上玛多"已经坚守工作十余个年头，工作生活中，夫妻二人认真负责，以最热情的服务迎接着来来往往的每一位顾客。日复一日，年复一年。玛多加油站员工用一句句朴实的话语对到站的一名名客户迎来送往，划过寂静的黎明，感受正午的阳光，无论是严冬还是酷暑，一如既往穿行在加油站现场、便利店各处，尽职尽责，以饱满的热情投入加油站各项工作，留下一份份"耀眼的成绩单"。

玛多加油站便利店，自2019年通过翻修重建，店面升级改造以来，实现非油销售收入翻倍增长，2022年实现销售收入58万元，毛利16万元，便利店销售突破50万元，成为50万元便利店。

另一处高原上的便利店是清水河加油站便利店，隶属于青海销售玉树分公司。清水河加油站位于高原小镇清水河镇，巴颜喀拉山脚下，它有三个特点：一是海拔高。加油站坐落于214国道沿线，平均海拔达到4500米以上，高寒缺氧，平均含氧量只有内地的60%左右，气候环境差，生存条件恶劣。二是气温低。常年低温、多风、高寒、干旱，昼夜温差大，年均气温2.4摄氏度，冬季夜间平均气温低于零下20摄氏度。三是富有民族特色。当地居民以藏族为主。连同站经理在内，加油站4人中，有3人是藏族员工，基本使用藏语服务和交流。四是队伍年轻。加油站现有员工4人，平均年龄22岁，最小的加油员只有18岁，是一支年轻的服务队伍。加油站获得荣誉颇多。2013年，被集团公司评为"岗位奉献能手"称号；2015年，被销售公司（板块）评为"企业精神先进践行"称号；2016年，被省公司评为"青年标兵班组"称号；2022年被省公司评为"红旗加油站"称号。

2020年疫情期间，清水河镇上没有一家面铺、蔬菜铺营业，群众无法购买新鲜蔬菜维持生计。玉树分公司主动作为，第一时间与镇政府、玉树州蔬菜铺沟通，在清水河加油站设立米面油、新鲜蔬菜水果供应点，每天采购新鲜蔬菜，机关党员干部主动请缨装卸货物配送至清水河加油站。蔬菜的供应充足，及时解决清水河镇群众吃菜难的问题，同时带动清水河加油站便利店其他商品销售，从日销售额不足

100元增长到3000多元,增加非油收入6万元。"蔬菜供应点"履行企业担当,践行社会责任,同时增进与当地群众的交流,吸引大量客户成为忠诚客户,维护企业形象。

【案例六】

同心服务区便利店:非油销售突破千万元

同心服务区位于宁夏回族自治区海原县高崖乡联合村福银高速公路 K2180+100 处,分东西两区,于 2013 年 1 月 1 日开业运营。同心服务区是集加油、餐饮、超市、汽修为一体化经营的综合性服务区,同时服务区还附带便民服务,全天提供免费开水、免费停车休息区、免费公共卫生间(图 2-14)。

宁夏销售在同心服务区大力发展非油业务。同心服务区本着多元化、多业态的发展理念,切实转变经营思路,不断增加非油业务,以量变带动效益提升,同心服务区的非油业务主要由超市、便利店、餐厅、鸡排店、水果亭、烧鸡店、奶茶店、汽修间等业态组成。

同心服务区考虑到顾客的实际需求,以"正宗、

图 2-14 同心服务区的免费停车休息区

纯正"为招商原则,以"快速、热情、周到"为经营特点,不断盘活服务区非油租赁业务。餐厅推出特色牛肉面、盖浇饭等特色堂食;鸡排店商品即做即食,为顾客节省时间;烧鸡店售卖正宗静宁烧鸡,让顾客不用去到静宁就能品尝到当地特色的静宁烧鸡;奶茶是地地道道的茶道品牌,让顾客在赶路的时候也能喝上一杯浓郁的饮品。同时,为了提升服务区的非油形象,同心服务区结合宁夏回族自治区重点食品安全卫生城市创建活动,不断提升自身食品安全监管力度,推行"明厨亮灶"、4D 管理、安全巡检、定期检查等措施,最大限度地做到让顾客吃得舒心吃得放心。

在自营的超市和便利店里,销售商品主要以毛利高的商品为主,进一步提升自营店的创效能力,在商品品类上,不仅有统采商品,还有中国石油自有商品,共计销售 700 余种,极大满足过往顾客不同购物需求,同时还增添本土特产品专柜,深受顾客的喜爱(图 2-15)。

图 2-15 同心服务区便利店

2022年同心服务区全年非油品收入1507万元，完成全年任务1320万元的114.1%。下一步同心服务区将全力拓展全新的经营思路，深挖市场潜力，不断提升服务区非油盈利空间，努力打造业态多元的"人·车·生活"驿站，为过往旅客提供全方位、多层次的服务项目。

【案例七】

红山路加油站便利店："老字号"写新传奇

图2-16 红山路加油站便利店内店员在整理货架

站在高点看城市的车水马龙，乌鲁木齐市红山公园的"塔映斜阳"早已成为乌鲁木齐市地标。在距离著名景点、网红打卡地——红山公园不远的红山路加油站，是新疆唯一一座老字号中国石油"百面红旗单位"站（图2-16）。

红山路加油站便利店非油销售屡创佳绩，在"以非促油""油非互动"中采取科学谋划、多措并举，不仅保证成品油销售连续13年实现万吨，非油销售更是以跨越式的步伐一年迈上一个新台阶。加油站便利店销售自2013年首创500万元后，2014年较上年提前78天实现500万元的销售任务，2014年12月2日，该站便利店销售收入实现不含税600万元，创造新疆销售加油站便利店销售的新纪录。

红山路加油站地处红山路 177 号，主要客户群为政府定点客户、私家车主，日均销售额 6000 多元。为了稳固客户群，便利店员工专门设立《客户需求意见本》，以收集反馈客户需求信息，及时调整配置客户所需商品，最大限度地满足客户所需。他们认真研究顾客的消费习惯和需求，不断调整商品结构，丰富商品种类，使便利店销售量慢慢有起色。同时，在特定节假日，红山路加油站积极配合公司非油部门举办大型促销活动，回报客户，扩大影响面，提高销售额，充分利用中国石油品牌优势，以质优价廉的各类商品，打开市场，并按照中国石油"店面形象统一、商品陈列统一、商品供应统一、服务标准统一"的要求，以"打造样板、构筑精品"为主旨，用心满足不同消费者的需要，打造乌鲁木齐公司的精品便利店。

全员促销。在明确加油站全体员工的销售任务后，站经理将任务下发到各班组和个人。在经营指标上，由站经理亲自分解并细化，让每一位员工对月销售进度、日销售额做到心中有数。员工向亲朋好友推荐商品，在加油现场、便利店向客户推荐商品，使加油站的非油销售额不断提高。在红山路加油站便利店内，只要有顾客进来选购商品，就会有加油站员工前去询问客户，了解顾客所需，然后对顾客的疑问一一进行解答，使顾客能购买到自己称心如意的商品。

主动促销。站经理要求该站员工熟知便利店各商品的分布情况，熟知商品的价格、性能，并掌握一定的促销技巧，以方便向顾客讲解并引导消费，大大增加顾客的进店率与购买率。无论是现场加油的顾客还是在便利店开票刷卡的顾客，总会听到加油站员工亲切的话语："师傅，需要商品吗？到里面看看。""师傅，您车上备水了吗？"……红山路加油站员工就是用这样真诚的服务让前来加油的顾客感受到亲切的关怀，使得便利店的销售额一步步地上升。

商品展示。提高商品的"新""鲜"度，保障商品的高质量。通过加快商品的"引新汰旧"频率，特别是季节性的商品，要保证新品牌、新品种、新商品，能够及时上柜。增加商品对顾客的吸引力，促进商品的合理化周转。红山路加油站便利店主管杨金梅，在工作中表现出极其认真的职业素质。为了提高便利店商品的销售量，赢得更多的"回头客"，她细琢磨，巧思量。平时总是拿着抹布，在便利店对商品及货架等进行擦拭，她说："干净的商品才能引起顾客的购买兴趣"。从商品清洁卫生到商品摆放、盘点和促销，杨金梅都付出极大的心血。有时，为将商品摆放的整齐好看，她根据商品的品类、颜色、大小多次地把商品进行比对、分类、排列，以求达到最佳的摆放效果。为了通过专业化的服务来吸引顾客，在具体的销售中，她通过听取意见，进行周密的目标市场调查，研究顾客的消费心理，根据不同类型客户的不同消费习惯和需求，提供更有针对性的商品推介，努力做到吸引老顾客、发掘新客户。

电话热销。为了能更好地提高销量，站经理和员工一起将便利店商品的品种，服务电话制作成名片，向客户发放，并延伸出消费200元以上在同一区域送货上门服务，于是现在每到晚上总有附近的居民来红山路加油站便利店买些商品，他们还说，"中国石油的东西就是让人放心"。

服务稳销。提高便利店销量的前提就是抓住顾客的心，站经理向文涛在员工中建立首问责任制，对顾客提出的问题或要求，无论是否是自己职责范围内的事，都要负起责任。若是在自己职责范围内的事，由自己处理好，如果不是自己职责范围内的，应给顾客一个满意的答复并尽快转交给真正的负责人处理。红山路加油站在2011年年初制订了一套"非油销售冠军班组"方案，红山路加油站将每个班组每月的非油收入进行统计，对收入最高的班组进行奖励，并获得"红山路加油站2011年月非油销售冠军班组"的称号，这样不仅调动各班组对非油销售的兴趣，而且班组每人都有自己的"固定客户"，使各班组自动出现"比非油收入、学销售技巧、赶非油销量、超销售计划"的积极态度，经过三个月的试验，取得良好效果。

2023年夏初，随着气温不断升高，红山路加油站也掀起全员销售的热潮。截至5月，非油销售收入已完成全年计划的54%。加油站连续多日非油销售突破2万元。2023年6月10日，红山路加油站单日销售收入3.98万元，创年度新高。新疆非油销售的"老字号"便利店正在续写新时代的传奇。

【案例八】

东阳亭义加油站便利店：小店做活"大生意"

俗话说，好马配好鞍，好船配好帆。便利店要想有个好收成，至少得有一个宽敞明亮的场地才行。浙江销售金华分公司的东阳亭义加油站便利店占地面积只有18平方米，谁能想到，这么大点儿的"袖珍小店"，竟然是一个在疫情时期年收入超300万元的"销售大店"。

"坐商"改"行商"，"小店"胜"大店"。结合金华分公司销售政策，东阳亭义加油站的经理蓝竹俊始终坚持"一切工作围着零售转，没有不合作的市场，没有卖不出的'非油'"工作思路，带领加油站全体员工"拧成一股绳"，整合一切有利因素和挖掘潜在资源，进厂走铺，多面互动，落实高质量发展目标，将常人眼中的"烂山芋"变成自己手中响当当的"聚宝盆"。

一、"销"口常开，扩展店外店

在后疫情时代，顾客"进店需扫码，持72小时核酸"，本想顺带买点商品因进出麻烦，索性放弃购买的事情时有发生，同时18平方米的"袖珍"便利店使东阳亭义加油站的非油销售"雪上加霜"。如何突破"商品看不见，销量上不去，效益跟不上"的瓶颈，成为全站上下心头的一块心病。直到一位老主顾无意间说的一句："那么挤的店，搬出来就好了呀！"才打开了店员的销售思路。既然顾客进不来，那么销售员工就搬出去；既然18平方米便利店在室内，那就让"50平方米便利店"在室外。考虑到室外灰多，"扩大"的便利店就用透明柜台陈列，既看得到，又不落灰。加油站"店外店"说干就干，现场销售氛围更加热烈。

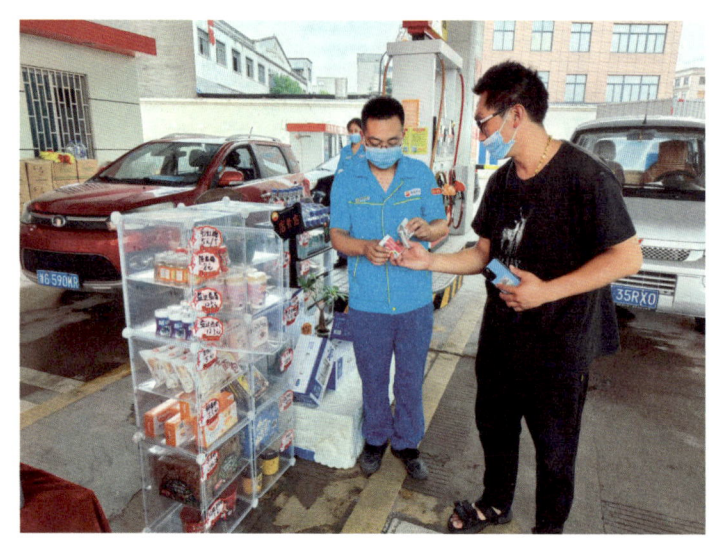

图 2-17　东阳亭义加油站便利店"店外店"

自东阳亭义站开设"店外店"以来（图2-17），一方面有效解决商品周转率低的问题，使便利店损耗为零；另一方面，随着"店外店"销售成功率和销量的显著提升，也让员工"逢人必推、逢车必荐"，真正做到了"销"口常开。

二、进厂走铺，留卡增油提非润

在稳住加油站现场效益的同时，只有将腿迈出去，扫村进厂走铺，才能更高质量地提升油站效益。东阳亭义加油站结合全流程诊断中的商圈定位，依托"二十四节气"活动，转"坐商"为"行商"，开展"肩上有责任，脚下有力量"行销行动，分个人、分班组的走街串巷跑市场。

"站长，这边这位小哥要一瓶洗衣液，给拿一下……站长，这位美女电子卡办好了，回去帮她做一下优惠……"这是下午陆续回响在韵达快递总站的吆喝；"秦队长，工作期间，用油就确定我们站了，合作愉快！"这是道路施工工地传回来每月购油12吨的捷报；拜访浙江天恒建设有限公司、环龙新材料科技有限公司等15家"四上"企业销售吨桶尿素7吨，170千克液压油6桶……2021年，东阳亭义加油站通过扫村进厂走铺这些"行商"举措，大幅促进了电子充值卡办理和商品销售，仅充值卡办理就突破万张大关，超过公司下达指标两倍多。

2022年5月，东阳亭义加油站因实施双层罐油非一体化改造，需要停站20余天。停站，意味着这期间的非油销售会出现断崖式的下降。作为曾经全公司非油第一个"三百万"便利店，每年非油指标完成率都名列前茅的便利店表示坚决不

"躺平"，立即组织开展如何在停站期间增加非油收入的研讨会，决定第二天就开办"行走的便利店"。在21天没有油品销售拉动的情况下，仅用简易的手推车，两块商品塑料垫，三辆私家车，走街串巷，创造非油营业额52306元。

三、巧变思路，扩展内部客户

"一位员工背后就至少有四位老人，一个大人，一个小孩，一堆亲戚朋友……""员工+亲戚圈"是加油站最忠诚、最好的内部客户——作为站经理的蓝竹俊，总是不断地拓展市场的新思路、新点子，并第一时间传递给自己的团队。瞄准全站18位员工背后的儿童经济、老人经济与家庭经济，在符合公司要求下利用手中的资源与权限，开展针对此类客户的营销手段。

在职员工生活物资购买与二次分配的有机结合。每月依托二次分配制度，以员工月销售量为基准，开展月末"内购会"，分梯度给予员工在"米面油"等比市场价格低的家庭食品。

介绍亲戚朋友购买站内商品积分制。在每月上中下旬开展"亲朋会"，当日员工通过介绍亲戚朋友按一定优惠购买站内商品，可根据购买量进行积分，累计积分通过月末核算，可让员工自身购买商品时"量更多，价格更优惠"。

自2021年5月开展内购会和亲朋会以来，"在职员工+亲朋圈"实现销售纸巾2863包，大米1450袋，食用油402瓶，包装饮料1100余箱，其他商品更是不胜枚举。同时此项特殊营销又结合日常销售二次分配为基础，既让员工享受到活动开展的福利，也让加油站效益得到显著提升。

一花独放不是春，百花齐放春满园。"行走"的便利店陆续在金华分公司后期改造站中进行复制与推广，带动更多的便利店非油收入不断取得新的突破。而东阳亭义加油站的年轻人们，砥砺前行，继续成为非油业务的排头兵、领头羊！

【案例九】

锦天加油站便利店：非油销售四年递增百万

安徽销售锦天加油站位于合肥市经济开发区，周边企业单位多、学校多、小区少，有着"两多一少"的商圈特点。非油客户群体主要为周边企业员工和学校教职工，商品选择主要满足日常生活、单位福利及企业生产的需求。2022年锦天加油站非油收入609万元，同比增长32%。作为一座拆迁还建站，锦天加油站从2018年12月15日开业，非油收入实现每年阶梯式增长。

"定指标"激发全员销售热情。锦天加油站每月月初召开站务会，在会上将非油任务进行月度分解，站经理带领大家分析上一年度同期非油销售收入和销售商品类别，指标分解到个人；根据上周销售数量来进行订货，保证站里商品充足，以免出现销售断货，由于站内仓库不大，于是和中央仓保持联系，当商品到达中央仓，第一时间联系人员进行商品配送。

图 2-18　锦天加油站便利店销售人员在推销当月非油主题促销商品

"突陈列"激发客户购买潜能。锦天加油站月月开展非油主题促销（图2-18），为了拓宽客户的视觉效果，站内把组合套餐陈列在便利店入口的黄金位置，确保客户一进店就能看到，为了突出陈列效果，根据主题进行节日装饰，比如春季推出二十多元的春季小套餐，包括畅销的饮料、水和小零食，从网上购买透明的外包装袋进行包装，方便客户拿取。此外，为了方便现场不进店付款的客户，在每台加油机旁陈列不同的套餐组合便于展销。

"优服务"提高客户消费体验。润滑油作为锦天加油站销售第二核心品类，贡献率高达23.2%，通过了解周边单位的高价值工业机械对润滑油的品质要求较高，于是他们从高品质和精细服务入手，联合润滑油公司送培训进企业、进车间，由"坐商"转为"行商"，先后走进江淮、美的、合力叉车等26家企业，及时掌握客户需求，定制客户专属服务表；锦天加油站喜欢"揽事"，对于很多加油站不喜欢的物流单位客户，锦天加油站却能够从中发现商机，他们日常开票、转账分配等业务办理勤，因此，加油站决定通过提升服务让这部分客户采购非油商品。

"速奖励"提升员工销售激情。销售好一定是有好的激励措施，锦天加油站采用当天销售当天奖励的方式激励大家，每天早上八点半由站经理给大家发奖励，不仅能激励销售好的员工，而且对于没有销售业绩的员工也是一种鞭策。大家每天对销售业绩进行复盘、沟通经验，比如现场和客户交流如何破冰、如何运用话术等，会后，大家再将这些知识点进行提炼，然后到现场进行学习成果的检验。当工作群内销售晒单时，站经理都会第一时间给大家点赞表达肯定，并对前一天销售情况进行点评；站内根据销售进行排名，月末再进行二次奖励，多劳多得拉开收入的差距，班组成员互帮互助，全站人员形成你追我赶的销售氛围。

锦天加油站以市场为导向，以客户为中心，从客户的角度出发，换位思考，在便利店内给客户提供优质产品和免费兑换零钱、一次性纸杯、免费茶饮等多项增值服务。在经营中扬长避短，深挖潜力，精准分析客群特点，引入新业态新业务，实现线上线下一体营销，多方位满足客户需求。

第二节 发挥优势 着力开发自有商品

自有商品是指由昆仑好客主导或授权研发的自产自销商品，或者是指定生产商生产、贴自主品牌标识、主要在自有门店和渠道进行营销，从设计、原料、生产到经销全程控制的商品。

从2015年开始，自有商品业务随着非油业务的发展开始出现萌芽。山东销售探索开发出"昆悦"纸品，新疆销售创立"优斯麦尔"干果品牌（图2-19、图2-20），一些省区公司先后探索开发自有商品，打造自有品牌，并逐步在加油站便利店销售。在昆仑好客成立之前，自有商品开发处于各省区公司自我探索阶段，但受品牌认知度差、供应链效率低、运营经济不足等限制，导致自有商品整体贡献度不高，销售规模占比不到1%，自有商品开发"小、散、弱"，难以形成差异化竞争能力。

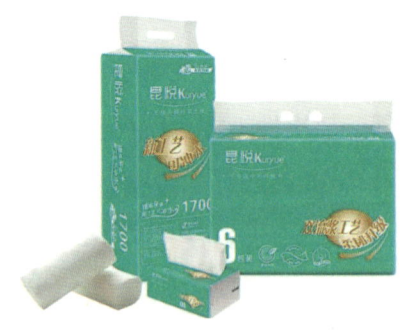 

图2-19 "昆悦"纸品　　　　　图2-20 "优斯麦尔"干果

2017年8月，昆仑好客成立后，围绕实现非油业务全年收入和利润指标这一目标，突出抓好商品集中采购、自有商品开发、供应链优化等三项重点工作，形成

"1+3"工作部署。把自有商品开发作为一项长期坚持的重点工作，昆仑好客积极开发自有商品，推进品牌溢价最大化。充分吸取各公司前期开发运营经验，制订《自有商品开发与运营指导意见（2017版）》，研究编制《昆仑好客"优选+"品牌和商品管理指导意见（试行）》，形成便利店一般性商品、昆仑好客"优选+"商品和自有品牌商品的三级产品架构，为后续商品管理和品牌管理打下良好基础。2017年，25家公司开发了12大类、48个小类共378个单品的定制包装和双品牌自有商品，武夷山水、昆仑之星车辅商品销量均同比增长150%以上。

自有商品开发逐渐由供应商主导走向开发单位主导。2018年之前，大部分自有商品开发处于"贴牌生产、价格较低、无商品差异化"的1.0时代；而从2018年起，自有商品开发逐步迈入"注重产品质量、满足消费者需求、打造自有品牌"的2.0时代。

自有商品开发列入昆仑好客年度工作计划，主要以提升自有商品竞争力，打造强大自有商品为目标。通过坚持市场导向、创新驱动、单品全生命周期管理，推进公司新开发的米面油、奶类、纸类、零食糖果、清洁个护等新自有商品上市销售，进一步探索和丰富自有商品品类；按照《52周顾客生活行事历》，突出新品上市和主推时段，线上线下全渠道销售，强化门店专项陈列，全方位开展价值传递；以生活用品为切入点，开发"好客壹生"自有生活用纸品牌，强化品牌规划和统一整合，建立自有商品的品牌结构树、产品标准体系和品牌运营体系，逐步培养目标性消费品类，推动"油非互促""量效齐增"。

借鉴国内外行业先进经验，昆仑好客从企业实际出发，推进昆仑好客和省区公司两级自有商品开发管理，坚持"优品、优质、优享"理念，以及"优质、特色、新鲜、便捷"的开发宗旨，在全国集采的基础上，通过竞争性选商方式，与生产厂家源头合作，采取创新合作模式、开创质量标准体系、建立制售同盟、统一信息与营销组织、大力推广集中经营等一系列措施，克服重重困难和阻力，实现提质增效的目标。2022年自有商品累计开发涵盖家庭食品、包装饮料、奶类、清洁用品、个人护理用品等14个大类自有商品1400多款新品，形成以武夷山水、"优选+"

米面油、"好客壹生"纸等为代表的全国性品牌，相比同类商品额外创效超过2亿元。昆仑好客创新自有商品运营模式，提升运营管理水平，截至2022年11月，昆仑好客自有商品累计销售规模超60亿元（图2-21、图2-22）。

图2-21　昆仑好客自有商品专柜　　　图2-22　昆仑好客自有商品专营店

2022年，昆仑好客大力提升自有商品开发运营水平，全年实现收入15.2亿元，同比增长30%，上新自有商品203款，打造出"优选+"米油、"好客壹生"纸、好客蒙牛奶等三个亿元级和一系列千万元级大单品。组织推进11家省区公司108款商品集中运营。当年，昆仑好客自有商品占比达到23%，自有商品开发处于国内便利店行业前列。通过自有商品开发与运营，进一步提升供应链资源整合能力和昆仑好客品牌价值。2022年，昆仑好客品牌价值158亿元，位列全国零售行业前列。

经过十年的发展，目前昆仑好客非油商品以"自有品牌商品"为核心，以"双品牌商品""定制包装商品"为拓展，以"全国性集采商品"为补充，辅以"一般大众型"商品为基础，形成了非油业务"金字塔"型商品架构。自有品牌的成功运作有效提升中国石油品牌形象，丰富中国石油的品牌内涵，不仅是车辆用油品牌商，更是"人·车·生活"生态圈的需求满足商。

【案例一】

武夷山矿泉水：一瓶水做出亿元大生意

　　武夷山中段，核心保护区内，山峦起伏、沟壑纵横、林木葱郁、流水潺潺。从这里发端的5条河流，孕育闽江之源，不仅出产好茶，而且出产好水。采自地下266米深的花岗泉隙水，通过严格的生产流程，打出"武夷山矿泉水"的品牌，销往全国31个省市、自治区，成为昆仑好客自有品牌商品的典型代表。

　　车"渴了"加油，人渴了喝水。顾客来到中国石油加油站，给车加完油，走进便利店买瓶水喝，可以选择的牌子不多：康师傅、农夫山泉、娃哈哈、统一……2014年，这四个牌子占中国瓶装水前四名。

　　到2013年年底，中国石油已经开设便利店14799座，一年销售的包装饮料达到十几亿元，销售额仅次于香烟销售。但遗憾的是，卖出的上亿瓶水，没有一瓶水是昆仑好客自己生产的。

　　非油业务探新路，要做好水生意，首先是顶层设计，战略定向。2013年中国石油非油工作视频会提出，要细分市场和客户，研究便利店高效商品和销售量大的商品。

　　在瓶装水品类中，打造昆仑好客自有品牌商品，逐渐成为非油人的共识。

　　昆仑好客水生意的发展机遇，正逢天时地利人和。2011年11月3日，为扶持福建贫困地区经济发展，集团公司与福建省人民政府签署协议，决定共同开发福建南平优质矿泉水资源，利用"武夷山"的自然地理优势，把"清新福建"绿色名片推向全国。经过3年多的优质水源寻找，四个备选地点采样对比，2014年终于传来佳音。

　　武夷山丹霞地貌、花岗岩结构山体，使这萦回于峰峦壑间的流水携着大山的灵气，混合着阳光和风缓缓渗入岩层，又经过千百年地下深层循环运动，富含有偏硅酸、锂、钙、钾等多种有益人体健康的矿物元素，造就了优质、甘甜、柔美的武夷山矿泉水。武夷山脉中段，乌君山下，远离喧嚣的闹市，四周青山环抱，绿林成荫，周边又没有污染源，是个理想的矿泉水源开采地。

2014年7月4日，福建武夷山水食品饮料有限公司注册成立，作为集团公司与福建省的战略合作项目之一，由股份公司、南平实业集团、福建光泽红杉国投集团3家公司出资组建。公司注册资金5000万元人民币，产品命名为"武夷山饮用天然矿泉水"。股份公司占股70%，2014年公司投入1亿元资金，在光泽县乌君山建一座占地面积28.06亩，总建筑面积为17100平方米矿泉水厂，并从广东引进2条国内最先进的"全自动化吹灌旋一体生产线"。2014年12月4日，该项目开工建设，2015年8月，武夷山矿泉水投产面市。从此，源源不断的矿泉水从地下200多米深处开采出来，率先在福建销售各个便利店上市，再逐步扩大到中国石油非油庞大的销售网络，成为昆仑好客自有品牌商品的第一个样板。

武夷山矿泉水在包装饮料中定位高端矿泉水（图2-23），小瓶装的零售价格为3元一瓶，相对市面上的其他天然水较贵，但它的高品质为自己赢得了口碑，依托昆仑好客便利店，迅速打开市场。从卖油到卖水，从卖别人的水，到卖自家的水，

图2-23　武夷山水系列产品

勾勒出的是中国石油非油业务发展的市场化导向轨迹。昆仑好客加强自有商品开发，武夷山矿泉水成为创立自有品牌的"探路先锋"，加快自有商品发展步伐。

2018年1月1日，福建武夷山水食品饮料有限公司股权划归中石油昆仑好客有限公司。承载着自有商品开发品牌试验的武夷山矿泉水，作为昆仑好客第一个非主营业务自有品牌，也代表其迈进新的发展里程。

【案例二】

昆仑好客"优选+"：大米传奇

"开门七件事，柴米油盐酱醋茶"。老百姓的生活需求中，大米作为老百姓家庭厨房的代表主食，是销量巨大的刚需商品。昆仑好客发展自有商品体系时，瞄准了大米，千方百计在大米上打响自有品牌（图2-24）。

昆仑好客"优选+"作为昆仑好客公司旗下的高品质商品品牌，

图2-24　昆仑好客"优选+"大米

以满足积极、乐观、时尚的顾客群体对于高品质的商品需求为中心，"产品专选"为理念，联合国内外众多知名品牌和明星产品进店销售，为顾客提供"优中选优、轻松一站购"的全新车行生活消费体验。

大米、面粉、食用油作为非油销售的大宗商品，如何用好昆仑好客"优选+"，在家庭食品领域创出高品质的自有品牌呢？

选择合作伙伴,建立制售同盟,这是昆仑好客"优选+"大米品牌项目的第一步。昆仑好客在开发自有商品的前期阶段,执行双品牌战略,全都选择与相关商品行业领域的头部企业建立战略合作,利用国企品牌和中国石油强大的销售渠道优势,实现双赢互利。在全国大米销售市场,中粮集团、农垦集团作为行业巨头,对中国石油提出米面油优选商品的战略合作,双方一拍即合,结成大米产供销的合作伙伴。

昆仑好客成立后,与中粮集团、农垦集团继续深度合作(图2-25),共同开发双品牌米面油系列产品,打造"一站式"家庭厨房的概念。

图2-25 昆仑好客与农垦集团签署合作协议

优选产地,保证品质,这是昆仑好客"优选+"大米的第二步。2018年,昆仑好客加快推进自有品牌商品发展,重点开发推出昆仑好客"优选+"大米。按照自有品牌商品发展整体规划和相关要求,从2018年1月起,通过招标选商谈判的方式,选定三家黑龙江本地优质大米供应商,并实地勘察检验,确认合格后,双方开展合作,共同开发出6款"优选+"东北大米,自4月上市以来,已销售覆盖全国大部分省份，截至12月月初，已累计订货销售超过8100万元，成为继武夷山水后，第二款在全国大范围推广销售，规模较大，并取得良好效果的优质自有品牌商品。

东北大米的品质在中国具有良好口碑，昆仑好客以精准扶贫和乡村振兴为抓手，与中粮集团、农垦集团等知名企业合作，以"原产地专选"为卖点，推出"昆仑好客'优选+'味道农垦、鲶鱼沟、五常、福临门"4个系列的大米商品，陆续在全国31个省区市的2万多家昆仑好客加油站便利店上市。打着昆仑好客"优选+"品牌的大米，颗粒饱满，熟饭香软可口，一经面世，一炮打响。

在南宁市"2018昆仑好客商洽会"上，昆仑好客向社会发布了推出非油高端自有品牌昆仑好客"优选+"系列产品的消息，并向广大客户郑重承诺——无论是在繁华都市、城镇乡村，还是雪域高原、沙漠戈壁，都将尽心尽力让客户享受到"优质低价、新鲜便捷"的昆仑好客"优选+"商品和服务。

在昆仑好客便利店买大米的客户大多是回头客。昆仑好客品牌的影响力、庞大的销售网络，以及便捷的消费体验、无忧的售后服务，是促成顾客复购消费的主要动力。

昆仑好客"优选+"品牌的大米获取消费者的广泛认可，中粮集团主动提出合作的大米商品全用昆仑好客"优选+"品牌，成为自有品牌创新探索的"大米传奇"。

【案例三】

"好客壹生"：优质纸品伴一生

生活用纸作为家庭和个人消耗产品，在非油商品销售中品类份额占比大，昆仑好客决定进军纸品开发，打响自有品牌。

长期以来,生活用纸是昆仑好客集采业务的一个重要品类商品,而洁柔公司是昆仑好客主要的合作伙伴。洁柔公司在生活用纸行业处于前三名之列,在全国有六大生产基地,拥有良好的品牌口碑。

昆仑好客决定与洁柔公司深化合作,开发"好客壹生"自有品牌纸品。昆仑好客开发自有品牌产品的逻辑,不是简单地买进卖出降低采购成本。从集采商品到打出自有品牌,必须向上游生产端延伸,建立优质标准,实现产品升级。

"好客壹生"体现了这个生活用纸自有品牌的核心价值:"好客壹生",伴你一生,以高品质的产品伴随消费者生活中的每一个场景。

昆仑好客组织管理团队和研究人员,深入研究全国纸品市场,到洁柔公司生产一线考察,与市场和技术人员沟通交流,确立"好客壹生"生活用纸的自有商品开发方案。

品牌理念:选材优良、品质卓越、使用最佳;定位中高端,品质优,价格适中。

图2-26 "好客壹生"卫生卷纸

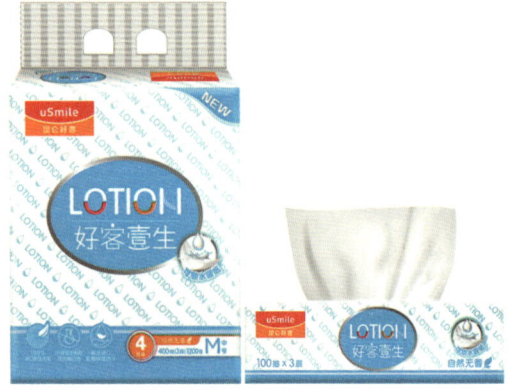

图2-27 "好客壹生"软抽纸

产品内容:卫生卷纸(图2-26)、手帕纸、软抽纸(图2-27)、厨房纸巾。

产品特点:可湿水面纸采用三层纸质,柔韧厚实,无纸屑脱落,可用作洗脸巾;可吸水面纸特别添加30%的保湿成分乳霜,呵护娇嫩肌肤;厨房纸巾采用对点压花技术,立体吸水、有效吸油,高定量,可作一次性洗碗巾。

产品组合:生活用纸,宽度为纸品、长度为抽纸、卷纸、手帕纸、厨房纸,深度为8个SKU。

"好客壹生"纸品的目标客户群定位为价格敏感者、家庭消费者、有车一族，主要在昆仑好客便利店销售。

市场上纸品竞争非常激烈，昆仑好客推出的"好客壹生"作为新品牌，唯有找准差异化，体现高品质，找准客户需要的关键点，才能赢得消费者的信赖。

"好客壹生"开发卫生纸卷纸，昆仑好客商品部琢磨如何在产品质量上体现与众不同的独特优势。商品部经理带队到洁柔公司生产厂家调研，与市面上其他各类卫生卷纸仔细对标研究。大家讨论得出，卫生纸在厕所使用时，一般的卫生纸不易分散不易降解，尤其是在一些老房子，扔纸容易堵马桶，因此不易堵马桶的卫生纸就显得尤为重要。昆仑好客对洁柔公司明确提出卫生纸改进技术的要求——干时很柔韧，遇水易降解。经过产品技术升级调试，卫生卷纸达到要求，卫生纸遇水后迅速溶解，变成糊状纸浆，马桶水一冲就流走了，不会堵塞马桶。

市场定位精准、品质表现优秀，"好客壹生"家庭纸品很快成为昆仑好客便利店的畅销品。2020年，"好客壹生"纸品销售收入达到5680万元，2021年销售1.26亿元，2022年突破1.46亿元。在昆仑好客自有商品开发进程中，"好客壹生"纸品成为又一个成功的品牌实践案例。

【案例四】

"好客雲品"：笃行绿色生态之路

2017年，云南销售成立市场拓展部，专门负责自有商品开发业务，实现自有商品开发专业化运作、专业化经营。首先，为确立自有商品开发原则，自有商品开发前对商品进行充分市场调研，按照"优质、低价、新鲜、便捷"原则，优先开发本地特色特产、高毛利商品。

2017年3月21日，云南销售注册自有商品品牌"好客雲品"，开发以云烟、云药、云咖、云茶、云果、云水、云菌"为核心的"好客雲品"系列商品。同年3月30日,"好客雲品"在中国石油销售公司非油品业务工作会上首次亮相,"好客雲品"普洱茶及"好客雲品"品牌受到参会单位高度关注。

2018年,云南销售突出"好客雲品"为代表的核心品类,强化各单位地采生鲜农特产品为代表的补充品类,构建自有商品立体开发体系,自有商品开发呈现4种模式:自有品牌、贴牌委托加工包销、联合品牌特产商品、渠道销售代理。

云南销售瞄准云南独特的绿色生态资源,围绕"人·车·生活"综合服务平台打造,在开展大量调研工作基础上,以研发推介"人和生活"个性化特色商品为出发点,确定"好客雲品"系列商品开发体系。

2017年5月,云南销售取得"云南白药产品"中国石油渠道内唯一代理权。2017年6月,云南销售与云南中烟工业有限责任公司、云南省烟草公司签署战略合作协议,同年7月,云南销售首发第一款"好客雲品"普洱茶"邂逅·春晖"。2018年,借力"昆仑好客""咔咔""昆仑好客'优选+'"为代表的总部旗舰品牌平台,围绕云药、云茶、云果、云花等享誉全国的高原特产,丰富云南销售自有商品体系。2018年7月30日,大理分公司以双品牌模式开发的自有商品"好客雲品·余音·布朗沱茶"正式上市销售。

"好客雲品"系列商品销售额迅速攀升。2017年,云南销售自有商品累计销售139万元。2018年,以"云药、云茶、云水、云菌"为代表的自有商品、特色商品累计销售1329.67万元,其中"好客雲品"薄荷水、苏打水上市销售1151.69万元,"好客雲品"普洱茶实现销售115.8万元,云南白药特色商品实现销售60.48万元。云南野生鲜菌预售卡销售1.7万元。争取高端、畅销、稀缺香烟资源,推出"本香世家"礼盒,销售75万元,首推中支阿诗玛联名礼盒线上预售700余套,中国石油高品质、值得信赖的香烟渠道销售品牌形象初步形成,香烟销售同比增量超1亿元。

"好客雲品"普洱茶开发是云南特色自有商品开发的成功探索之一。云南销售通过采购程序选择设计单位,出具普洱茶自有商品开发方案,从项目理解、活动策划方案、产品包装设计和产品定位、产品上市时间、项目预算等方面进行开发方案设计，利用第三方专业机构资源介入自有商品开发过程。

通过不断品选80多款有代表性的样茶，从市场准入、商品质量、物流配送、品类精选入手，确保自有商品差异化、高品质。坚持对厂商和产品广泛初选、逐一考察，根据考察结果再次分类甄别、组织专家对样品进行盲品品鉴，制定普洱茶自有品牌选品技术标准，将众多企业的优质茶资源、好产品集中到"好客雲品""邂逅、格调、余音、非凡"四个子系列名下。经过综合评定，最终确认自有商品及供应商集群打造"好客雲品"普洱茶自有品牌，实现资源共享、强强联合、互惠互利。2017年5月9日，云南销售自有商品普洱茶条码申报获中国物品编码中心批准，申报的"好客雲品"7个商品对应的7个条码均已获批。截至2018年，"好客雲品"普洱茶系列共有15款产品，云南销售积极拓展省外市场，已与河北销售、广东销售、上海销售、山东销售、北京销售等兄弟单位发生业务往来，产生了良好的经济效益。

【案例五】

"昆仑缘"：青海高原树品牌

青海销售2014年成立非油品经营公司，"昆仑缘"是青海销售自有品牌，以"昆仑之巅，缘生臻品"为理念，开发符合昆仑好客的品牌形象和市场定位的青藏特色产品。严选绿色健康，对身体、环境无危害的优质产品为原材料的商品开发为主，做好青海销售自有产品开发运营工作。

从2015年开始，青海销售不断推陈出新，在青藏冰川天然矿泉水销售基础上，陆续成功开发了黑枸杞、红枸杞、藜麦米、牦牛肉干等"昆仑缘"系列特色新品，逐步完善自有商品开发销售体系，并定制加工"天佑德"K系列青稞酒、黑枸杞果酒等联合品牌自有产品。

2019年，在昆仑好客集中运行商品谈判中，公司推选的黑枸杞、红枸杞、藜麦、牦牛肉干等"昆仑缘"系列产品成功入选集采商品名录，此项举措不仅为今后自有商品集中运营，开拓更加广阔的销售渠道与市场空间，还为独具青海特色的自有商品销往全国提供平台。在便利店醒目位置设置"昆仑缘"系列、"天佑德"K系列酒商品堆头，继续与兄弟公司推广自有商品互采互销，销售自有商品924万元，同比增长60%。

2020年，非油业务勇于尝试，全面开展电商新业务，让青海地区的自有特色商品走出青海，出现在中石油昆仑好客官方旗舰店等各类线上平台。2020年8月，青海销售与青海新丁香粮油有限责任公司共同出资成立青海中油丁香食品有限公司，瞄准青海得天独厚的资源优势和健康、绿色高原青稞特点，选用绿色健康及对身体、环境无危害等优质青稞产品为原材料，顺利研发出中国石油首款"青稞面馆"方便面和酸辣粉。所选食材原料来自青藏高原，在海拔3000米以上绿色天然无污染环境下生长的青稞，营养价值远高于小麦、水稻、玉米，具有高蛋白质、高纤维、高维生素、低脂肪、低糖等特点，含有18种人体必需氨基酸。申请"昆仑缘"系列青稞面馆速食面产品，符合昆仑好客的品牌形象和市场定位，同时，填补速食面在中国石油渠道内的自有商品空缺。

"青稞面馆"方便面既是集团公司首款自营方便面，也是青海省首款方便面。青海销售在自有商品宣传推广力度和方式上主要采用"线上+线下""系统内+系统外""全员推广+领导班子上门宣传"等方式。青海销售广大干部职工利用微信朋友圈、抖音、手绘海报、店面促销等方式，强化宣传力度，扩大宣传范围，在亲友圈、朋友群形成较好的口碑效应。

长期以来，青藏高原的老百姓守着青稞这个有机、绿色、健康的"金窝窝"，苦于缺乏深加工能力和销售渠道，过着贫困的生活。2018年青海省政府制订《牦牛和青稞产业发展三年行动计划》，明确规定"力争2020年构建从田间生产到精深加工的青稞全产业链条，带动深度贫困地区 5% 以上贫困人口稳定脱贫"。"青稞面馆"速食面正是青海销售深入贯彻落实中央精准扶贫政策，积极响应青海省扶贫计划推出的一款精准扶贫产品，将持续为集团公司"百城万站·扶贫助农"活动添薪助力。"青稞面馆"速食面推出以来，被集团公司扶贫办纳入重点推荐扶贫团购产品，同时还被青海省商务厅列为面向全国重点推广的特色扶贫商品。

2023 年，青海销售不断推陈出新，开发以高原青稞为基准的"昆仑缘"麻辣面、红油面皮、"天佑德"K 系列青稞酒（调酒师青稞酒）等特色商品。除此之外还有牦牛肉干、生鲜牛羊肉、枸杞原浆、养生大礼包等特色商品。通过线上线下联动、省内省外、零售和团购齐发力，为中国石油打开了另一扇"品牌+服务+健康"的新窗口。青海销售特色商品在省内外兄弟单位和分公司加油站便利店上架销售后，大受热捧，几度出现供不应求、销售火爆的现象。

【案例六】

辽宁销售：向"零售商+品牌商"转变

2007 年年底，销售公司（板块）布局非油业务开发战略，全力拓展"油站+便利店"运营模式，2008 年辽宁销售作为省区销售公司首批试点单位全年开启非油业务发展之路，销售规模从 2008 年的不足 1 亿元增长至 2022 年的突破 15 亿元，15 年间保持高速稳健增长。

2018 年辽宁销售正式开启自有商品开发新征程，成立开发专项工作组，制订及完善自有商品开发标准与流程，放在战略高度加快推进步伐。从首款自有商品"渔夫尚选"金枪鱼罐头成功开发并上市热卖以来，辽宁销售自有商品实现单品从无到有，品类从少到多，运营从糙到精的快速发展。截至 2023 年 6 月，辽宁销售自有商品已涵盖4大品类、94款单品，基本形成以龙山泉啤酒、"渔夫尚选"海鲜系列为核心，格兰登堡啤酒、三沟胜泉涌白酒、满乡甜水大米为辅助，"昆壮"化肥为新增长极的自有商品运营体系，为辽宁销售非油业务创新发展及规模创效能力的不断提升提供重要支撑保障。

辽宁销售自有商品成功实现从无到有、从少到多，质量不断优化提升等良好局面。自有商品的开发和销售助力非油业务增收创效。对开发的自有商品从市场调研、可行性分析、设计研发、生产、质量管控、销售和售后服务等全链条进行管控，确保商品质量和服务有保障的同时，还将辽宁销售由单一的非油商品"零售商"成功向"零售商+品牌商"转变。并且通过自有商品的优质、优价使得辽宁销售，以及公司品牌、公司自有品牌深受顾客的喜欢，美誉度和知名度不断提升，对提高顾客黏性、忠诚度有很大帮助。

几年来，辽宁销售瞄准辽宁黄海和渤海独特的海洋渔业生态资源，与辽渔集团等行业龙头企业强强联合，成功开发"渔夫尚选"海鲜礼盒及金枪鱼罐头系列单品63款，销售收入累计实现2亿元，其中2022年接近6000万元大关，成为年货节大单品及重要贡献支柱；依托辽宁是全国啤酒消费大省的广阔空间，与龙山泉、格兰登堡等省内知名啤酒厂家优势互补，开发系列单品8款，累计实现收入1.2亿元；精耕细作化肥业务取得新突破，在集团公司层面，成为首家销售企业成功开发自有品牌"昆壮"化肥新典范，进一步加快化肥业务向品牌营销发展之路，打通向系统内企业拓展化肥销售业务新通道，年增收突破2亿元。

辽宁销售开发自有商品取得的优异成绩，主要得益于以下几方面：

选商选品方面，经市场调研和可行性分析后选择辽宁当地国企或者具有一定技术或其他优势的知名大型企业合作，旗下商品市场占有率高、口碑好，选择的商品多数与其畅销品接近，确保合作商资质优良、合作商品有质量保障且有一定市场竞争优势；

品牌和商品营销推广方面，设计具有一定特色的渠道专属的自有品牌商标和自有商品包装样式，商品上市后制作宣传海报、微信公众号推文、小视频的宣传物料，通过线上、线下进行营销推广；

培训指导和考核激励方面，商品上市后，第一时间下发自有商品手册等材料指导加油站员工了解并熟练掌握商品特点卖点，并设置科学合理的地市分公司和员工的考核激励政策，提高销售积极性和加大开口营销力度；

自有商品销售方面，在加油站黄金区域设置专架、专区进行陈列展示，利用自有商品高毛利的优势开展围绕自有商品为主的"油非互促""非非互促"等各类形式促销活动，针对企业团购客户进行推介提高销售概率，并定期结合销售情况进行分析复盘，优胜劣汰不断优化辽宁销售自有商品结构。

截至2023年6月月底，辽宁销售自主开发的90余款自有商品累计实现销售收入4.8亿元，已成为辽宁销售非油业务新的增长点和金字招牌。

【案例七】

河南销售：瞄准"三高一特"深化合作开发

河南销售非油业务自2008年以来迅速发展，规模逐年上升，截至2022年，便利店覆盖全省18个地市，门店数量800余座。围绕"人·车·生活"生态圈，经营22个大类4000余种商品。自2017年始，河南销售积极探索、因地制宜，坚持"高价值、高颜值、高毛利、河南特色"的"三高一特"开发方向，以"联合品牌+合作开发"方式，深化文创"兰妮儿、契孩儿"IP形象应用（图2-28），充分发挥地市分公司属地管理优势，鼓励推荐地采特色商品在全省推广，先后与秦建国山药、蓝天茶业、赊店老酒、一加一面粉等厂家深化合作，

图2-28 文创"兰妮儿、契孩儿"IP形象

形成 4 大类 11 个系列合计 48 款自有商品的品牌体系，拥有"兰妮儿、窦孩儿""好客一家""好客乐家""NL31°北纬茶时""江湖食神""forsmart""Premium"等商标注册证书。经过多年的商品开发及运营，河南销售自有商品在品类结构优化、联合营销活动、提升毛利水平和品牌效应等方面取得初步成效。截至 2023 年 4 月，河南销售 4 个系列合计 23 款自有商品纳入昆仑好客集中运营平台。

一、健康生活系列产品拉开序幕

在昆仑好客的支持下，以满足消费者对健康产品的需求，河南销售拉开昆仑好客健康生活系列产品的序幕，引领"美好中国梦，营养健康风，为健康生活加油"的理念。

（一）深入原产地，纯正山药原浆纯粉

2021 年，河南销售以焦作温县正宗垆土铁棍山药为原料，开发山药系列产品，上市至今系统内实现收入超过 300 万元。铁棍山药原浆纯粉坚持 1 斤浆纯粉约等于 7 斤鲜山药的工艺，具有补脾养胃、生津益肺、润燥止咳等功效，有助于人们疫情过后的身体恢复。在 2021 年度消费帮扶产品展销会暨昆仑好客首届购物节上，河南销售开发的山药系列自有产品作为新品举办专场发布会，昆仑好客、河南销售相关领导及厂家代表一起为新品进行剪彩，共同为产品代言："原浆纯粉，地道食材，畅享美好生活，有益身体健康！"

（二）天然面粉健康、安全、零添加

河南是全国小麦种植大省、粮食加工大省，2020 年 5 月，河南销售与一加一天然面粉有限公司取得联系，并安排人员到一加一天然面粉有限公司进行实地考察。在面粉生产标准上，一加一天然面粉精选优质小麦，通过研发配比使一加一的天然面粉可以实现和有添加剂的面粉同样的使用效果。一加一天然面粉采用国内首条防哈、防虫天然面粉生产线，从真正意义上实现面粉"零添加，无残留"。

（三）锚定健康饮品，丰富品类结构

为持续丰富健康产品系列，河南销售结合便利店品类销售结构，围绕包装饮料大类，探索苏打水、NFC果汁销售渠道。2020年开发"好客乐家"名仁苏打水系列，产品选用五大连池天然苏打水，天然弱碱性水包含铁、镁、钡等14种人体所需微量元素。2021年推出昆仑好客NFC 100%果汁系列，产品主打非浓缩还原、无任何添加剂，采用UHT超高温瞬时灭菌技术，所有产品实施无菌灌装，完全保留水果原有的新鲜风味。

二、酒类自有商品实现"零的突破"

河南省是酒类消费大省，全省主要品牌白酒市场销售额超过600亿元，自2020年起，河南销售首创的9.9美酒节营销活动连续多年开展，在本地已具备相当的口碑和人气。2021年9月，河南销售与赊店老酒股份有限公司在南阳社旗举办"汉"系列酒新品发布会暨战略合作签约仪式（图2-29）。发布会以"兴汉风·敬

图2-29 "汉"系列酒新品发布会暨战略合作签约仪式

盛世·迎新篇"为主题。赊店老酒与河南销售缔结战略合作伙伴关系，共同推动双方发展实现更大飞跃，这标志着河南销售在强化自有品牌商品开发上又迈出关键一步。"汉"系列酒的推出，实现酒类自有商品"零的突破"。2022年河南销售酒类销售在系统内排名第二。

三、引领市场导向，拓展品牌销售渠道

2023年，河南销售在第31届信阳茶文化节信阳毛尖茶品鉴及产销对接会上，隆重发布茶饮新品——"NL31°北纬茶时"冷茶系列（图2-30）。这也是河南销售首次借助政府搭建的平台进行新品推广，旨在强化新品推广力度，向政府部门、行业专家及国内外客商传播品牌文化，展示央企坚持市场导向、引领消费热潮、推动产品升级、助力乡村振兴的积极行动。

多年来，河南销售与光山县龙头企业河南蓝天茶业合作，共同开发当地优质的毛尖茶、茶油资源。目前，双方共同推出了"好客乐家"茶叶、"好客一家"茶油及"NL31°北纬茶时"冷茶饮料等系列产品，并依托中国石油强大的销售渠道，帮助特色产品走向更广阔市场，为助推乡村振兴贡献石油力量。

图2-30　第31届信阳茶文化节信阳毛尖茶品鉴及产销对接会

【案例八】

五粮好客：脱颖而出的酒类新品

2023年4月13日，第十八届中国国际酒业博览会揭晓酒类新品评选结果。其中，"五粮好客"荣获中国酒业协会"2022年度'青酉勺奖'酒类新品"（白酒类）称号。作为一个刚面世不久的全新品牌，"五粮好客"凭什么脱颖而出，成就酒业"未来之星"？

"青酉勺奖"评奖组是由来自全国各地的酒类品评师、消费者、媒体及酒类经销商组成的专业、非专业评委，经过重重品评，最终评选出具有代表性的酒类新品，素来有"最挑剔品评"称号。"五粮好客"作为酒中新秀，源于中国石油与五粮液集团两大央企强强联手，合作开发的酒类品牌，"昆仑好客"作为中国石油非油知名品牌与酒中精品"五粮液"共同加持打造特色新酒，以出色的品质和可信的品牌赢得市场赞誉，也获得"青酉勺奖"评委高度认可。"五粮好客"是由宜宾市五粮液股份有限公司出品，由中石油五粮供应链管理有限责任公司（简称中石油五粮公司）独家运营。

一、极致工艺的演绎

每一瓶"五粮好客"酒都是极致工艺的演绎。五粮液遵守"道法自然、古今恒通、传承发展、匠心善工"的传统技艺，坚持"料必优、时必适、工必到、法必精"的古训，秉持"优质、高产、低耗、均衡、安全"的现代化生产理念，提炼出"种、酿、选、陈、调"美酒五字口诀，形成酒体内在的协同作用和外在的益生效应。

"种"：粮食种植是酿造高品质美酒的重要环节之一——五粮液产品产区宜宾

地处北纬 30 度黄金酿酒带，精选五谷入酒，高粱产酒清香味正、大米产酒醇和甘香、糯米产酒纯甜味浓、小麦产酒曲香悠长、玉米产酒喷香味甜，合成各味谐调的完美口感。为确保原粮品质，以宜宾为核心、四川为主体，兼顾国内部分优质产区，中石油五粮公司在全国范围内升级建设专用粮基地百万亩，种植酿酒所需专用粮。通过对育、种、收、储、运、交各环节标准化、精准化、智慧化的科学管理，全面提升酿酒原粮品质，实现"从一粒种子到一滴美酒"的全过程 100% 可溯源，持续酿造高品质美酒，满足消费者对美好生活的追求。

"酿"："千年老窖万年糟，酒好须得窖池老"。作为浓香型白酒不可复制的核心优势资源，公司拥有一大批连续发酵不间断使用的窖池群，始于 1368 年（明初洪武元年）的五粮液古窖池群，活态酿造延续至今，不间断生产时间长达 654 年，是全国重点文物保护单位。五粮液地穴式曲酒发酵窖古窖泥中含有丰富的功能微生物，通过"以糟养窖，以窖养糟"长期不间断的迭代进化，赋予五粮液产品经典幽雅的古窖浓香。

从选粮配料、磨粉制曲、酿造发酵至开窖取酒，酒体所需酿造时间周期长、操作要求细、控制难度大、生产成本高，尤其是在酿造发酵阶段，需经过多道极其复杂工序，每轮次发酵时间 70 天，双轮发酵达 140 天，发酵期在各香型白酒生产中历时最长，其传统酿造技艺被认定为国家级非物质文化遗产。

"选"："五粮好客"坚持"分级甄选、优中选优"，精细化识别原酒酒液色、香、味、格的差异，通过"掐头去尾""量质摘酒""按质并坛"等精准化操作，由具有丰富经验的专业技师对精酿原酒边尝边摘，严格根据感官、理化等指标，细分原酒等级，确保得到口感和品质上乘的原酒。随着窖池老熟程度的提升，名酒率也会不断提升，最高可达 50%～60%。

"陈"：每一瓶"五粮好客"酒都经过时间的沉淀。选取特制陶坛存放原酒，在暗光、温度与湿度波动小的环境下保存。通过陶坛壁上的细微孔隙，刺激性物质不断挥发，酒质进一步提升，氧气进入坛内与酒分子发生缓慢的陈化反应，经过 3 至 5 年的存放，酒分子与香味物质和谐交融，酒体充分成熟，陈香更幽雅，窖香更浓郁，口感更加醇厚丰满、细腻圆润。

"调"：每一瓶"五粮好客"酒都出自大师之手。首创"以酒调酒"的勾调工艺，拒绝添加其他任何非自然固态发酵产生的外来物质，按照酒体设计要求和质量标准，从视觉、嗅觉、味觉等方面，根据原酒的感官特征和理化数据，通过组合、调味两大工序，对不同车间、不同窖池、不同窖龄、不同酒龄、不同级别、不同酒度、不同个性特征的基础酒进行不同的排列组合，并通过对组合酒感官特征的科学分析，加入不同的调味酒，对微量香味成分进行综合平衡，保证并稳定五粮液产品各味谐调又恰到好处的酒体风格。

"五粮好客"是中石油五粮公司首席大师团队力作，酒体与五粮液同工同源，坛储时间更长，基酒年份更老，经百次精心勾调、千次口感测试，才成就这一杯诸味谐调的五粮美酒。秉承着极简、复古产品理念，打造高性价比的好产品。

二、跨界合作打造标杆产品

"五粮好客"是中国石油非油业务推进自有商品开发在酒类领域创新探索的成果。

2021年3月，集团公司与五粮液集团正式签署战略合作框架协议，开启合作共赢新篇章。为深入推进合作落地，四川销售与五粮液集团经过多轮磋商，决定整合优势资源，以新能源应用为目标、以综合能源站运营为依托、以大型园区综合能源服务为核心，持续在非油业务拓展、仓储物流、整车销售等方面开启多领域合资合作，并借助双方丰富的业务产品线，在酒业、纸业、茶叶、轮胎、工装等优势领域开展更深层次合作。

"五粮好客"酒，就是双方合作的第一个结晶。合作初期，双方共同推出的"五粮好客"白酒已经成功注册商标，在2022年12月上市销售。在酒体设计上，"五粮好客"与五粮液一脉相承，黄金比例的五粮配方、传承千年的古老窖群、独具匠心的酿造工艺，每一瓶"五粮好客"酒都伴随着"天时、地利、人和"所孕育而生，酒体在继承五粮液浓香型白酒的典型风格基础上，更凸显其"入口甘美、酒体净爽"的特点。作为中国石油的自有商品，中石油五粮公司依托中国石油上下游企业生态链及昆仑好客2万余座便利店的强大渠道优势，借助五粮液白酒消费领域的龙头地位及品牌、产品优势，助力川酒出川。

2022年11月16日，在成都中国华商金融中心，中石油五粮公司揭牌成立（图2-31），开启四川销售与五粮液集团公司的全新合作蓝图。一个是实力雄厚的能源央企，另一个是历史悠久的白酒国企，双方组建中石油五粮公司，将在综合能源、物流运输、供应链合作、仓储服务及汽车销售和服务等领域开展合资合作，联手打造出能源央企和白酒国企跨界合作的新标杆。

图 2-31　中石油五粮供应链管理有限责任公司揭牌成立

"希望中石油五粮公司努力打造成为中国石油非油体系最具竞争力的经营实体、五粮液最具影响力的一流经销商"，五粮液集团（股份）公司党委书记、董事长曾从钦在中石油五粮公司成立致辞中提到，努力将双方联合出品的"五粮好客"专属品牌打造成为中国次高端浓香白酒的品牌典范和标杆产品，为双方高质量发展提供新动能、形成新支撑。

目前，中石油五粮公司运转有序，双方共同开发的"双品牌"白酒"五粮好客"，迅速成为全国中国石油销售渠道的主打产品，得到广大消费者的认可和好评，呈现出喜人的销售态势。

三、赞助体育赛事

2023年6月28日，2023"迎大运"蓉港公益足球赛在成都市凤凰山体育公园激情开赛，白酒新品牌"五粮好客"成为本次比赛唯一指定用酒，为成都大运会精彩助力。比赛分为三节进行，每节25分钟，最终香港明星足球队以3∶3战平成都蓉耀足球队。成都蓉耀足球队获"五粮好客杯"奖项。

"五粮好客"作为白酒新产品，一经面世就迅速得到消费者认可和喜爱，于2023年4月斩获酒博会"青酌奖"。该品牌努力践行两大央企、国企的社会责任，通过赞助公益足球比赛这样的文化活动及体育赛事项目，促进香港与内地合作交流，全方位为成都大运会做好赛事保障，助力营造"办好大运会、当好东道主、建好幸福城"的浓厚氛围，在支持、参与、服务、奉献大运会的工作中贡献力量。

第三节　科学统筹　加快推进汽车服务

加油站是为汽车提供能源需求服务的地方，随着中国进入汽车时代，汽车保有量迅速增加，非油业务围绕汽车驾乘消费需求，显示出巨大的潜力，其中汽车服务业务更是备受关注。

2007年12月25日，中国石油非油业务工作会议召开，它是成品油销售业务发展的一个里程碑，标志着中国石油非油业务进入一个新的发展阶段。这次非油业务工作会议提出，2010年中国石油非油业务的站点要实现"汽车服务300座"。

2008年至2011年，中国石油发展汽车服务业务处于前期探索阶段，主要以销售板块引导支持、省区公司因地制宜拓展汽车服务业务、摸索合适的经营方式、逐渐形成规范标准、积累实践经验为主。

经过近两年的汽车服务业务试点探索，2012年到2016年，汽车服务业务进入规范建设和快速发展阶段。

2015年，中国石油非油发展汽车服务开始打出自有品牌。瞄准汽车后服务市场发展趋势，设计"咔咔"建设标准和运营规范，率先介入汽车全产业链生态圈。2015年5月，甘肃销售决定与北京爱义行汽车服务有限公司进行战略合作，按"双品牌"模式强强联合，在全省系统加油站大力建设汽服门店，全力进军加油站汽车后服务市场。2015年12月，第一座"咔咔"汽服店在兰州桃树坪加油站开业。

2016年，"咔咔车享家"已经进入全国26个核心城市，汽车服务连锁网点不断扩大。

2017年至2022年，中国石油的汽车服务业务进入网络布局优化升级新阶段。

随着2017年昆仑好客的筹建，汽车服务业务作为非油业务的重要组成部分，被纳入加速发展的重点议程。

2018年，昆仑好客深入谋划汽服业务长远发展，制订业务发展规划，指导省区公司探索实践。加快汽服网点建设，运营汽服店710个，实现收入1.94亿元，积极探索整车销售新模式，在广州建立中转仓，月周转量近千台，在云南试点整车销售，实现收入750万元，全面打通整车销售业务流程，形成完整的汽服业务体系。

2019年，昆仑好客推动汽车服务业务形成规模发展效应。研究制定自营门店汽服业务运营管理标准，指导省区公司规范管理，科学运营。加强营销活动组织，协调合作方和地区公司加大营销合作力度，制订一体化营销方案，实现合作门店互利共赢。全面清理租赁门店，持续推进自营及合作门店建设。2019年，建成"咔咔"汽服运营制度体系，促进标准化、规范化运作，汽服店较年初增加130座，洗车店较年初增加66座。

2020年，昆仑好客全力推广汽服业务，探索自营、加盟、劳务分包等多种经营模式，鼓励省区销售公司与优秀企业合资合作（图2-32），专业化运作整车销售、租赁、维修等服务。同年，昆仑好客制订实施汽服业务专项规划，推动省区销售公

图2-32　2021年1月20日，昆仑好客与吉利控股集团在北京签署战略合作框架协议

司开展洗车、维修、保险、整车销售等服务，运营网点超过1400座。

2021年，昆仑好客推动汽服业务持续扩大网络规模，新建汽服网点1814座，促进所在站点油品销售平均增幅超过2个百分点，汽服业务销售收入6亿元，同比增长60%。

2022年，新建洗车网点850座，总量突破5000座，打通整车销售流程，26省完成营业执照增项，16省实现销售零突破，以"爱车节"为契机深化异业合作，推动润滑油、汽车用品和汽车服务三大品类销售扭降为增，全年实现汽服收入6.7亿元，同比增长11%。

【案例一】

吉林销售白城分公司：开拓汽车后服务市场

经过多年尝试探索，借鉴合作经营经验和资源，吉林销售目前汽服业务以自营为主，现有洗车网点 26 个，换胎、换油综合服务中心 9 个，柴油尾气净化液橇装站 63 个。

吉林销售白城分公司利用现有人员、场地，引入保险等跨界合作资源，积极开展换胎、换油、洗车等综合汽服业务，取得成效较为显著。2022 年通过汽服业务锁定润滑油销售 241 吨，引流汽油销售 5000 吨左右。

白城地处吉林省西部，是吉林省经济欠发达地区，连续多年 GDP 增速全省靠后，全区 129 座加油站中农村承包站 103 座，占比高达 80%。近年来，白城分公司对照"双标杆"要求和"五个转变"营销思路，敢于解放思想、打破常规，以开拓"汽车后服务市场"为突破口，搭建转型"三大平台"，汽服盈利创效从"单一"到"多元"。

一是搭建换油平台。为开拓"汽车后服务市场"，解决客户购买汽车机油后换油难的痛点，白城分公司于 2017 年开始建设汽车服务中心（简称快换站），在上级公司的大力支持下，全区共建设 6 座快换站（白城市区 2 座，其余县市 4 座），主要以提供免费换机油及滤芯业务为主，目前日均换油车辆约 30 台。其中以白城片区城南加油站汽服店为代表，目前已打造成集换油、存胎售胎、动平衡及四轮定位检测、更换变速箱油、氮气加注等汽车保养服务项目为一体的汽服中心，深受白城当地司机朋友们的欢迎和认可。

二是搭建车险平台。2015 年 11 月，白城公司开始试点推广车辆保险业务，通过车辆保险带动润滑油销售，当年投保 271 台，意味着销售 271 桶汽机油；以此方式带动润滑油销售，到 2022 年实现拉动年销售汽机油 136 吨。在硬件配套升级的同时，分公司自主开发昆仑润滑信息管理平台。该平台共分为四个模块：信息采集模块，加油站员工每天对进站的车辆进行信息采集，将采集到的信息录入到数据库中；数据分析模块，通过布设在加油站出入口的智能摄像头对进站的车辆进行识别，判定车辆的保养是否到期，保险是否到期，真正实现对车主的精准定位；服务跟踪模块，全过程跟踪和记录车辆的每一次维修和保养，通过后台大数据平台进行分析，为车主提供全生命周期的定制化服务；好客尊享模块，为 VIP 客户定制优惠加油、免费存胎、保养升级等特色服务。

三是搭建汽服平台。白城分公司在深耕车辆保险业务的同时，进一步加大汽车后服务市场的开发力度，围绕这一定位，分公司首先对硬件进行升级，将加油站后院闲置的仓库和场地，参照汽车 4S 店和昆仑润滑汽服店的标准进行全新改造，设置客服休息区、商品展示区、车辆保养区、车辆检修区、更换轮胎区，同时为打造高端汽服品牌，在设备设施上按照高规格进行配置。2021—2022 年，在城南快换站试点存换胎业务，当年存换胎 465 套，销售轮胎 24 套。2023 年，在全区快换站全力推进存换胎、饰品销售、检维修、洗车等业务。

从初心到发展，吉林销售探索的脚步从未停止，白城分公司进军汽服业务是吉林销售拓展非油业务的一个缩影。未来，吉林销售将围绕"人·车·生活"开展更充分、有价值、有温度的业务，全方位满足人们对美好生活的需求。

【案例二】

云南销售汽服业务双品牌运营探索

云南销售不断增强加油站综合服务能力建设，近年来陆续在加油站开展自助洗车、综合汽服、全自动化洗车、轮胎销售等业务，并从2019年开始探索汽服店自营之路，研究汽服自营店如何双品牌运营，通过差异性服务与中国石油加油站特点相结合，打造汽服连锁品牌。

针对云南销售加油站开展汽服店优劣势分析，为了让车主体验更满意的汽车服务，云南销售搭建汽服平台，一头连接车主的服务需求，另一头连接合作的第三方汽服门店，寻找技术过硬、具有合作意愿、实力雄厚的汽服专业服务商。

目前与云南销售合作开设汽服店的云南本地企业云南英茂集团，是云南省人民政府重点培育的大型企业集团之一。英茂集团成立于1992年，现已达到年营业收入50亿元，利税总额超亿元，2020年位列云南民营企业百强第17名。云南英茂汽车维修服务有限公司是云南英茂集团的全资子公司，是云南本土知名的汽车服务商，成立于2012年9月。英茂汽车维修服务公司凭借专业化的管理团队和完善的服务网络，经营规模和经济效益连续多年在云南省同行业中名列前茅。云南销售与云南英茂汽车维修服务有限公司共同合作，实行全口径核算成本，利润按照一定比例进行分成，双方形成共同投入、共同受益的合作模式，共担风险、共享资源，建立长期战略合作关系。

强强合作，双品牌的优势充分体现。中国石油汽服品牌为"咔咔"，合作方为"英茂"，双品牌为"咔咔英茂"，顾客第一眼看到标识后，可以直观地告诉客户，汽服店是中国石油自营汽服店，有一定的品牌忠诚度；看到"英茂"，想到本土具有二十多家4S店的专业服务保障企业。合作双方共同对"咔咔英茂"汽服进行系统性统筹规划，借助汽服专业团队力量进行资源整合，解决站点投入、专业技术力量及人员匮乏、品牌影响力较弱等几大瓶颈问题，逐步建立符合公司实际的"咔咔英茂"，实现汽服业务经营风险可控、业务专业化运作和可持续发展。"咔咔英茂"汽服店主要开展的业务有洗车、维修、保养、美容、二手车置换等，其中保养、洗车、维修客户占比较大，未来还将不断探索整车销售、保险销售等业务。

"咔咔英茂"汽服店业务模式以联合经营为主，与合作单位合作，统一汽车服务项目站点的开发，统一规范管理，统一运作，统一执行公司"油卡非润"联动，收益分成。目前云南全省已有"咔咔英茂"汽服 23 座。

组织架构:"咔咔英茂"汽服店的具体运营由合作方,以虚拟公司模式运营,设总经理 1 名,其他经理四名,分别为营销经理、行政经理、财务经理、配件经理各 1 名,且 4 名经理下沉到不同区域,担任片区经理,各门店根据实际需求与业务量设置 2 ~ 5 名员工。

人员力量:人员采用"专业内调 + 社会招聘"相结合的灵活方式,目前从合作方内部 4S 店调入 25 人,具有丰富的管理、维修保养等经验;外部招聘 53 人,致力培养"咔咔英茂"专业汽服团队。

具体运营:"咔咔英茂"汽服店采用对每个门店按照一定收入比例,确保有一定保底。2020 年 6 月,第一座"咔咔英茂"汽服店开业,经过 1 年半的时间已经总结出"门店引流—套餐转换—线上线下活动互促—以优质服务稳固客户"的一套业务模式。

一、门店引流

一是与加油站联动。一般与加油站联合开展促销活动,例如加油满 200 元,送一次人工精细洗车;加油站顾客可以 9.9 元购买一次外观洗车;加油满 150 元送 10 元洗车抵用券等活动进行加油站现场引流;购买洗车套餐、保养套餐赠送米油等。截至 2021 年 10 月 30 日,10 元引流、19.9 元引流汽服,并提供额外的服务的车辆累计 2814 辆,收入 2.89 万元。

二是免费洗车。汽服门店为双品牌运行,不仅靠加油站引流,在各门店试营期间还开展为加油站加油的客户提供免费洗车服务,以及后续加油站大客户开发赠送洗车服务。新店开业期间免费赠送洗车数量达 16515 台,节约营销支出 20 余万元。

三是与大型的社会 APP 引流软件或者门店小程序进行礼包套餐引流。洗车送玻璃水、免费检测;购买保养套餐赠送洗车次卡等。线上的流程总结出经验:前期准备—平台发布—客户购买—客户到店—员工核销—服务客户。2021 年 12 月 21 日至 12 月 31 日,16 个店参加"联联周边游"活动,共销售洗车及保养套餐 1112 套。

二、套餐转换

将引流的客户实现二次购买洗车或保养等汽服套餐，称为"套餐转换"。一般活动流程包括活动策划、营销工具测试、一对一培训、启动活动、服务客户并转换、总结等步骤。例如 2020 年 12 月 1 日至 12 月 6 日，昆明地区三店超级会员日活动，活动分享 3595 次，6 天引流客户 359 人次，转换购买套餐 78 人次，转换率 21.7%。

三、线上线下互促

实践证明，线上线下活动同时开展效果更好。2021 年 8 月 1 日，在中国石油 APP 及小程序进行活动套餐的推广销售，尝试打通汽服的"保养 + 汽油 + 便利店的商品 + 洗车 + 新车"互通，两个月累计销售保养套餐 348 套。通过线下保养，57 位客户完成二次预订购。

四、一店一策

昆明高新店：定位为社区店模式，需开发周边单位客户，同时提升服务品质，深化客户服务项目；与油站紧密联动；加强昆明学院的宣传和服务深化，提升昆明学院产值。

昆明北二环店：安装全自动洗车机，需油站持续引流；开发深度维修项目，成为除钣金油漆外的综合维修基地。

玉溪片区：打造玉溪片区汽服店规模优势；服务顾问流程培训、机修的专业培训；单位客户的深耕开发；多样化精品展示，多开发除洗车之外的项目。

五、不断探索融合创新

根据各汽服店的发展情况，在相对成熟的汽服店探索、尝试新车、二手车、保险业务，后续将视各店情况逐步扩大。2021 年 10 月，新车销售 10 辆，二手车销售3台，保险销售10单。

经过几年的探索实践，汽服双品牌"咔咔英茂"在云南市场闯出名气，网格化布局显现，初步建立汽服体系和专业团队。目前，云南销售在昆明、玉溪、大理、保山、临沧、玉溪、丽江、曲靖等10个地市公司建设、运营"咔咔英茂"汽服店23座，为打造汽服店网格化发展布局，研究多种经营模式，逐步实现业务运作专业化、管理团队专业化、业务发展品牌化奠定基础。

第四节　与时俱进　精准施策线上非油

非油线上业务，是信息时代发展催生的产物。

开展线上业务，昆仑好客具备基础优势。从潜在用户看，中国石油注册加油卡客户持续增长，2018年4月15日，第一亿张中国石油昆仑记名加油卡在河北销售邯郸分公司肥乡广安东关加油站发放给客户张某。从2008年发行第一张昆仑加油卡到用户上亿的这10年时间里，中国石油积累的用户资源，可以作为昆仑好客线上销售的潜在客户。中国石油百万员工和家属也是庞大的客户群。从渠道上看，依托中油好客e站、中油即时通信开设好客商城，依托天猫、京东等电商平台开设中石油昆仑好客官方旗舰店，都是通畅可行的线上销售渠道。从信息化支撑条件看，商品集采、供应链管理系统不断优化升级，足以支撑线上线下无缝衔接。

昆仑好客线上业务迅速启动。昆仑好客充分利用中国石油注册加油卡客户和内部员工数量优势发展B2C商城业务（私域电商），同时利用主流电商平台撬动公域客户，利用全域电商，协同促进非油线上业务发展，不断探索、实践，适应不同渠道、不同客户的即时和非即时性消费对"远—近—即时"场景的需求变化，目前已形成面向加油卡客户、中国石油员工和第三方公域渠道三个市场的"1+1+N"线上渠道。

在持续不断的探索实践中，昆仑好客非油线上业务的发展思路逐渐清晰。

战略目标：围绕客户与员工消费需求，协同发展"1+1+N"渠道，布局新场景、开发新商品、延展新服务、创造新体验，推动"人·车·生活"生态繁荣。

业务定位：服务、经营、创新三位一体。非油线上业务以消费者为中心，发挥线下终端网络优势，与油品线下深度融合，改善客户服务，从聚焦品类入手到垂直电商模式形成，汇集优质商户，加快非油业务规模与效益增长，吸引用户参与非油产品服务设计开发，持续创新，推动"人·车·生活"生态繁荣。

渠道定位：适应客户需要，从商品品类入手形成垂直电商模式（"1+1"渠道），分渠道特点分别为做大做强中油好客e站好客商城，做好做实中油即时通信好客商城，做精做优天猫、到家业务、抖音等第三方公域渠道。

品类规划：基于全渠道品类管理战略，在品类规划时，充分利用实体门店的体验性，以及电商商城空间无限性的特点，实现线上线下品类的互补。线上线下均有只能在自己渠道销售的商品，其中包括昆仑好客开发、销售全国的自有商品，省区公司开发、销售地区的特色商品，本地开发的特色自有商品。

供应链管理：线上业务电商仓与省级中央仓共享仓储资源，便利店前置仓全渠道资源共享，从而支持线上和线下全渠道协同仓储和物流。通过订单共享中心，应用电子围栏技术就近履约，发挥加油站和电商仓等潜在规模优势。

昆仑好客的线上业务成绩斐然。2020年，非油线上业务销售收入1213.04万元，2021年非油线上业务销售收入2.76亿元，2022年非油线上业务销售收入7.28亿元。

【案例一】

首届昆仑好客购物节直播比赛

为深入贯彻落实乡村振兴战略和集团公司 2021 年工作会议精神，积极履行国有企业发展使命，促进消费帮扶产品互采互购、消费共通，推动消费升级，在集团公司党群工作部和销售公司大力支持指导下，昆仑好客积极筹备，开展中国石油 2021 年度消费帮扶产品展销会暨首届昆仑好客购物节"助力乡村振兴，共享美好生活"直播比赛。自 2021 年 6 月 1 日至 7 月 1 日直播比赛期间，累计实现销售收入 4334 万元，吸引围观人数 327 万人次，获得点赞 2146 万次，店铺新增粉丝 1.8 万余人，圆满完成赛前既定目标，并取得多方面的良好效益。通过此次直播比赛，很好地提升非油品牌形象与价值，提高电商营销意识与能力，增强销售队伍凝聚力与士气。

一、创造良好社会效益，消费帮扶彰显担当，品牌传播提升价值

此次直播比赛是对实践具有中国石油特色消费扶贫路径和模式的积极探索，以一种创新的营销方式帮助帮扶产品走向全国，履行社会责任，宣传企业品牌，助力乡村振兴，创造良好的社会效益。

（一）深入贯彻国家与集团公司部署要求，探索消费帮扶新模式彰显国企担当

此次直播比赛是对国家乡村振兴战略和集团公司 2021 年工作会议精神的深入贯彻与积极探索。整个销售系统和非油战线充分发挥内部市场和渠道平台等优势，以消费帮扶这一创新模式助力帮扶地区经济和社会发展，以直播营销这一创新手段帮助帮扶产品走向全国。在直播比赛的一个月期间，共销售帮扶产品 238 款，实现

销售额 515 万元，通过线上直播的方式，让更多消费者更全面、更立体地了解到帮扶地区的优质产品。

（二）充分顺应"双循环"新发展格局，打造国民喜爱、责任担当的民族品牌

在"双循环"新发展格局下，消费升级成为拉动经济增长的关键，其中消费者情感诉求的升级对企业如何发挥品牌价值提出更高的要求。而此次直播比赛无疑是对"石油精神"与消费的一次成功结合，通过优质的产品和服务将更深层次的品牌情感与情怀以内容电商这种更现代的方式传递至广大消费者心中，进一步提升中国石油及昆仑好客的品牌影响力、文化感召力、形象亲和力，树立新时代下的企业品牌形象。

二、强化非油业务地位，销售系统凝心聚力，增强意识拓宽思路

此次直播比赛是整个销售系统贯彻落实集团公司营销工作会议精神的有益尝试，整个销售系统凝心聚力，增强营销意识，扭转营销观念，拓宽营销思路，助力销售业务高质量发展，强化非油业务的战略地位。

（一）销售系统上下一心全员参与，全国共下"一盘棋"

此次直播比赛 31 家销售公司同步推进，各单位均高度重视，积极做好本单位的组织动员工作。总体销售收入较去年的"百城万站·扶贫助农"直播营销大赛翻一番，围观人次增加近 150 万。部分省区公司领导亲身参与直播工作，亲临直播间观摩指导，甚至上台与主播、粉丝进行互动、发放福利，拉近与员工和客户的距离。部分公司全员上阵，充分利用加油站和朋友圈客户资源，通过客户群信息推送、员工扫街拉新、邀请进店客户扫码关注、预定直播等方式，大大提升活动关注度。通过分工协作和参与体验，强化公司内各部门各层级间的协同，提高全员的非油业务电商营销意识，挖掘非油业务的发展潜力，将"以非促油"的营销理念根植到广大干部员工心中。

（二）兄弟单位合作伙伴积极协作，携手共建"连心桥"

此次直播比赛围绕"人·车·生活"生态圈建设，不仅实现线上线下联动销售，还实现多维度的异业合作，进而了解学习到当下流行的营销方式，开拓日常的营销思路。在此次活动中，中粮集团、中国移动、建设银行、中国平安等多家合作单位提供引流助力权益产品 5 万份。各合作单位使用其短信平台、微信公众平台、APP、电台广播、企业站内信等自有资源进行活动宣传，触达客户共计数千万人次。同时，各合作单位还积极参与到直播环节中，为直播间客户赠送福利权益，并将自有渠道客户也吸引到直播活动中，大大提升活动的火爆程度。

三、提升电商营销能力，以赛代练寻找差距，技术技能渐入佳境

此次直播比赛是整个非油战线积极提升电商营销能力的实战演练，通过积极备赛、认真比拼，发现问题短板，找到差距不足，锻炼电商直播营销能力，助力非油业务提质增效，推动非油营销数字化转型。

（一）通过以赛代练，发现问题、找差距、补短板

此次直播比赛以比赛竞技的形式，提高各单位的积极性与重视程度，从而在过程中发现运营中存在的问题与短板，看到与兄弟单位及行业先进水平间的差距与不足。通过及时觉察反思与弥补跟进，使整体业务模式与人员素质均得到提升，从而帮助日后更好地运用电商直播这一营销工具，更好地适应数字化营销转型。

（二）通过实战练习，开阔眼界、磨技能、增底气

此次直播比赛活动中许多公司进行非常充分且专业的备战。在设备保障方面，一些公司配备了专业的直播间、专业摄影设备及中控装备、绿幕背景、补光灯具、提词器等。在场景设计方面，对现场设施设备搭建、商品展台布置、直播脚本、商品顺序、样品制作等方面精心设计，制订多种应急方案。在场景打造方面，将特色

产品与剧情策划融合，打造"沉浸式直播""情景式直播"，运用"主会场＋分会场＋基地探访＋视频展示直播"等极具代入感的场景模式。在人员技能方面，通过提前培训、模拟、试播等手段，帮助主播及后台服务、技术、保障人员提升专业技术能力。

四、锻炼企业营销队伍，提供舞台激发活力，搭建平台培育人才

此次直播比赛是公司为营销队伍中的有志之士提供的机会与平台，通过选人育人、管人用人，激发员工活力，挖掘员工潜力，培育营销人才，锻炼营销队伍，提升员工专业技能与价值感，助力集团公司人才强企工程。

（一）为有志之士提供展示舞台，焕活力、选人才

通过举办直播营销比赛活动，各公司积极选拔直播人才，通过自荐、他荐等多种人才选拔方式，为有热情、有潜力、有能力的员工提供学习、成长和展示的机会。为企业注入大批直播营销的新鲜血液，使销售业务在直播营销领域获得了巨大的推动力、焕发了全新的活力。

（二）为业务人员搭建专业平台，培技能、育人才

通过赛前专业培训、经验交流学习、团队以"老带新"等方式，为相关业务人员搭建起学习交流的平台，大幅度提高新兴营销人才直播营销的专业性，为其将来职业发展提供更多提升通道。部分省公司已搭建起两级直播营销团队，创新直播带货"阿米巴"经营新模式，努力构建"以非带油""油非互促"的立体式营销新格局。

【案例二】

即时通信好客商城网上促销

按照中国石油销售分公司高质量发展要求,围绕节日习俗和顾客消费需求,为进一步加强春节期间营销工作,提升年货销售能力,昆仑好客以"年货节"为主题开展即时通信好客商城网上促销活动,从2022年12月1日到2023年2月28日,为期90天。

活动主题为"美酒美食　幸福和谐",营销口号为"好客年货,好物'油'礼"。

活动内容分三部分:一是"满减",二是"专题营销",三是"买酒送好礼"。

活动一"满减"。发放满100减20元优惠券,累计发放400张优惠券,共8000元,每人每天仅限领取一张。时间从2022年12月1日至2023年2月28日,每月初的10天。活动选品规定商城通用券全场商品参加,劳保、扶贫、团购、秒杀商品除外。优惠券使用期限自下发后立即可用,领取当日生效,隔日过期作废。

活动加强推广,曝光位置为商城banner轮播图+团购秒杀+店铺首页四大专区推荐位+粉丝群推送。

活动二"专题促销"。从2022年12月1日至2023年2月28日,活动选品以酒水饮料、水果生鲜、休闲零食为主,家庭食品、糕点、糖果等产品为辅。活动方式:一是在商城8大"金刚位",增加"年货节"专区;二是在商城四大专区位置,设置"年货节"专区;三是在商城商品分类处,新增一级分类"年货节"并置顶,新增二级分类"年货集",三重曝光。曝光位置:商城banner轮播图+团购秒杀+店铺首页四大专区推荐位+粉丝群推送。

活动三"买酒送好礼"。从2022年12月1日至2023年2月28日,活动选品为"好客之义"系列酒。活动方式:在商城商品分类处,新增一级分类"年货节"

下新增二级分类"买酒送礼",以买赠的方式进行销售。曝光位置:商城 banner 轮播图+团购秒杀+店铺首页四大专区推荐位+粉丝群推送。

这次网上促销,昆仑好客对活动商品作了精心组合。一是年货节专区商品,共优选 686 个年货节商品和礼盒套餐类商品,单价在 17 元到 11499 元之间,以酒水饮料、水果生鲜、休闲零食为主。二是 2023 年兔年新春文创礼盒,礼盒共包括 19 个产品。三是推出 200 元到 500 元金额的新春礼包组合进行售卖,活动上线 23 个新春礼包,礼包商品以零食和家庭食品为主,并且每个礼包赠送 2023 年兔年新春文创礼盒。

2023 年 1 月,年货节活动上线,1 月和 2 月合计活动销售收入 37.21 万元,占比 1 月和 2 月全商城营业收入的 24.78%。其中 1 月 1 日至 31 日活动销售收入 27.47 万元,占年货节活动收入的 73.82%。

第五节　市场导向　推陈出新多元经营

2007年12月20日，销售公司以视频会议形式召开非油业务座谈会，明确提出把加油站非油业务经营作为中国石油销售业务的重要内容之一，以成为优秀的加油站网络运营商为目标，标志着中国石油的非油业务全面规范开展，也标志着零售业务在油品销售的基础上进一步发展壮大。

2007年10月，中国石油销售系统已开展非油业务的加油站2940座，2007年1月至11月实现销售收入5.8亿元。针对当时非油业务"管理还不够规范，没有形成规模效益"的状况，因地制宜开拓非油新业务，成为规范发展、做大规模的必然选择。而化肥农资业务和快餐业务是拓展非油新业务的两个持续增长点，成为非油业务规模和利润的成长极。

一、化肥农资业务异军突起

2009年8月27日，中国石油销售系统东北地区非油业务工作会议在吉林长春举行，黑龙江销售介绍了化肥零售的实践经验。2009年1月至7月公司实现化肥复合肥零售9510吨，销售收入2455万元，毛利201万元，增收创效取得明显效果，化肥零售作为当年工作的一大亮点。总结起来：一是黑龙江各地市公司充分利用春季备耕有利时机，全面加大复合肥的销售力度；二是加强学习和经验交流，为及时开展工作提供正确决策和专业指导；三是未雨绸缪，防范风险，针对目前化肥资源过剩和价格下滑较快的情况，下发《关于防范化肥经营风险和做好化肥淡储准备工作的通知》，要求各公司要尽快将剩余库存化肥销售出去，避免掉价压舱的风险；

四是连续的营销政策，淡季来临后开展化肥淡储准备工作，在8月至9月全面开展化肥淡储，为来年春耕打下基础。

按这次会议的要求，黑龙江销售化肥零售的经验报告上报销售公司（板块）后，向其他省区销售公司进行经验宣传。化肥业务迅速在种粮大省的销售公司作为非油新业务推广开来。

2009年，《中国石油销售公司非油业务化肥经营管理办法（暂行）》制定下发。全年完成销量1.28万吨，实现收入3087万元，除黑龙江销售、宁夏销售、湖北销售三家试点单位外，到2010年5月，已有8家单位开展化肥零售业务。化肥零售试点工作取得圆满成功。2009年，黑龙江销售非油业务销售收入已突破2亿元大关，其中化肥销售收入贡献突出。

2010年5月举办的中国石油非油业务视频会要求全面深化化肥销售业务，这一年开始要在粮食主产区逐步建立化肥销售网络，推广化肥销售。从此，化肥销售作为非油业务的一个重要组成部分，在规范经营的前提下，不断扩大规模，由化肥销售逐渐延伸到饲料、农资销售，依托加油站销售网络服务三农，取得经济效益和社会效益的双丰收。

2018年，昆仑好客积极推动销售企业加强与厂家谈判，打通供应渠道，在内蒙古、吉林、河北等地推广自有品牌化肥销售，实现收入2.3亿元；牵头组织宁夏、黑龙江、内蒙古等公司开展化肥业务，实现收入2.9亿元。

在激励政策和推进措施有力加持下，化肥业务驶入新一轮成长快车道。2019年昆仑好客积极与厂商深度合作，尝试打通化肥产、供、销、服四级通道，组织20家省区销售公司召开专题座谈会，提前谋划2019—2020年化肥年度营销工作。各单位积极行动，推动全年化肥销量大幅增长，化肥销售突破15亿元，同比增长44%。

2020年，昆仑好客与各省区销售公司紧密协作，有序做大化肥农资业务，与战略伙伴强化深度合作，着力培育农户消费习惯和消费能力，以化肥业务为基础，逐步延伸到相关农资销售、服务领域和优质农产品直供领域，开创乡镇站增效新渠道。昆仑好客与厂家深入开展制售同盟，迅速在25个省区形成规模。

2021年，化肥业务结合商圈因站选品，确保毛利最优，逐步向农资销售服务和农产品直供领域延伸。昆仑好客创新探索"化肥+植保+金融+产成品"经营模式，联合东北、西北化工和昆仑银行等单位推动农资业务一体化发展，化肥农资业务销售收入28.5亿元，既开拓乡村站增效渠道，又推动落实乡村振兴战略。

随着业务模式日益成熟，化肥农资业务持续发展，稳中有进。2022年，昆仑好客延伸化肥农资业务链卓有成效。创新推广"化肥+金融+N"模式，一体推进资源组织、产融合作、精益服务，复合肥市场占有率稳步提升，销售占比提高12个百分点，化肥农资全年收入35亿元，同比增长近25%。

二、快餐业务发展稳扎稳打

随着汽车进入千家万户，2007年6月，全国机动车保有量为1.53亿辆，其中私人机动车保有量为1.15亿辆。伴随"有车一族"的数量快速增长，发展快餐业务就成为中国石油发展非油业务的一个新探索。

2007年1月至11月，中国石油销售系统发展非油业务实现销售收入5.8亿元，其中餐饮仅有393万元，处于各销售单位自发经营的状态。明显的差距也意味着巨大的潜力，探索发展快餐业务被提上中国石油非油业务发展议程。

2011年，中国石油销售板块选择几个比较成熟的地方扩大快餐业务试点。2012年，快餐业务研发8类53种产品，其中茶叶蛋、冰沙、豆浆等商品得到顾客的普遍认可。

2013年2月20日，非油工作视频会对快餐业务作出部署：要按照标准要求，因地制宜，加快推进有条件的便利店，成为政府早餐工程销售点，或是与相关专业公司开展合作。发展餐饮业务，对外合作要选择有实力的餐饮品牌参与竞标，择优选择。2015年10月26日，销售企业非油品业务工作会议提出：稳健有效推进快餐业务，挖掘非油业务的新"金矿"。

2017年，昆仑好客成立后，快餐业务在昆仑好客统一品牌、统一标准的支持下,因地制宜,稳健推进。

2018年,昆仑好客稳步推进快餐业务试点。2018年10月29日,唐山友谊路加油站盛装开业,全国第一家中国石油加盟的肯德基汽车穿梭餐厅亮相,河北销售与百胜(中国)合作发展快餐业务,使友谊路站成为集加油站、便利店和肯德基餐饮于一体的综合型商业服务体(图2-33)。

图2-33 唐山友谊路加油站肯德基汽车穿梭餐厅

这一时期,昆仑好客积极推进省区销售公司与肯德基、麦当劳等品牌企业合作,在河北、黑龙江等地打造汽车穿梭餐厅,取得较好的试点效果。同时不断总结试点经验,制定标准和规范。

昆仑好客2019年工作会议提出全面推广快餐项目。以河北销售肯德基项目为蓝本,制定快餐项目开发运营标准,协调合作方和省区公司联合开展项目调研,快餐项目有序推进。昆仑好客与百胜(中国)签署合作框架协议,积极开展合作洽谈、站点踏勘等工作,对接22家省区销售公司达成28个意向项目,投运4个项目,其中唐山友谊路店日均销售突破1.5万元,云南西福路店和大理富海店日均销售超过1万元。在石油大院便利店与永和豆浆合作探索社区快餐项目，日均销售超过4000元。

2020年，昆仑好客加大力度推进快餐项目，以推广肯德基穿梭餐厅项目为主，督导省区销售公司力争在省会城市、经济发达重点地区打造快餐项目样板站。试点探索餐饮业务，与百胜（中国）合作投运6座肯德基汽车穿梭餐厅，单店日均销售过万元（图2-34）。

图2-34　湖北销售武汉分公司盘龙大道站肯德基汽车穿梭餐厅

此后，快餐业务发展蹄疾步稳。2021年，立项30个肯德基快餐项目，新投运15座，单店销量稳步提升，因地制宜拓展奶茶、馄饨等餐饮项目。2022年，昆仑好客考察推动100多个快餐项目，新建肯德基穿梭餐厅10座，积极试点中式快餐。其中，安徽省首座肯德基加盟店于2022年1月11日在芜湖五一站顺利开业，全年实现收入173万元。该快餐合作项目成功开启"加油+'吃鸡'"的油非一体化营销新模式，为加油站打造"人·车·生活"生态圈提供有益的尝试经验。

2021年8月，内蒙古销售阿尔丁肯德基餐厅与摩托车俱乐部开展联合宣传活动（图2-35）。

2023年，昆仑好客大力推动快餐项目建设，作出新的工作部署：以汽油年销

图 2-35 内蒙古销售阿尔丁肯德基餐厅与摩托车俱乐部开展联合宣传活动

3000 吨以上、周边商圈成熟的站点为重点，新投运肯德基门店 20 座；以城市社区站及商圈站、国省道沿线站等为重点，联合开发店中店项目；以一二线城市社区站、景区站为重点搭建预制菜专柜 200 个；因地制宜丰富高速服务区快餐品类和餐饮形式，提供专业便捷的餐饮服务。

2023 年 1 月 14 日，"昆仑好客德克士餐厅"在兰州分公司建新加油站开业运营，这是甘肃销售兰州分公司与西安德克士食品开发有限公司合作经营的，中国石油系统内首家"昆仑好客德克士餐厅"。

三、持续拓展新业务新领域

从 2017 年开始，中国石油非油业务体系逐渐走向专业化发展之路，按照"规模化发展、多元化经营、平台化运作"的发展原则，积极拓展非油业务新领域。加强多元化经营，借鉴行业和竞争对手经验，以顾客需求为导向，用多元化的服务满足客户个性化需求，全面开展各项业务，实现"以非促油""以油带非"的良性互动。

2018 年以来，昆仑好客动态完善非油业务服务型收入管理办法，激发省区公司开展地磅、ETC 充值（图 2-36）、彩票、保险、票务代理、旅游服务等业务开展的积极性，提升加油站平台吸引力。

内购业务是新业务拓展的一大亮点。昆仑好客在2017年成立后，积极开展石油员工内购业务，紧盯内部市场，围绕节日福利、办公用品采购、食堂采购等业务拓展市场，协助省区公司加大当地系统内客户开发力度。内购业务收入持续增长。

图2-36　昆仑ETC全国首发式

昆仑好客支持省区销售公司深耕大客户市场，大力拓展办公用品供应等新领域，灵活开展定制化、包邮到家等服务。按照属地化原则统筹省区销售公司做好非油大客户服务，加大公务经销商、省区经销商及酒店、会展中心、关联单位等客户开发，大客户开发成效实现新提升。2022年，通过多维突破、拓展渠道，开发优质新客户二十多家，巩固优势项目，深挖合作潜能（图2-37），强化"昆仑好客+省区"两级开发模式，在6省打通服务渠道，销售收入近亿元，同比增长超过20%。

图2-37　2022年2月11日，昆仑好客与中国国际医药卫生有限公司在京签署战略合作协议

进出口业务是昆仑好客非油业务的新尝试。2022年昆仑好客高效完成进出口贸易经营资质，开辟高质量发展"新蓝海"。2023年工作部署中，昆仑好客着力打造进出口业务强板。创新跨境电商、海外仓、进出口综合服务和再制造等新业态、新模式，构建完善的运营机制和跨境物流体系。大力实施境外直采，同时推动优势商品和服务"走出去"，逐步打通庞大的海外市场，争取2026年进出口业务收入突破100亿元。

随着传统加油站向综合服务能源站的转型升级，昆仑好客积极探索开展新能源服务。2023年，昆仑好客加快拓展光伏发电项目，年内立项一批、实施一批。

围绕"人·车·生活"服务理念，昆仑好客精心培育效益"造血点"，非油业务的创新探索，一直在路上。

【案例一】

内蒙古销售多措并举拓展化肥农资业务

2021年内蒙古销售非油业务全面贯彻销售公司和昆仑好客提质增效工作部署，围绕昆仑好客运营体系主线，在做强店内的同时，打造差异化竞争优势，因地制宜找准非油突破口，趁势而上开辟店外销售新领域。创立"昆壮"农资自有品牌，紧跟国家政策导向，不断创新多元化销售体系。全年实现非油店销收入13亿元，增幅29%；非油毛利实现1.72亿元，增幅33%，超额完成年度任务目标。

化肥农资销售体系从上至下贯穿省区公司、地市分公司、经营部、加油站，形成四级联动架构，抓资源、争市场、拓渠道、强服务多措并举，全年化肥农资销售实现收入4.65亿元，毛利实现2106万元，增幅分别为76%、92%，在扩大经营规模的同时，经营质量不断提升。

一、突出销售重点，做好保障工作

结合当年非油业务工作重点，内蒙古销售提前统筹谋划，分解下发任务，将化肥业务作为拓展店外销售的主要抓手，并做好全年资源落实保障工作。与西北化工、中化化肥、中农工贸等合作伙伴强化沟通，在资源需求、销售模式等方面取得支持，确保全年17万吨的尿素资源。

二、做好统筹谋划，奠定全年基础

一年之计在于春，内蒙古销售在年初便确定"强沟通、保供应、拓市场"的化工农资工作思路，与各分公司强化上下联动，实行分级联络机制，确保信息畅通、共享，安排专人跟踪对接资源、价格情况。各分公司结合统采、地采资源情况，灵活采购渠道，因地制宜抓销售。

呼伦贝尔、兴安、通辽、赤峰等分公司于 2020 年年底淡储 3 万吨化肥资源，一季度一抢而空，实现分公司化肥业务的"开门红"。

巴彦淖尔、乌兰察布等分公司 2021 年积极联络旗县、乡村化肥业务主管部门，提前做足次年化肥销售准备，为打通化肥销售网络最后"一公里"争取主动权。

三、借助专业力量，拓宽销售渠道

联合中化化肥积极开展业务培训，借助中化化肥专家队伍开展手机视频直播培训，深度交流内蒙古各地市化肥施用特点及营销技巧，提高员工销售信心，为客户的精准开发奠定基础。

联合各地知名化肥生产企业在分公司所属旗县经营部选择种植大户开展"试验田项目"，种植成果受到农户的高度认可，成功为化肥产品"代言"，"口碑"的力量成为打入农村市场的"高速路"。

联合多家化肥生产厂商开展化肥"推介会"，结合真实案例和售后服务承诺，打消农户对新品化肥的疑虑，走出以家庭自用、亲戚朋友推荐使用的"自用＋推广"销售模式。

四、挖掘自身潜力，助推业务规模

乌兰察布分公司灵活利用油品销售"阵地"，实现化肥销售翻番。疫情期间，乌兰察布分公司争取到政府和供销社的支持，由政府主动行文，鼓励农民团购用油，建立农户油品采购群，统一将油品送到指定地点。分公司非油部门及时把握契机，每日将化肥信息、价格、销售政策等内容在群内发布。"化肥＋柴油"套餐得到农户的高度认可，打开群内踊跃订购局面。2021 年乌兰察布分公司化肥销售收入同比增长 236%。

通辽分公司开展"农资＋金融＋保险"农资销售模式。通辽分公司联合银行、保险公司成功销售农资 270 吨。帮助种植户联络投保"种植收入保险"，通过收入保险保单质押的方式,从当地银行获得 100 万元的贷款。种植户拿到贷款后向通辽分公司购买农资产品。该销售模式成功立足于种植户的收益保障和农资使用需求,通过"收入保险""专项贷款"为参保种植户提供"一站式"服务,是通辽分公司在"农资+金融+保险"模式上的一次成功尝试。

兴安分公司创新化肥淡储模式,确保化肥销售稳赚不赔。兴安分公司通过与当地优质化肥生产厂商合作洽谈,促成计息保价政策。政策有效消除尿素价格波动风险,助推化肥销售质量大幅提升,创效能力提升 7 个百分点。兴安分公司与供应商沟通达成合作共识,预付款年利率 6% 的计息规则,所得利息从每批次的锁价合同中予以优惠减免,并约定出现化肥积压时,供应商保证以 10 元/吨的利润予以帮助解决。

【案例二】

"加油吃鸡"的网红快餐店
——唐山友谊路加油站肯德基穿梭餐厅

友谊路加油站位于河北省唐山市凤凰新城内,加油站进口朝向迎宾大道友谊路,附近高档住宅林立,中小学环绕,是附近居民加油购物的首选。友谊路站于 2018 年 10 月 29 日盛装开业,是一座集加油站、便利店和肯德基餐饮于一体的综合型商业服务体,开业以来备受瞩目,还一度成为唐山市的网红店——它是全国第一家中国石油加盟的肯德基汽车穿梭餐厅(图 2-38)。

河北销售作为与百胜(中国)合作的首家单位,在店面拓展与经营管理方面一直精诚合作、强强联合,建立有效的管理措施,秉承两大世界 500 强企业跨界合作宗旨,向消费者呈现全新快餐销售模式,更好地服务广大"有车一族",为消费

图 2-38 友谊路加油站肯德基穿梭餐厅

者提供汽车穿梭式便捷购餐与堂食就餐的经营业态，如今"加油吃鸡"的"油非互促"活动在唐山可谓家喻户晓。秉承创新发展的营销思路，"为爱车加油、为生活加油"，致力于打造"人·车·生活"生态圈，为唐山人民的幸福生活添砖加瓦。

加油机全部是新标准六枪机，一个加油机可以同时加注 92 号、95 号、98 号汽油。员工每天在这里热情服务，迎送着每一位客户，用精益服务让客户高兴而来、满意而归。昆仑好客便利店，明亮的灯光，琳琅满目的商品，加油购物一站完成，在这里成为现实，客户可以充分享受闹市中的惬意生活！

步入肯德基就餐通道，餐桌小巧精致，装修风格高端大气，时尚气息满满。这里经常接待小朋友们共度周末、白领午餐小聚，以及各种团建活动。拾级而下，就达到了主餐厅，这里是堂食的主要区域，点餐、就餐区分开来，开放式厨房可以看见烹饪区工作人员忙碌的身影，他们的认真耐心，让人排队都觉得是一种享受。

最有特色的是肯德基穿梭车道。车辆从这里驶入后，肯德基服务人员通过耳麦就可以听到车辆达到的提示，并询问客人指导点餐。点餐完毕后，客人直接开车到取餐口等待取餐，因为这是车道特色餐厅，所以专人全程服务、优先车道点餐、不停车取餐可以非常顺畅地完成。需要加油的客户，直接把车开进加油车位，这样一来，一个完美的"加油、购物、'吃鸡'旅程"就圆满完成！同时，为了增强"油非互动"，店内还开展加油送肯德基代金券活动，拿着它可以"免费吃大餐"。

【案例三】

吉林销售探索快餐业务：开设肯德基汽车穿梭餐厅

吉林销售始终秉持"奉献能源，创造和谐"的企业宗旨，以"为客户成长增动力，为人民幸福赋新能"为不懈追求，依托遍布全省9个地市的1000余座加油站，在为地方经济发展做好能源保供的同时，按照总部工作部署和"油非"双轮驱动的发展理念，大力拓展以昆仑好客品牌为依托的非油战略业务。

2019年，吉林销售与百胜餐饮（沈阳）强强联手，建设肯德基汽车穿梭餐厅，旨在为消费者提供更便利、更美好、更有温度的配套服务，共同探索构建"人·车·生活"生态圈。

2019年11月26日，肯德基穿梭餐厅在延边新丰站开业，这是东三省内首家开展肯德基快餐业务的加油站。强强联手、资源整合，有效提升管理和服务水平，实现客户资源共享，增强客户黏性，带动加油站整体创效能力提升。餐厅占地面积337.5平方米，室内面积203平方米，座位48个，餐厅东侧有一条长26米的订餐车道方便顾客快捷取餐。本次采取租赁合作模式，租赁费28万元/年。

2022年，为了更好地发挥公司"油卡非润气"一体化营销优势，吉林销售尝试以加盟模式与百胜（中国）集团开展合作，由房东变成投资方，发挥网点优势，负责选址、出资，百胜餐饮发挥餐饮运营优势，负责经营管理及员工培训。

2022年11月2日，吉林销售首家肯德基加盟汽车穿梭餐厅在长春华光站启动。为满足顾客店内用餐需求，吉林销售在餐厅建设时尽可能扩大店内面积，目前餐厅面积达135平方米，最多可容纳33人同时用餐。店内不仅提供汉堡、薯条、蛋挞等经典快餐，还增设儿童套餐、牛奶辅食等便于孩童食用的健康食品，确保食品美味又健康。为方便顾客快捷取餐，这座餐厅专门设置取餐口。顾客进站前，便可在肯德基APP上点餐下单，加完油后无需下车，直接将车开到餐厅的取餐口向工作人员出示订单付款凭证，便可成功拿到线上点好的单，全程无需下车、无接触，便捷又安全。

餐厅位于长春市高新区华光街与佳园路交会处，地处繁华商圈，毗邻重点学校，具有稳定的消费群体，发展前景良好。为有效培养顾客群体，使其增加消费频次，养成消费习惯，提高顾客黏性，餐厅分别在开业期间和春季开学季举办2次"油非互促"的促销活动，针对学校、居民区、培训班等辐射半径内消费群体积极宣传，使餐厅营业额和汽油销量实现双提升。

本次合作是吉林销售立足区域特征，以丰富经营业态、营造良好商业氛围、提升服务品质为切入点，大力实施快餐业务带动战略的一次实践。吉林销售将继续探索快餐及其他业务，从满足顾客需求出发，构建"人·车·生活"生态圈。

第三章　先锋旗帜

概　要

　　中国石油非油业务发展十余年来，始终坚定不移地贯彻落实习近平新时代中国特色社会主义思想，坚定不移地坚持党的领导，全面加强党的建设，持续加强企业文化建设和企业品牌建设，积极履行社会责任，有力保障中国石油旗下的昆仑好客作为国有经济的主力军和排头兵作用的发挥。

　　昆仑好客党委坚持深入学习领会习近平总书记重要讲话精神，坚决落实习近平总书记关于中国石油的一系列重要指示批示，按照集团公司党组和销售公司党委的决策部署，在工作实践中不断探索创新，促进党建工作与生产经营工作深度融合，保障和推动非油业务实现高质量跨越式发展。

　　近年来，无论是日常优质优品的精诚服务工作，还是助力乡村振兴消费帮扶惠农民生工程；无论是在全国联防联保抗疫保供应急，还是全情全力服务保障北京冬奥项目，昆仑好客都履行自身职责，诠释专业精神，充分体现国有企业的作为担当。

　　在不断实践集团公司"自主经营、因地制宜、规范发展、稳步推进"战略部署的进程中，非油业务领域广大干部员工积极进取，勇于开拓，涌现出一批又一批的领军人物和先进典型，为非油业务的不断发展壮大提供宝贵的精神财富和精神力量。

　　本章概括总结了非油业务发展历程中党的建设工作情况，记述企业文化建设、品牌建设和履行社会责任基本情况，记录近年来涌现出具有代表意义的先进典型事迹，为非油业务高质量发展提供可传承性的思想基础和精神动力。

第一节　党建引领　助推企业发展

坚持党建引领　凝聚高质量发展的强大合力
——昆仑好客党建工作与生产经营工作深度融合概述

昆仑好客成立以来，始终高扬党建旗帜，充分发挥党组织"把、管、保"领导核心作用，强化战略引领，增强战略定力，凝聚起企业高质量发展的强大合力。公司党委坚持深入学习领会习近平总书记重要讲话精神，坚决落实习近平总书记关于中国石油的一系列重要指示批示，按照集团公司党组和销售公司党委的决策部署，在工作实践中不断探索创新，促进党建工作与生产经营工作深度融合，保障和推动非油业务实现高质量跨越式发展。

一、突出"三个加强"把准方向

全面加强思想引领。昆仑好客党委坚持把党的思想引领摆在重要位置，认真落实"第一议题"、党委理论学习中心组、"三会一课"等制度，规范党内政治生活，优化党建责任制考核，充分运用"主题党日"等特色载体增强党建活力，推动支部建设全面进步、全面过硬。通过主题宣讲、专家解读、专题研讨等多种方式精心开展党史学习教育，扎实开展"转观念、勇担当、强管理、创一流"系列主题活动，广大党员在攻坚拔寨中挑大梁、唱主角，为逆风前行提供坚强保障。通过现场座谈、视频连线等形式与31家省区销售公司加强沟通交流，引导非油干部员工坚定信心、争创一流，推动非油店销收入、毛利总额等指标同比"双增长"。各党支部将"三会一课"、组织生活会、主题党日活动与生产经营会、专题业务会结合起来，党员干部带头学思践悟，职工群众踊跃参加，工学结合，交流讨论，不断增强"四个意识"、坚定"四个自信"、做到"两个维护"。

全面加强党的领导。"两个一以贯之"是习近平总书记对国企改革发展提出的明确要求，是对现代企业公司治理的重大理论创新和实践创新。昆仑好客党委把党的领导写进公司章程，明确党组织在公司法人治理结构中的法定地位，把党组织内嵌到企业治理结构之中，把党的领导融入企业治理各环节，确保党对企业的领导在制度上有规定、程序上有保障、实践中有落实。建立公司党委前置研究讨论重大经营管理事项清单，将党建嵌入管理、融入经营，让党组织成为把关定向、领航掌舵的"定盘星"。建立权责清晰的"三重一大"决策制度体系，健全党委决策机制和议事规则，不断提高党委工作制度化、规范化、程序化水平。大力实施党政"一肩挑"，党支部书记、委员由业务部门负责人兼任，形成党委统一领导、党政齐抓共管、部门各负其责的工作机制，党建工作责任制落地更实、决策效率更高、党的领导更强，确保集团公司党组各项决策部署在非油业务落地生根。

全面加强顶层设计。昆仑好客党委观大局、谋大势，始终把加强非油业务顶层设计作为重中之重，联合智囊机构成立非油研究中心，牵头制订非油业务"十四五"发展规划、非油业务高质量发展方案和提质增效重点措施等，形成总体发展目标和专业化发展、市场化运作、精益化管理、一体化统筹的发展思路和举措。在销售分公司的授权和支持下，与省区销售公司一道发挥整体优势，不断强化非油业务管理运营，创建以精益零售理念为核心的昆仑好客运营体系，建立汽服、化肥、咖啡等业务运营标准，形成陈列检查十要点、氛围营造七因素法等一系列便利店诊断优化工作法，统一非油业务核算口径，推动非油业务市场化、专业化、差异化、一体化、规范化发展水平显著提升。

二、推动"三个融合"管好大局

推动党建基础工作与生产经营业务融合。昆仑好客党委深刻认识到，企业党建的成效要通过发展来检验，企业发展的问题要通过加强党建来解决，建设一流企业必须以一流党建基础工作做保障。公司党委坚持以正确的认识来指导正确的实践，在工作中始终将党建和业务部署高度统筹，同步安排。

2020年年初，面对突如其来的新冠肺炎疫情，公司党员干部分区挂点牵头建立"联防联保"机制，第一时间向湖北等地捐助应急物资，广泛开展零接触、"油卖菜"等服务，做到"不断供、不涨价、不打烊"，在国家品牌网举行的抗疫经典案例投票中排名第一。认真贯彻落实党中央"六稳""六保"和乡村振兴战略，打造"从田间到餐桌"的消费帮扶产业链，开发以"螺香好客"螺蛳粉为代表的一系列自有商品，"螺香好客"生产基地还得到习近平总书记的实地考察，并且对发展特色产业推动地方做实做强做优实体经济的做法给予高度肯定。打造非油业务提质增效"升级版"，协同开展"油卡非润"一体化、线上线下一体化营销，因地制宜拓展汽服、快餐、广告等业务，形成党建与经营交叉覆盖、齐抓共管的大融合格局，推动非油业务发展成为集团公司主营业务和重要的效益增长点。

推动党建工作体系与生产经营管理流程的融合。集团公司党组明确指出，党建和业务工作融合不是形式上的"生拼硬凑"，而是有其内在规律和规范严谨的工作要求，需要建立健全完备的工作机制。为促进党建工作体系与生产经营管理流程的融合，昆仑好客党委首先从完善制度体系出发，结合组织要求和企业经营发展实际建立党建工作制度体系，切实将党建工作融入到生产经营重点工作、嵌入到经营管理的各项业务流程。制订基层党支部引领生产经营工作机制，把生产经营工作遇到的难点作为支部工作重点，使支部工作紧密围绕生产经营的中心目标，全程跟进，合力攻坚。定期开展党风廉政和作风问题排查，将监督工作融入商品集采、自有商品开发、便利店建设等重点领域，确保各项工作合规运行。

推动党建工作与职工群众的工作生活融合。坚持以人民为中心，是习近平新时代中国特色社会主义思想的重要内容。昆仑好客党委把实现好、维护好、发展好员工群众的根本利益作为不懈奋斗的力量源泉。按照"四同步"原则在筹备之初就及时设立临时党支部，在人员陆续到位、相对齐整后按组织程序正式成立若干党支部，确保党组织全面覆盖、坚强有力。建设中油即时通信内购商城，举办"助力乡村振兴·共享美好生活"等系列直播比赛，以优惠的价格为广大石油员工提供优质商品和优享的服务；高度关注员工身心健康，建立员工健康室，定期开展文体活动，充分利用邮箱、微博等平台畅通诉求表达渠道，针对性做好人文关怀和心理疏导；积极与地方政府协调，顺利为外地调京员工办理工作居住证，大力帮助员工解决子女就近上学难题。

三、强化"三个坚持"促进落实

坚持问题导向。突出问题导向是习近平总书记治国理政的重要方法论，体现在各个领域各项工作中，问题导向也是确保基层党建工作取得实效的关键。昆仑好客党委针对党建中存在的突出问题，由党支部查摆梳理、党委办公室把关汇总，列出问题清单，深刻剖析原因，一项项研究对策，尤其是面对基层党建短板，出台公司党委委员基层党建联系制度，创新搭建党建领导机制，党委委员带头每季度至少深入联系点调研指导工作1次、讲党课1次，帮助和指导基层解决党建工作中存在的难题，推动全面从严治党落实到每个支部、每名党员。例如，针对公司部分党员干部未从事过非油业务的实际情况，将精益零售、非油业务等专业知识纳入党委中心组学习和党支部"三会一课"，安排党员干部深入基层便利店实践锻炼，不断提升全员业务能力。

坚持对标提升。历史和实践证明，中国共产党之所以"行"，就是因为我们党始终保持马克思主义政党的先进性，始终走在时代前列。昆仑好客党委始终注重对标工作，建立与行业先进水平对标、与中国石化易捷对标、内部分组对标的常态化对标机制，使党建优势转化为企业内在发展动力。利用对标理念形成创优机制，大力开展以服务省区销售公司、服务基层员工为主的"两先一优"评比活动，开展"佩党徽、亮身份、树形象、作表率"等活动，形成"比学赶帮超"的良好氛围。实施"素质提升工程"，对标行业先进水平不断加强非油专业人才队伍建设，组建近百人讲师队伍，通过送教下基层、专项培训等方式分级分类培训非油业务骨干2万多人次，全面提升非油岗位员工综合素质。

坚持考核问责。昆仑好客党委紧紧抓住党建工作责任制考核这个"牛鼻子",制定《基层党建工作责任考核评价办法》,公布《党建工作责任制一览表》,将责任具体化、标准量化,明确各部门、各层级的工作职责,建立起主体明晰、责任明确、有机衔接的党建工作责任制体系。全力配合党组巡视"回头看",优质高效推进问题整改,制订细化措施102条,全面完成集中整改任务,切实做好巡视"后半篇文章"。全力支持派驻纪检组工作,常态化开展廉洁教育,建立干部廉洁档案,对武夷山水公司进行现场督查,巩固拓展落实中央八项规定精神成果,营造风清气正、阳光健康的发展氛围。

坚定全面从严治党,充分发挥各级党组织的堡垒作用、广大党员的先锋模范作用,让党旗始终在奋进的征途中高高飘扬。未来的征程,昆仑好客将会继续高扬党的旗帜,全面学习贯彻党的二十大精神,坚持用习近平新时代中国特色社会主义思想凝心铸魂,切实将党的新理论新思想转化为奋力攻坚任务目标,以党建工作与中心工作一体化推进的扎实业绩,为建设国际知名、国内一流"油气氢电非"综合服务商贡献非油力量!

第二节 品牌升华 展现国企担当

创新服务 永远在路上
——"昆仑好客"品牌价值提升札记

近年来，非油业务以"昆仑好客"为主品牌，辅以"咔咔""昆享""昆悦""昆觅"等多个子品牌，持续推出高品质的商品和服务，实施多个品牌协同发展的品牌体系建设策略，并取得丰硕成果。非油业务始终坚持以市场为导向，围绕"人·车·生活"生态圈建设，通过服务创新、产品创新和经营模式创新，大力传递中国石油品牌正能量，提升中国石油和昆仑好客品牌价值。

一、品牌引领：从消费者赞誉到行业领先

品牌作为国家竞争力的综合体现，是企业参与全球竞争的重要资源，也是高质量发展的象征。

追溯到2021年5月8日，由中国品牌建设促进会、新华网、国务院国资委新闻中心等主办的点赞"2021我喜爱的中国品牌"品牌粉丝互动会在上海举行。在为期1个月的网络投票活动中，昆仑好客凭借优秀的管理模式和销售业绩获赞90万次荣登榜首，成功入选"我最喜爱的中国品牌"。次日，在"2021中国品牌价值评价"信息发布会上，获评品牌价值134亿元，在全国零售业品牌榜中名列前茅。

二、品牌认可：接受中国国家品牌网采访

点赞"我喜爱的中国品牌"活动已连续举办了四届，在社会上引起巨大反响。这一全国性重点活动旨在引导全社会关心支持中国品牌，助力中国品牌走向世界。活动吸引大批"国之重器"品牌、民族品牌、中华老字号和新经济品牌等参加。早在2020年5月，昆仑好客首次参评这一活动就以126.32亿元的品牌价值斩获全国零售业品牌榜前茅的佳绩，成为国内价值最高的连锁便利店品牌之一。

集团公司于2007年年底开始规模发展非油业务，2017年成立昆仑好客加快非油业务市场化、专业化发展步伐，以加油站为平台，做大做精便利店业务，做实做强汽服及集采、自有商品业务，加快推进加油站快餐、生鲜等业务，探索广告、金融、保险、专卖、车辅产品、便民服务等跨界经营，通过融合、共享、跨界，为消费者提供"一站式"服务，着力构建"人·车·生活"生态圈。

近年来，为进一步落实习近平总书记"三个转变"指示精神，非油业务启动以"优品、优质、优享"为主题的"昆仑好客·美好生活'优行动'"，编制出台《非油商品质量管理手册》《非油商品质量诚信守则》，向全社会履行"诚实守信、精益求精、优品优质"的郑重承诺；持续完善业务支撑体系，提升品牌资产价值，推出自有IP"石油小纵队""好客童品"等自选品类，以及国内唯一既可实现全国加油，还能在便利店购买各类便民生活物资的加油卡。从产品体系到消费方式的新一轮升级，昆仑好客承载的是中国品牌企业的家国情怀、社会责任和奉献精神，传递中国品牌正能量，以实际行动打造消费者满意的"黄金招牌"。

三、品牌力量：从不断货不涨价到一站式无接触配送

2020年6月10日，由中国国家品牌网、新华网、新华99在京联合举办的"点赞"2020我最喜爱的中国品牌暨"全国抗疫 品牌力量"经典案例发布会在北京举行。昆仑好客凭借抗疫期间的突出表现在投票活动中荣登榜首，成为最受网友关注的企业，成功入选"品牌战疫"经典案例榜单，最终摘取中国品牌战"疫"

图3-1 武汉宏图大道加油站荣获
"全国抗击新冠肺炎疫情先进集体"

桂冠。

在这场疫情阻击战中,非油业务积极践行央企责任担当和服务理念,进一步提升品牌影响力和市场美誉度(图3-1)。2020年年底武汉新冠肺炎疫情暴发,昆仑好客第一时间联合31个省区销售公司,广泛地与供应商、服务商快速建立"联防联保"机制,向全社会提出"不断货、不涨价、不打烊"等公开承诺。面对湖北地区应急物资告急,紧急协调口罩、消毒液、测温仪等厂家及供应商驰援,累计向湖北紧急调拨口罩200万余支,消毒液、杀菌洗手液30万余瓶。几乎在同一时间,全国2万余座加油站及时增加粮油、奶类、速食、面包等生活用品供应,缓解全国居民生活物资紧张局面。

由于不少社区实施封闭式管理,农贸市场限制经营。一边是期待新鲜蔬菜的群众,另一边是为销路发愁的菜农。为了保障"菜篮子"等生活必需品的供应,非油业务主动搭起连接消费者与菜农、果农之间的桥梁,各省区销售公司相继通过便利店专柜、微信公众号、朋友圈、抖音、网上商城等渠道进行果蔬生鲜销售,被顾客亲切地称为"油卖菜"。针对疫情特殊时期老百姓不方便出门的实际情况,积极联合饿了么、美团等企业开展"一站式""无接触"和配送上门等服务,打通水果蔬菜从田间地头到消费者手中的"最后一公里",累计帮助100多家企业和农户销售上百吨滞销果蔬和生鲜,减少群众聚集性消费和接触感染的风险。疫情趋缓,战疫未止。2020年5月月初,昆仑好客委托"优选+"大米合作生产厂代表——黑龙江省鲶鱼沟实业集团有限公司向湖北销售捐赠大米30吨,用于支援湖北疫情后的复工复产。

非油业务在做好自身防控的同时，加大产品供应和服务力度，保证疫情期间物资正常供应，为消费者提供生活便利。在此期间，便利店没有发生疫情，顾客满意度不但没有下降，反而提升。

2023年7月，受台风"杜苏芮"影响，河北省涿州市遭遇自1963年以来最严重的一次洪涝灾害，给中国石油东方物探公司机关、10家二级单位、13个生活院区3万名院区居民生命安全和企业正常生产经营带来极大影响。昆仑好客第一时间与东方物探公司取得联系，并紧急协调供应商与物流单位，迅速组织调度包括3000袋自有品牌优质大米、3000袋自有品牌小麦粉、1000箱昆仑好客舒达源天然苏打水在内的价值40万元的物资，驰援东方物探公司受灾群众和救灾人员。关键时刻，危难关头，昆仑好客充分发挥非油业务商品、服务等优势，用实际行动践行央企责任担当，助力灾区迅速恢复正常生产生活秩序（图3-2）。

图3-2　昆仑好客与东方物探公司进行对接，慰问受灾员工及抗洪一线工作人员

四、品牌影响：从赞助商到服务保障企业

北京冬奥，国之盛事。作为中国"百亿品牌""我最喜爱的中国品牌"，非油业务充分发挥一体化优势，始终把参与奥运、支持奥运、保障奥运作为光荣使命与重大责任，扎实推进各项涉奥工作。

早在冬奥会开幕前，昆仑好客出资2000万元赞助北京冬奥测试赛——"相约北京"系列冬季体育赛事。该赛事是冬奥会前组织的规模最大、参与人数最多、影响力最大的体育赛事，昆仑好客独家享有北京冬奥组委会提供的城市道旗及公交车身外部广告相关权益。从2021年2月起，相继在北京主要街道、路口、重要场馆部署1200面"昆仑好客&相约北京"城市道旗，在市区重点公交线路的公交车上张贴"昆仑好客&相约北京"车身广告，彰显中国石油的责任担当和良好形象。

为了让消费者体验冬奥、感受中国石油人的温度，非油业务积极与北京冬奥组委会对接及时获准销售冬奥会和冬残奥会特许商品。2020年11月26日，中国石油冬奥主题形象站暨特许商品零售店启动仪式在北京南湖加油站举行，北京冬奥会和冬残奥会组委会对非油业务服务保障北京冬奥筹备工作给予赞赏，并向中国石油颁发"北京2022年冬奥会特许零售商"等证书。

特许零售冬奥会、冬残奥会特许商品意义重大，使命光荣。昆仑好客迅速牵头开展特许零售经营选商、选品工作，组织6家省区销售公司联合中国石化易捷公司，与北京冬奥组委准入的20余家特许生产厂商进行选商、选品谈判。在商品采购、物流配送、服务保障、餐饮等领域开展多维度合作，确保特许商品的供应与价格保障。

非油业务抓住北京冬奥会契机，大力宣传中国石油形象。在精心打造冬奥形象站和专区专柜上做文章，充分利用遍布全国便利店网络的优势，累计建设冬奥形象站411座、冬奥商品货架490组、冬奥特许商品专柜101组。在形象站设置吊旗、地贴、多媒体屏等，在1240家门店累计张贴冬奥活动海报36996张，从视觉、听

觉等全方位打造高品质的加油站特许冬奥商品体验专区。此外，河北销售与有关俱乐部合作，在冬奥会现场附近的张家口崇礼21站设置滑雪票销售、雪具展示（销售）、滑雪教练员预约等线上线下冬奥体验，大力营造冬奥会良好氛围（图3-3）。

图3-3　冬奥形象站和专区专柜

为促进冬奥特许商品营销、传播冬奥文化，非油业务在冬奥权益期内精心策划开展4档主题营销活动。以冬奥会倒计时100天、50天为结点，分别开展"相约冬奥，共赴未来""冰雪激情，冬奥'油'我"主题营销活动；贯穿冬奥会和冬残奥会全程，分别开展"燃烧梦想，筑梦奥运""健康有你，好客相伴"主题营销活动，在社会上产生热烈反响。尤其是冬奥会开幕前一天，冬奥特许商品销售各网点出现"一'墩'难求"的场面。那时，正值春节假期，非油业务人员主动放弃休息，第一时间与冬奥特许供应商沟通货源，两天时间锁定紧俏的冬奥特许商品资源，及时满足消费者的需求。

非油业务着力在提升终端服务质量上下功夫，为石油精神赋予新内涵。在强化提升便利店服务能力的同时，优选青年骨干组成志愿服务队，在零下30摄氏度的环境下，服务队始终坚守在加油站最前线，收获无数的"好评""点赞"。为确保便利店服务保障万无一失，非油业务组织战略供应商，提前落实非油物资，丰富产品种类，及时做好备货和物流保障，在加油站增设贴心、暖心增值服务20余项，从应急药箱到旅游咨询、从冬日热饮到即时简餐、从雪具租售到会员服务等，每项服务都紧扣冬奥会主题。冬奥会期间，核心区域便利店日服务1000多万人次，有10大品类、100余款中国石油自有商品和16大类冬奥特许商品售卖，为宣传冬奥、提高中国石油品牌形象发挥重要作用。

五、品牌责任：从"消费扶贫"到"消费帮扶"

乡村振兴工作是中国石油实施精准扶贫攻坚战的主战场。集团公司党组高度重视乡村振兴工作，坚持把助力全面推进乡村振兴作为增强"四个意识"、坚定"四个自信"、做到"两个维护"的重要举措，聚焦消费帮扶、产业发展、就业引导等领域，主动担当作为。

非油业务按照消费帮扶、乡村振兴等国家战略部署，始终坚持"以人民为中心"，积极响应国家号召，全力发挥自身渠道优势，倾力打造"从田间到餐桌"的消费帮扶产业链，线上线下多角度全渠道营销、拓展开发自有消费帮扶产品。以"源头把控、特色突出、市场运作、示范带动"为原则，精选帮扶产品满足消费者需求，累计带动 100 多个原国家级贫困县的 3000 多种帮扶产品销售，购销帮扶产品 20 亿元，开发以昆仑好客"优选+"味道农垦米、"好客·智"咖啡为代表的 300 多款自有品牌帮扶产品，得到社会各界的广泛好评。

昆仑好客作为非油业务管理运营平台，不断强化消费帮扶工作顶层设计，发挥制售同盟优势，优选帮扶目标商品，制定生产服务标准，摸索并建立起一套适应乡村振兴的规范体系，着力推广消费帮扶自有商品、集采商品，不断完善消费帮扶产品开发运营机制。充分发挥非油商品全国运营优势，把消费帮扶作为参与乡村振兴最直接的手段，优选全国百座重点城市上万座加油站，设立帮扶产品专区、专柜，内蒙古赤峰小米、赣南脐橙、延安苹果等消费帮扶地标性产品，通过昆仑好客渠道进入千家万户，助力地方经济发展。在此基础上，连续 6 年在广西南宁、新疆乌鲁木齐、四川成都、北京、重庆等地举办全国性消费帮扶对接会、产品展销会，展销规模和成果逐年提高。常态化开展直播带货比赛，年均超过 300 场，重点推介脱贫地区特色产品，在线销售超千万元，努力将脱贫地区产品由"帮他卖"转化为"自己卖"。充分激发中国石油 7000 多座乡村加油站活力，以化肥农资为切入点，逐步向种子、植保、农机、农具、技术、产品回购、资金和保险等一条龙服务拓展，在全国打造 1000 多座乡村综合服务站，不仅解决农户资金周转难题，还通过农产品帮销等扩大农民收益，进一步提升品牌影响力。

六、品牌发展：从优化管理模式到数字化转型

在长期的品牌建设实践中，非油业务不断优化管理模式和运营体系。随着中国石油数字化转型和改革创新战略部署的深化，非油业务主动增强服务意识、质量意识、品牌意识，建立以"互联网+"的智慧采购供应和服务链，形成以"战略·业务·数据"三位一体的非油业务管理体系，取得一系列丰硕成果。

为应对疫情冲击和市场格局变化带来的影响，积极利用互联网渠道扩大油卡充值、非油商品销售范围。2020年6月17日，中石油昆仑好客官方旗舰店在天猫商城正式上线。此举整合昆仑好客旗下各销售平台资源，形成规模效应。2021年3月3日，中油即时通信内购商城正式上线，标志着非油业务进入新的领域、线上业务迈上新的台阶，成为销售业务扩大对外合作、提升网络价值、展示良好形象的重要平台和窗口。

2021年"五一"前夕，昆仑电子加油卡正式上线，全面开启物理卡向虚拟卡升级的数字化时代，成为未来智慧加油站的重要组成部分，以便捷加油为服务核心，围绕"人·车·生活"生态圈为客户提供高效、便捷、智能的加油服务。2021年6月2日，昆仑好客自有商品入驻石油e采平台（图3-4），这是昆仑好客和华油集团发挥各自优势、实现资源共享、助推中国石油非生产物资采购业务数字化转型的一次有益探索。

图 3-4 昆仑好客石油 e 采上线仪式

这一数字化交易平台自 2020 年 10 月对接集团能源一号网上线以来，上线商品已达 5000 余种，石油内部采购客户超 300 家。同时，在电子采购系统 2.0 平台成功上线米、面、油、包装水系列共 5 个品牌、17 种自有商品。

非油业务大力推进全国性大宗商品集中采购、自有商品开发运营、物流供应链优化等重点工作，通过与行业头部企业强强联合，相继开发家庭食品、办公用品、卫生防护用品等 10 个大类、500 多款自有商品，全国集采合作品牌超过 130 家、涉及 2000 多种商品，并通过与全国知名物流企业合作，不断完善商品"一键到家""一键到车"等服务，进一步强化一流的商品和强大的服务能力。

"创新服务，永远在路上"。经过 10 多年的艰苦创业、砥砺奋进，非油业务逐步发展成为中国石油产业链上的"关键一环"。站在新的起点，非油业务决心再接再厉、继续创新，为建设国际知名、国内一流的"油气氢电非"综合服务商作出更新、更大贡献。

实力担当　全力以赴
——非油业务服务保障北京冬奥札记

根据集团公司冬奥办和销售公司的部署要求，昆仑好客组织非油业务扎实推进各项涉奥工作，第一时间参加冬奥赞助企业座谈会、迎北京冬奥会倒计时200天等系列活动；促进非油业务与冬奥其他赞助企业、特许零售商、特许生产商等单位信息共享；积极对接冬奥特许商品资源，打造特许商品专区专柜，精心开展主题营销……为做好北京冬奥会服务保障、商品销售及文化传播贡献力量。

一、出资赞助：助力中国石油成为"相约北京"钻石合作伙伴

按照集团公司关于北京冬奥会赞助工作安排，昆仑好客出资2000万元赞助"相约北京"系列冬季体育赛事，助力中国石油成为"相约北京"系列冬季体育赛事钻石合作伙伴。该赛事是北京2022年冬奥会前举办的一系列测试赛，是2022年北京冬奥会前组织的规模最大、参与人数最多、影响力最大的体育赛事。昆仑好客独家享有组委会提供的城市道旗及公交车身外部广告相关权益，在拉近广大市民与北京冬奥距离的同时，也让昆仑好客深入人心。

2021年2月至4月，正值新春佳节、全国两会前后、建党100周年等节日和大型活动集中时期，1200面"昆仑好客＆相约北京"城市道旗飘扬在北京市内二环路、三环路、四环路，京藏高速、京承高速等主要高速，以及鸟巢、首都体育馆、火车站等重点区域道路；2021年2月至7月，在北京市区8条重点公交线路的10辆公交车上张贴"昆仑好客＆相约北京"车身广告，并按照季节环境变化设计制成两种样式，品牌亮相时长达6个月，充分彰显中国石油的政治责任与社会责任。

二、特许签约：牵头开展冬奥特许零售经营选商选品

为确保冬奥商品特许经营顺利开展，昆仑好客协助股份公司与北京冬奥组委保持联系，积极提供有关证照资料，参与协议编制，提出的有关建议得到认可并被采纳，推进《冬奥特许零售协议》及时签订，保障股份公司旗下所有便利店及时获准销售冬奥会和冬残奥会特许商品，多次牵头组织北京销售、河北销售等单位在北京参加"冬奥特许商品订货会"。

同时，昆仑好客牵头开展北京冬奥特许零售经营选商选品工作，组织6家省区销售公司联合中国石化易捷公司与北京冬奥组委准入的特许生产商优质高效完成特许零售经营选商选品谈判，共引入20余家生产厂商，在商品采购、物流配送、服务保障、餐饮等领域开展多维度合作，争取最优政策，确保特许商品供应与价格保障，为更好地满足一线差异化的消费需求，采用统谈分签模式，由各省区销售公司根据本单位业务需求，直接与厂家签订采购合同。安排专人加快组织合同签订和销售落地等工作，做到早投入早见效，推动合同成果转化，助力非油业务提质增效。

三、营造氛围：打造冬奥形象站和专区专柜

昆仑好客组织31家省区销售公司充分发挥遍布全国的加油站和昆仑好客便利店等窗口资源优势，重点打造系列冬奥主题形象加油站宣传冬奥，在便利店同步销售冬奥特许商品，共建设冬奥形象站411座、冬奥商品货架490组、冬奥特许商品专柜101组；组织在形象站设置吊旗、地贴、多媒体屏等从视觉、听觉等方面加大宣传力度；并在1240家门店张贴冬奥活动海报36996张，打造高品质的加油站特许冬奥商品体验专区。组织河北销售与乐冰雪俱乐部、大好河山俱乐部、风云户外俱乐部进行合作，在张家口崇礼21站二楼设置滑雪票销售、雪具展示、雪具销售、滑雪教练员预约等线上、线下合作方案，打造"冬奥冰雪第一站"。

组织北京销售在加油站便利店全面推广"北京2022冬奥主题加油卡"，把"绿色冬奥、低碳生活""加油冬奥、畅享生活每一站"理念传递给消费者。特许商品

零售店与加油站结合,一方面为众多冬奥特许商品扩宽销售渠道,传播奥运精神,另一方面也极大方便人民群众购买冬奥特许商品,营造支持参与奥运的良好氛围。

四、策划营销:助力冬奥精神文化融入百姓生活

昆仑好客在冬奥权益期内牵头策划开展四档主题营销活动:一是以冬奥会倒计时100天为主题,在2021年10月26日至11月30日期间,开展"相约冬奥,共赴未来"主题营销活动;二是以冬奥会倒计时50天为主题,在2021年12月1日至2022年1月31日期间,开展"冰雪激情,冬奥'油'我"主题营销活动;三是贯穿冬奥会和冬残奥会全程,在2022年2月1日至2022年3月15日期间,开展"燃烧梦想,筑梦奥运"主题营销活动;四是围绕后奥运时代,在2022年3月16日至2022年12月31日期间开展"健康有你,好客相伴"主题营销活动。

主题营销期间,联合冬奥合作伙伴,有效发挥昆仑好客加油站及便利店平台网点优势,充分利用冬奥赞助商核心产品与服务优势,重点通过在城区或主干道加油站门店打造冬奥及春节营销活动堆头,以加1元得2件、冬奥商品礼包、超值礼包、充值赠送冬奥主题加油卡等形式,在家庭食品、酒类、奶类、汽车用品、咖啡、休闲零食、个人护理用品、包装饮料等品类,以及保险、代收代缴、旅游服务、餐饮等业务中开展营销活动。可口可乐、宝洁、伊利、燕京、金龙鱼等品牌的63个单品提供不同程度的营销支持。

冬奥主题营销开展期间,累计销售冬奥合作产品近12亿元,为群众近距离体验冬奥、宣传展示冬奥精神与文化、促进冬奥特许经营发挥促进作用。

第三节　精准发力　争做帮扶表率

助力乡村振兴　消费帮扶惠农
——昆仑好客聚焦精准扶贫综述

在实施精准扶贫攻坚战的主战场，中国石油非油业务着力打造"从田间到餐桌"的消费帮扶产业链，培育帮扶地区"造血"功能，带动产业升级，全面打赢中国石油助力脱贫攻坚战，取得实实在在的丰硕成果。

一、强化顶层设计，构建帮扶机制

昆仑好客作为非油业务管理运营平台，不断强化消费帮扶工作顶层设计，发挥制售同盟优势，优选帮扶目标商品，制定生产服务标准，摸索并建立一套适应乡村振兴的规范体系，着力推广消费帮扶自有商品、集采商品，不断完善消费帮扶产品开发运营机制。

2019年，昆仑好客迅速搭建起帮扶商品绿色通道，优选各省区公司消费帮扶商品进入全国集采平台，让消费帮扶有声有色地开展起来。当年，昆仑好客在对口扶贫的10个定点县，累计投入帮扶资金1.08亿元，同比增加4507万元，全年购买贫困地区农产品5772万元、帮助销售农产品1.1亿元。同时，昆仑好客公司大力拓宽帮扶产品销售"绿色通道"，优选上万座加油站，设立消费帮扶产品专区、专柜，构建全国性消费帮扶网络，带动100多个原国家级贫困县的3000多种帮扶

产品走进千家万户，累计销售额近 30 亿元。

作为昆仑好客品牌建设的顶流，昆仑好客购物节聚集"消费帮扶""乡村振兴""美好生活""高质量发展"等元素，着力搭建合作交流大平台，搭起帮扶地区与中国石油、兄弟央企、商品合作伙伴携手乡村振兴的"连心桥"、多维度合作的"立交桥"。2021 年 6 月，中国石油 2021 年度消费帮扶产品展销会暨昆仑好客首届购物节在成都举行。这次展销会以"助力乡村振兴，共享美好生活"为主题，展销面积约 7000 平方米，现场设 108 个展位，来自 150 个脱贫县的 2000 余种商品参展，两天内实现商洽金额 6.4 亿元。其中，消费帮扶产品购销意向 3.69 亿元。

2023 年 6 月，落地重庆的昆仑好客购物节作为"央企消费帮扶聚力行动"的重要一站，中国石油按照前期预热、重点推广、爆款打造的思路，通过提前开展直播带货比赛、在全国 1.3 万座加油站张贴海报等方式动员社会力量参与其中，全力以赴做响做强"央企消费帮扶聚力行动"品牌（图 3-5）。展销期间，新华网客户端进行现场直播，人民网、央广网、中国网、中工网、中国国家品牌网等中央主流媒体先后推出专题报道，受到社会各界广泛关注与好评。

图 3-5　昆仑好客购物节组织省区销售公司全面开展消费扶贫，开通扶贫产品集采"绿色通道"，推进"百城万站·扶贫助农"百日攻坚活动，打造扶贫专柜，努力提供优质商品和服务

二、联合开发运营，打造惠农名品

通过中国石油、昆仑好客等品牌背书，昆仑好客将消费帮扶工作与自有品牌商品开发运营紧密结合，变"开发式"帮扶为"嵌入式"帮扶。在保障扶贫效果的同时，还打造一批畅销的驰名产品，形成"开发一个产品、造就一个品牌、带活一片

产业、富裕一方百姓"的乡村振兴长效帮扶工作模式。

昆仑好客相继与西藏、云南、内蒙古、贵州、广西、青海等重点帮扶地区企业深化制售同盟，强化零供协同，联合开发运营"格桑泉"天然矿泉水、"好客·智"咖啡、"好客薯唯"薯条、"昆享"牛羊肉、"国色天香"白酒、"螺香好客"螺蛳粉、好客青稞面等300多款具有帮扶属性的拳头产品，依靠过硬品质得到广大消费者口口相传，年销售额累计突破10亿元。

强化合资合作，助力地区产业发展。以做大做强西藏天然矿泉水为切入点，昆仑好客与西藏重点帮扶企业合资成立"格桑泉"矿泉水生产制造企业，通过昆仑好客渠道全力打造"西藏好水"品牌。目前，"格桑泉"水年销售收入超过3亿元，依据水资源开发协议，为当地提供稳定就业岗位近百个，增加所在村集体经济收入100多万元，通过包装水装卸劳动用工、交通运输等方式间接带动当地农牧民致富30余户，在带动当地产业发展、促进群众增收等方面持续发挥积极作用。与习酒集团强强联合，共同开发"习缘"白酒，目前累计销售近3亿元，增加高粱采购量8000余吨，惠及40个乡镇，超10万人受益。2022年以来以"国色天香"全新品牌进行推广，年销售额近亿元，已成为中国石油消费帮扶的主打品牌。

协同地方政府，延伸消费帮扶产业链。依托内蒙古自治区独特的区域资源优势和民族文化，昆仑好客与重点帮扶地区政府合作，共同打造"昆享"品牌系列产品。分别在赤峰、乌兰察布各承包3000亩谷基地，在呼伦贝尔打造"昆享绿祥"天然牧场，在通辽市库伦、开鲁两个旗县的闲置土地上建立50亩"乡村振兴'昆壮'养殖基地"（图3-6），与扶贫工作做出突出贡献的企业建立合作关系，与当地贫困农户签订长期订单协议，变"开发式"帮扶为"参与式"帮扶，"昆享"系列产品累计销售超1亿元。2021年，优选广西当地政府扶持的乡村振兴企业，联合开发"螺香好客"产品，为150余名壮族群众提供就业机会，年销售收入上千万元，逐步发展成为助力乡村振兴的大产业。

通过因地制宜、一品一策，走符合地方资源、环境的特色帮扶之路，不但释放

第三章 先锋旗帜

图 3-6 内蒙古销售产业扶贫基地

代工企业产能，提高企业效益，更借助中国石油庞大的销售网络，使当地产品有效触达顾客，扩大市场影响力。

三、建立帮扶机制，确保农民收益

昆仑好客坚持从产品的产、供、销等关键环节入手，建立消费帮扶长效机制。从化肥农资销售为基础，逐步向种子、植保、农机具、农技、产品回购等综合服务发展。跨界融合化肥厂家、金融机构等，为农户和中小微企业提供资金、保险、销售等一条龙服务，不仅解决资金周转难题，还通过帮销农产品确保和扩大农民收益。

（一）直接与农户合作，减少中间商提高农户收益

云南孟连是原国家级贫困县，当地咖啡豆以品质著称，但当地农户缺少销售渠道，一方面中间商赚取大量差价，另一方面产品销量和价格都无法得到保障。中国石油心系孟连，以咖啡为突破口，研究开发"好客·智"咖啡系列商品，60% 以

图 3-7 咖啡研发生产与消费帮扶基地

上的咖啡豆来自孟连,直接与农户交易,提高收购价格,打造"从农田直达消费者手中"的产业链,助力孟连咖啡行业重整利益链格局,实现可持续发展(图 3-7)。目前"好客·智"咖啡根据不同地区的便利店场景,分成现磨咖啡、自助咖啡、即饮咖啡、冻干咖啡等 4 大产品线,零售门店达到 8000 多家,年销售额超过 1 亿元。

(二)联合专业机构,助力赣南脐橙成为乡村振兴"金果子"

全面支持革命老区乡村振兴,开发"昆觅"牌赣南脐橙,联合专业机构严控育苗、种植、采摘、分拣、包装、运输等环节,全产业链把好品控关。育苗方面,与高校合作,精选抗病性好、产量好、产品好的"三好"母株树苗,从源头上把好品控关;采摘、运输方面,选聘经验丰富的采摘工、搬运工确保快速无损地从山地运到生产线,通过分选设备自动区分脐橙外观、糖度酸度、大小,并使用独立包装,根据温区选择常温或恒温运输,最大限度地锁住脐橙的鲜甜。通过多方面严选、严筛、严控,实现只做一流果品的目标,2022 年销售额突破 2000 万元。

在集团公司的整体部署指导下,非油业务务实高效地开展乡村振兴帮扶工作,在坚定履行政治责任和社会责任的同时,也出色履行经济责任,促进昆仑好客品牌建设水平的不断提升。

【案例一】

"国色天香"：助力黔货出山　彰显品牌力量
——提升特色资源价值　奠定长效扶贫基础

2016年，昆仑好客响应国家"乡村振兴"号召，决定与贵州茅台集团习酒有限责任公司合作，挖掘定点扶贫县习水县原有资源，共同开发"习缘"酱香型白酒，充分发挥贵州酱香酒产业优势和中国石油渠道优势，实现共赢的局面。通过连续几年孜孜以求的不懈努力，"习缘"系列酒在赢得市场青睐的同时，不辱使命地成为昆仑好客自有品牌的一张靓丽名片。

秉承"乡村振兴"活动的初心，"习缘"酒选用习水县本地优质高粱为原料，采用茅台传统酱香型工艺精心酿制而成。产品无色透明、幽雅、细腻、回味悠长，空杯留香不息，酱香风格突出。

2017年，"习缘"酒开始上市，承担这个项目的贵州销售党委班子精心谋划、科学决策、统筹部署"习缘"酒的销售工作。他们以石油文化为背景，以内部员工和客户为核心，逐步拓展产品销路。产品推出后迅速参展全国酒博会，获得良好反响。当年销售突破1000万元大关，毛利240万元，并荣获习酒公司优秀经销商奖。

2018年，开发团队首次提出省外市场开发战略，引入第三方服务团队，着重开发各省区公司市场。成功开发了江西等10个省区公司，实现销售1445万元，增幅45%，毛利500万元。

2019年，首次将"习缘"酒纳入集团公司扶贫商品目录，全国巡回展销。省区公司采购单位扩展到15个，开始探索合资公司模式，实现销售2480万元，增幅72%，毛利996万元。

2020年，经过三年的摸索，项目形成一套成熟的高端自有产品销售模式管理经验，培育一批优秀的销售人才，真正实现从产品开发到销售的全流程管理。结合产业扶贫和消费扶贫的深度融合，开创崭新的销售局面，全员营销销售逐步形成，销售氛围越来越好，渠道搭建初步建立，省外市场全渠道开发陆续投入，合资公司注册落地并初现成效，同时得到各级地方政府和集团公司各级领导的高度肯定和赞誉，实现销售7000万元，增幅182%，毛利2200万元，打造形成昆仑好客自有商品的一张靓丽的名片。

2021年，结合酱香酒市场变化，项目升级迭代"习缘"酒系列，原有的习缘典藏30/20，更名为"习缘典藏""习缘珍藏"，并全新开发"习缘尊藏"高端酱香酒。

2022年，"习缘"酒全面升级成为"国色天香"酒。当年8月，召开以"油黔连心，共襄盛世"为主题的黔货出山消费帮扶联促会暨"国色天香"全新品牌发布会（图3-8），邀请中国石油省内外兄弟企业领导、贵州销售贵宾客户及多家主流媒体，共百余人出席发布会。此次活动彰显中国石油央企责任担当，进一步宣传"国色天香"酒品牌，助力黔货出山，"国色天香"全新的品牌价值得到进一步彰显和提升。

图3-8 "油黔连心，共襄盛世"黔货出山消费帮扶联促会暨"国色天香"全新品牌发布会

【案例二】

用心描绘乡村振兴美丽画卷
——新疆销售帮扶吉木乃县特色农产品真正实现"走出去"

2002年起,新疆销售开始具体负责吉木乃县帮扶任务。新疆销售积极探索具有石油特色的定点帮扶和乡村振兴路径模式,从政策、资金、人才、信息、技术、市场等方面进行全方位帮扶,依托中国石油全国2万多座加油站及昆仑好客"实体店+网店"的"双线"优势,新疆销售创新实施的"线上+线下"消费帮扶新模式,取得"1+1>2"的良好帮扶效果。

一、帮扶打造龙头企业

吉木乃县农业灌溉用水资源有限,年积温不足,但种植有机小麦却独具优势,其中吉木乃益康面业是新疆唯一获得"欧盟有机认证"的农业龙头企业,2019年被正式引入中国石油销售平台后,销量呈现飞跃式发展(图3-9)。吉木乃县的冰川牛羊肉也是中国石油帮扶的主要产品,通过大力支持吉木乃裕博惠牧业发展有限责任公司等企业特色产品,使其逐渐成为能够带动农户增收致富的县域龙头企业,让吉木乃县特色农产品真正实现"走出去"。

图 3-9 吉木乃益康面业种植基地

二、广泛开展线下活动

为了打开吉木乃县帮销农产品的销售渠道，中国石油组织召开消费帮扶对接会，借助全国昆仑好客加油站便利店平台，拓展系统内外对新疆地区特色产品的认知和了解，组织当地企业带着27种特色农产品赴乌鲁木齐、北京等地参加展销会，直接带动产品销量，拉动当地人口就业；主动与定点帮扶县13家特色产品企业召开交流会，洽谈开展销售特色产品合作事宜；联合自治区商务厅、银联等部门举办"中油相伴，畅购全疆"系列促销活动；积极发挥内部员工市场和加油站渠道优势，在102座加油站打造消费帮扶产品专柜，突出展示脱贫地区农产品（图3-10）。

图3-10 新疆销售加油站员工向客户热情推荐帮扶商品

三、积极探索线上活动

承办国务院国有资产监督管理委员会（简称国资委）"百县百品央字号"暨"小新带货"新疆好物专场直播活动，举办"百城万站"扶贫助农直播活动，举办"推进乡村振兴、将爱进行到底"走进阿勒泰专场直播，全力推介吉木乃县农产品。通过搭建好客新疆网上商城，举办200多场消费帮扶直播，将新疆地区农产品推广至更广阔的销售平台。吉木乃县的冰川牛羊肉是一种优质产品，当地牧民迫切希望打开销路，逢人便说："我们吉木乃的草场是有机草场，弱碱性，但由于草短稀疏，羊要想吃饱肚子就得不停地走，每年要走1000多公里，我们把这种羊叫作'千里羊'，'千里羊'的肉质更加紧实、富有弹性。"新疆销售了解情况后迅速将冰川牛羊肉作为帮扶的主要产品，摆上系统销售渠道。现如今，新疆销售已将新疆干果、坚果、蜂蜜、牛肉干等20多种新疆特色农副产品送到全国人民的餐桌，销售额达

1亿余元，帮助脱贫地区特色产品走出深山、走向市场、走向全国。

在集团公司的指导帮助下，新疆销售连续20年为吉木乃县的发展注入源源不断的活力与动力。帮扶内容涵盖农业、牧业、旅游、教育、民生等22项内容，其中自2019年以来的"产业帮扶""消费帮扶""智力帮扶"，幅度最大、增长最快、成效最佳。

【案例三】

乡村振兴 "橙"就梦想
——湖北销售巧打助力乡村振兴和非油空间拓展两张牌

湖北销售积极推广湖北地方特色产品，助力乡村振兴，进一步拓展非油发展空间路径，在推动非油规模效益增长的同时，协同地方经济共同发展，切实履行"国企为国"的社会责任。

2023年5月9日，湖北销售在宜昌市秭归县成功举办"乡村振兴、'橙'就梦想"脐橙推介会，以具体行动把贯彻党的二十大精神落到实处。秭归县位于湖北省西部，是著名的"中国脐橙之乡""中国诗歌之乡"。这里四季有鲜橙，春有"伦晚"、夏有"新橙"、秋有"九月红"、冬有"纽荷尔"等品类。本次推介活动主推产品为春橙"伦晚"，这是脐橙中的上乘佳品。"伦晚"是唯一在春季成熟的脐橙品种，代表湖北地方特色，占据天时地利，具备良好的销售前景。

来自四川、辽宁、陕西、广西、山西等21家销售企业80余人参加此次活动。参加活动的人员来到屈姑集团水田坝乡王家桥村打造的精品果园核心示范区，采摘并品尝"伦晚"脐橙，亲身体验丰收的喜悦。来自不同地区的嘉宾纷纷表示，"伦晚"脐橙外观美、汁水足、口感佳、体验好，是同类水果中的上佳之品。活动期间,嘉宾还参观屈姑柑橘文化溯源馆、柑橘产业链体验馆和生产加工车间,详细了解屈姑集团开发生产的100多种脐橙深加工产品。参与活动的秭归县领导详细介绍了秭脐橙产业发展情况,表示要在中国石油的大力支持帮助下,将秭归脐橙打造成为"世界理想之橙",共同谱写企地合作共赢的新篇章。

现场共采摘"伦晚"脐橙1100多公斤,直接带动柑农收入近18000元。水田坝乡王家桥村党总支书记胡静深情地说道:"中国石油履行社会责任见真行动,在我们王家桥村采摘脐橙,助力我们老百姓的柑橘销售,实实在在推动乡村振兴。"

此次推介活动既是一场助力乡村振兴、推广荆楚优品的展示会,也是一场共商发展大计、与兄弟单位切磋经验的交流会,更是一场探索非油发展新路径、与地方龙头民企进行开放共享、合作共赢的研讨会。通过参观、交流、实地感受,让参加活动的人员深刻体会到柑橘文化的魅力,更加了解到秭归文化的内涵,为推动乡村振兴增添动力。

好产品需要好渠道。湖北销售将依托昆仑好客的平台优势,秉承"开放共享、合作共赢"的方针,与湖北地方更多龙头企业携手并进,共同缔造,深度开发,以高度的政治责任感和使命感,推广地方特色产品走进千家万户,为建设一流销售企业注入更多非油力量。

第四节 榜样示范 凝聚磅礴力量

等闲识得东风面 万紫千红总是春
——记黑龙江销售李明

27岁的李明,是黑龙江销售七台河分公司万宝加油站便利店的一名营业员。作为一名普通营业员,李明在本职岗位上潜心钻研,不断在实践中发现规律,摸索并不断完善出独有的营销思路和营销方法,推动便利店销售收入始终箭头向上、水涨船高。2022年,便利店收入200万元,连续3年走在省公司前列。

万宝加油站位于七台河市出城口,属于城市中心与公路沿线结合站,每天来往的车辆都很多,位置得天独厚。怎么才能把这个动力上的优势变成销售的数字呢?凡事喜欢动脑子琢磨的李明,把解答这个问题当作每天的必修课。

功夫不负有心人,在热心周到地服务每一名顾客的过程中,李明通过"察言观色",根据不同客户,总结"一细看、二多想、三开口、四用心"的"一二三四"工作法,成为他在日常工作中的制胜法宝。

细看——根据客户的车型、衣着、谈吐、年龄分析确定其消费类型和能力,为客户介绍适合的商品。

2020年的夏天,一位开着豪华轿车的50岁左右男性客户到店内付加油款。细心的李明闻到客户身上有烟草味道,悄悄打量客户着装及驾驶车型,决定主动为客户推荐软中华香烟。一开始客户显得有些不屑一顾,李明微笑着继续向他介绍便利店销售的好处:中国石油香烟为烟草直供、保真,有中国石油品牌保证,质量和味道肯定会让他满意。这名客户被李明的诚意打动，当即就购买两条，一次消费1400元。

多想——从客户眼神里找商品，客户眼睛仔细观察什么，就说明客户可能喜欢什么。

2019年春节前的一天，一位40岁左右的女士到站付加油款后，在酒类专区徘徊。李明主动上前与其聊天，得知客户为一家企业的后勤人员，付款时看到便利店有白酒，恰好他们单位晚上要招待远方来的朋友，委托其采购点好酒，便停下脚步。李明立即向她介绍店内的自有商品"好客之义"酒，寥寥数语，把这种酒是中国石油与贵州夜郎古酒公司合作生产的，"好客之义"这个名字具有"信义、礼义、侠义"的传统文化属性，进过故宫得到海内外专业人士品鉴和认可的品牌美誉这些信息，高效传递给客户。一番话几乎直接瞄准客户的心理需求，这位女士当即购买一箱"好客之义"尊享款装上车，便利店实现销售收入3588元。

开口——抓住契机，主动推销，提高销售准确率和成功率。

2021年秋天，一位男性客户到店内付油款时，对同行的朋友说，单位钩机用的液压油总是出问题，影响工程进度。一旁观察的李明准确判断出客户是市内某建筑公司员工，立即主动与其沟通说：我们店有昆仑天工低温液压油，自主研发，产运销一条龙，没有中间环节，保证质量，而且价格也不高，我们的很多客户都在使用，反响非常好，都说是性价比最高的一款产品，而且中国石油的货保真。说完立即把低温液压油陈列品拿给客户看。客户虽然此行没有购买计划，但是被李明的执着热情和专业精神打动，当即购买两桶，说回去试用一下，看看效果。半个月后，效果来了——客户再次来到万宝加油站，主动要求购买低温液压油，说用我们的油以后，钩机再也没有出现毛病。不但这个客户成为万宝加油站润滑油忠诚客户，并且通过他的介绍，又有多个客户成为万宝加油站润滑油的忠诚客户。

用心——用心观察客户需求，用心感受客户情绪，用心介绍推荐商品，用心打动客户内心。

昆仑好客自有品牌商品逐渐增多，但是品牌知名度和美誉度相比原来的大品牌存在一定的差距。如何推动这些优质优价的商品，也成为李明用心的课题。武夷山矿泉水刚上市不久的一天，便利店走进一位穿着体面的客户，要买大桶某品牌矿泉水。李明直截了当跟他介绍武夷山矿泉水，把武夷山矿泉水所具有的独特品性和优秀品质，包括与其他矿泉水的参数对比，如数家珍，一一道来。不曾想，这位客户没做任何其他咨询，甚至连价钱都没问，就让李明给他搬一箱武夷山瓶装水到车上，还拎两桶5升的武夷山桶装水。没过一个星期，这位客户又来到店内，问能不能经常性送货。原来，这位客户经营了一家茶馆，上次回去以后用这个水泡茶，他的客户反响非常不错，这就让小买卖变成"长流水"。

善于琢磨的李明，从不满足于已经得到的成绩和经验，始终探索和学习更先进的经验和模式。在抖音直播平台上，李明同样是一把好手。他将便利店重点商品通过抖音直播积极宣传推介，秋林格瓦斯、山珍、里道斯红肠等商品的销售量，都得以明显提升。

站里的伙伴看到李明开口营销的方法，不但能为公司赚到真金白银，还能让个人口袋跟着鼓起来，于是纷纷把他当成榜样学习起来，全站很快形成良好的"比学赶帮超"销售氛围。朱晓辉、郭峰等员工在他的影响和带领下，每月非油绩效工资都在1500元左右，比之前增加近一倍。

当大家问李明非油营销到底有什么诀窍时，李明始终强调的还是"用心"："只要用心对待顾客，用心沟通，顾客一定会感受到我们的诚意。有时，客户对我介绍的商品不感兴趣，但他会被你的用心打动。只要不放弃，不停努力尝试，就一定会有收获。"

把客户当家人　把工作当家事
——记天津销售董淑凤

作为天津销售静海分公司九河加油站的一名普通营业员，董淑凤靠着一身本领和满腔热情，单日个人非油销售额屡超千元，多次拿下公司月度非油销售状元的头衔，成为名副其实的销售尖兵。

对于非油销售，董淑凤的经验归结起来就是，像家一样经营——把客户当家人，关心他们的需求；把商品当孩子，对其呵护备至；和谐共处，其乐融融。

一、热爱销售：客户需求熟记于心

"我现在每天都可以卖一千多块钱。"转身和同伴表达自己喜悦时，董淑凤刚刚又卖出去一箱自有品牌白酒。

比起站里的其他员工，董淑凤与销售结缘更早。16岁起，她就做起卖磁带、卖鞋的小买卖。因为热爱，她对经手的商品格外敏感，每一件商品的特点及价格都了然于心，张口就来。

2020年，"汇津战役"打响后的第二天，董淑凤由九河加油站调到汇津加油站。加油站的油品促销吸引大量的柴油车，这对董淑凤来说是一个一展身手的绝佳机会。

绝不慢待任何一辆车，绝不因为懒惰而放弃推销。疫情常态化期间，虽然大家都戴着口罩，但顾客仍可以通过眼神的交流，感受到董淑凤的热情与真诚。

只要顾客走进便利店，董淑凤便会观察顾客眼神的方向，董淑凤抓住加油空隙和顾客聊天，拉近彼此间的距离，了解他们的购买意向。聊天时，客户就是家人，对于他们的性格特点及常态需求，董淑凤都默默记下。加油站里有符合需求或期望的商品，董淑凤马上就能把它呈现在客户面前，对他们说出这个商品的特点、价格，吸引客户购买。董淑凤自己都说，只要客户一提到烟，她就会条件反射一样地跑到店里取，生怕对方反悔。客户需要寄快递，她都一一代办，免去客户等待时间。客户需要微信支付兑换现金，她即使在家休息，也会立马去银行取钱给客户送到加油站。

董淑凤说，把销售这件事当成自己的家一样经营，而不是当成上班，就会爱上销售。"现在的销售，不用自己投资就能赚钱，这样的买卖为什么不做？我希望大伙都能赚到钱，也能为企业发展贡献一份力量。"

二、灵活营销：开口技巧有讲究

"石油大品牌，香烟保真不贵，有的客户都五六条一起买。"

"'帕玛拉特'纯牛奶，16 瓶特价不到 35 元，折合一瓶两块多。"

"新鲜水果，品质好，价格低，我们自己都买来吃，闻着就馋人呐。"

话是拦路虎，也是敲门砖。三言两语，董淑凤就把商品的特性表达出来，把买卖的气氛烘托起来。董淑凤认为，开口才能营销，他来有言，你去有语。永远不能让对方觉得你不说话，那样的生意肯定成不了。董淑凤认为，非油营销就要抓住商品的特性，简单扼要说出其优点。当然，优质的商品也让董淑凤促销起来更有底气。

很多员工在开口时都出现过这种情况，刚推荐一句，顾客就摆摆手或者扭头不予理睬。董淑凤也经常遇到，她表示开口是有技巧的，她的处理方式就巧妙地避开这种易让顾客产生反感的情况。

有些人来加油，对加油站开展的非油"超值换购"活动不感兴趣。董淑凤想到一个办法，就是转化说话方式。当顾客要加 200 元汽油的时候，员工就说："行啊，您加到 200 就可以换购了。"董淑凤认为，这样说会让顾客感觉，这个换购机会不是很容易，就会非常珍惜。

董淑凤非常爱惜她所售卖的商品，有种"护犊子"心理。在董淑凤的销售经里，你不买可以，但是你绝对不能说我的商品不好。

在其他员工眼里，尿素是很难推销的，但董淑凤到汇津加油站不足一个月，已经卖出500多桶尿素。到哪里都能卖这么多，董淑凤笑笑回答："我点儿好。"其实，董淑凤的推销是发自内心的喜欢这个产品，她真心觉得，有强大的中国石油做后盾，优质的品牌做保障，只管发挥自己能推销的特长，就一定能把意向客户争取过来。

有一次，董淑凤给一位新顾客介绍店里的品牌尿素。顾客一看价格，很挑剔地说，别的地方正在搞活动，价格更便宜。董淑凤随机应变地回答："我们中国石油的昆仑之星尿素是中国顶级尿素，品质好当然要贵一些，品牌好用得也更放心。""现在用过的老客户都说我们的产品性价比最高，都主动帮我们宣传。"一句句话抛出来，一句比一句让对方心里服气，终于让这位顾客不再挑剔，接受董淑凤的推荐。

三、油非互助：深挖销售潜力

没有客户源，便利店的商品卖给谁？

董淑凤想，一定要把现有用油客户转化成非油客户，把非油客户发展成用油客户，做到"以油带非""以非促油"。按照这个想法，董淑凤马上付诸行动。她自费印制一些名片，歇班的时候去路边、车站、停车场、饭店发名片，拓展自己的销售源和信息源。有一个车队就是通过名片开发而来，现已通过董淑凤购买上千桶昆仑之星尿素。

调到汇津加油站时间不长，董淑凤在与加油客户日常聊天时发现一个潜在大客户——一家拥有200多辆柴油车的车队。虽然这个车队只有一部分车辆过来加油，用油量不是很大，但是董淑凤打上他们车用尿素的主意。找到对方负责人沟通时，发现困难问题仍然在价格上。他们之前尿素用的是低价产品，10公斤出厂价仅16元，与董淑凤推荐的产品价差过大，对方实在不想更换。"我能做的就是让对方对比一下，因为好货不怕比。"董淑凤提出让客户试用对比一下再做决定。结果又是董淑凤胜出——当然是双赢的胜出，真正的好产品能够为客户带来更好的效益，这也是董淑凤敢于坚持的底气所在。不到半年,这家客户已通过董淑凤购买300多桶尿素。

"再好的演员也需要有舞台才能展现。感谢公司给我提供这么好的平台,感谢公司实施的薪酬改革。"享受改革红利的董淑凤,感恩企业,感恩当下。在董淑凤的带动下,汇津加油站员工的干劲齐刷刷地上来了,伴随着销售箭头的持续向上,每个人的脸上都洋溢着微笑。

体验经营有方　升级好客有道

——记甘肃销售霍红梅

霍红梅，在中国石油销售领域是一个响当当名字：2002 年到甘肃销售兰州分公司任职，先后在五星加油站担任核算员、计量员，立交桥、雁儿湾、兰盾、大沙沟等加油站任经理职务；2014 年任甘肃销售兰州分公司建新加油站经理，2016 年建新加油站便利店一跃登上甘肃销售非油销售额第一的宝座；个人先后获得中国石油"十大模范加油站经理""中国石油好榜样""好工匠"等荣誉。

荣誉的背后是霍红梅力求极致的不懈努力。她带领团队稳扎稳打，致力于打造有温度的购物场所，不断细化经营管理、优化服务品质、深化队伍建设，与时俱进迭代更新，向着更高、更强、更远持续发力。

一、细究经营之道

霍红梅打理便利店的经营之道，就是始终将顾客满意作为目标，从顾客的体验出发，为满足顾客的多样化、差异化需求不懈努力。

将满足客户需求作为目标，必须时刻走在客户心理需求的前面。霍红梅同便利店的管理人员一起学习和研究商品陈列和布局，特别在商品结构和卖场氛围上不断实践和创新，不断了解客户的消费观念和习惯，随着顾客需求的变化不断完善优化店内设施、商品陈列、堆头设计等，"投其所好"地改进商品品种，并做到适时增减、增新去旧，保持便利店内的商品种类一直处在应季和流行的前沿。

保证商品质量和食品安全是便利店经营的核心和"命脉"。多年的便利店经营管理让霍红梅坚持做精商品的同时，做细管理，始终保持着强烈的责任心，养成进货检查、上货复查、销售核查的好习惯，层层把关，严格执行商品品质管控流程，保持高标准的门店日常经营管理过程监管，确保上架销售的商品无质量问题，也因此取得从未发生商品质量、食品安全等重大事故,无负面新闻报道的好成绩。

二、实践好客之道

人的行为常常是受情绪支配的,一个舒适、轻松的环境会给顾客带来温馨愉快的感受,这是霍红梅多年来总经出来并付诸实施的"好客之道"。

完善便民服务设施,为每一个进店的顾客送上中国石油的关怀与温暖。到任建新加油站之后,霍红梅通过认真观察分析后决定,在站内提供全覆盖无线网络,营业室内为进店顾客提供桌椅、饮水机等休息设施,同时配备充电宝、药品、雨伞等应急用品以备不时之需。小小的便民改造不仅满足顾客差异化的需求,更让顾客感受到便利店的贴心和热情。

为了提升现场服务水平,她率先投入到现场一线。亲力亲为地为员工示范服务流程,在现场协助员工的同时观察现场,及时发现和纠正员工的失误,并以身作则给员工树立榜样。她坚持岗前培训,不厌其烦地教员工如何说,帮助员工克服"羞涩"的心理障碍,最终让"您好!欢迎光临!""谢谢!欢迎下次光临!"的问候声在便利店的服务过程中响起。

借助加油现场员工积极主动地开展开口营销,加油站现场和便利店形成良性的循环和互动。现场员工的推荐和宣传、室内便利店内商品琳琅满目、商品陈列和布局科学合理、应季商品丰富、促销活动刺激消费冲动、诱人的进口商品、多彩新品展示、欢乐的店面装饰、柔和的音乐灯光、陶醉的香薰,让进店的顾客应接不暇,从视觉、听觉、味觉、嗅觉全方位感受昆仑好客的"待客"之道。

三、持续提升之道

霍红梅带领员工定期进行便利店店面优化提升工作,认真踏实地进行市场调研和评测,将店面评测中发现的各种问题进行逐一的整改和优化,借鉴其他优秀便利店的好做法、好想法,结合实际情况吸收消化,顺利完成店面优化提升的工作,并取得良好的成效。

新冠疫情期间，面对复杂多变的市场影响，便利店周边多个小区封闭，食品及生活用品紧张。霍红梅带着便利店员工推着购物车，为周边封控社区居民送去米面油等必要的生活物资，为他们解决燃眉之急，也受到周边居民的真心欢迎。因为销售量超出预想，而加油站人手又有限，霍红梅动起线上销售的脑筋，率先上线美团外卖，突破疫情的无形封锁，让便利店销售在逆势当中实现出其不意的正增长。

在她的带领下，建新加油站便利店首创加油站便利店销售收入突破百万元的销售业绩；2015 年，建新加油站便利店实现销售收入 514.88 万元，在甘肃销售兰州分公司首创加油站便利店销售收入突破 500 万元的销售业绩；2016 年，建新加油站便利店一跃登上甘肃销售非油品销售额排名第一的宝座，便利店各项销售指标始终位居兰州公司前茅，先后获得销售公司收入百强便利店、兰州分公司优秀便利店、甘肃销售优秀便利店等荣誉。

生逢盛世不负盛世　生逢其时奋斗其时
——记青海销售田占婷

田占婷，青海销售非油分公司业务运营部自有商品销售员，自 2011 年参加工作以来，始终勤勤恳恳、兢兢业业地做好每一项工作，在平凡的岗位上尽职尽责。2021 年被评为青海销售优秀员工，2022 年被评为非油分公司先进工作者。

一、主动作为，助力自有商品销售大增长

2018 年，青海销售组织机构调整，田占婷来到自有商品推广销售岗。面对新的工作该怎么突破？从哪里入手？从刚开始的不懂到懂，从不会到会，田占婷走过一条从辛酸无助到喜悦感动的荆棘之路。

面对新模式、新挑战，田占婷深刻领会昆仑好客自有商品运营推广工作要求，积极进取、开拓创新，全面开展省内外多渠道推广销售工作，在推销青海销售"昆仑缘"系列产品及"青稞面馆"系列、青稞酒、枸杞、藜麦、菜籽油等特色产品上，苦心专研。在她步步为营地推动下，公司与原产地，以及乡村振兴关联厂家合作，共同打造青海特色商品，将天佑德系列青稞酒、"昆仑缘"系列麻辣面、红油面皮、菜籽油等 4 款自有商品纳入全国扶贫商品名录，打开全国销售市场，与昆仑好客等集团公司 10 家内部单位签订供销协议，实现自有商品省外销售 350 万元。"昆仑缘"牌菜籽油一经推出，四个月内实现销售 157 万元。

2021 年，在中国石油各省区兄弟单位的支持帮助下，青海销售自有商品受到市场的大力热捧。通过不懈努力、全程跟进及协调各项工作，成功开发系统内外 60 多家终端客户，市场覆盖全国 31 个省区，自有商品省外团购销售实现销售收入超 1000 万元。

二、勇于尝试，推介本地商品销售迈大步

按照非油分公司的统一部署，田占婷在"青货出青"的道路上坚持不懈、勇于创新，顺利将青海销售自有商品及特色产品推介到昆仑好客集采目录及团购目录中，积极对接并推介青海销售特色扶贫产品到集团公司全国扶贫名录中，实现中国石油品牌形象多点爆发，产品进入到更高、更广的平台和渠道。

按照"逢会必参"的总要求，非油分公司认真准备每一次推广宣传工作，努力扩大青海销售特色商品知名度，多渠道、多维度地开展特色自有商品推广销售工作。作为青海销售的一名"宣传员"和青海销售自有商品的"卖货郎"，田占婷在全国各地各类展销会现场积极展示青海自有商品及扶贫商品。面对上级领导的时候，她有几分紧张，但是说起参展商品，田占婷就如数家珍、气定神闲。

除了线下的靠前主动，田占婷还积极参与推广线上业务。与各分公司共同开展直播带货比赛及其他直播带货活动共计 12 场次，其中天猫平台 10 场次，好客青海平台 2 场次，共计实现销售收入 46.37 万元。强化与第三方合作，开通美团站点 16 座，非油直配到家业务取得新突破。

由于经常奔波在全国各地，加之疫情影响好几次差点被封在路上，田占婷有时很长时间都见不到自己年幼的孩子，家里的事长时间交给婆婆来照料。面对每次出差前孩子不舍的哭闹，她也想过放弃。但她更加相信努力终究会换来回报，理解也总能换来支持。每到一个地方出差，无论多忙，她都会给婆婆和孩子带上一份小礼物来弥补心中的愧疚，她说："当每次风尘仆仆拖着行李箱走进家门的那一刻，婆婆的一碗面，让她感动许久；孩子的一声'妈妈我好想你！'让她身上的疲惫和委屈一扫而光。"慢慢地，家人的支持和包容多了，她的工作动力也更足了。

有一次在省外参加展会时被毒蚊子叮咬，田占婷整个小腿过敏红肿、痛痒难忍。简单涂抹药物后，她继续坚持在展台站立三天，顺利完成产品推介并拿回珍贵的销售订单。回到青海，医生告知她伤口感染，又紧急挂上吊瓶。当领导和同事来看望她时，她说，当看到客户的订单时，她的心中只有满足和喜悦。

作为党支部群工委员，田占婷在做好本身业务工作的同时，还积极配合支部书记完成党组织安排的党务工作，始终按照上级党委指示，围绕每个时期的工作任务开展群工工作，主动在加强支部建设方面出主意、想办法，充分发挥支部战斗堡垒作用。始终以优秀党员标准要求自己，积极参加党内的各项学习，努力学习党性理论，用理论来指导实践，时刻以一名优秀党员的标准严格要求自己，顺利完成组织安排的各项工作，认真地履行一名共产党员的神圣职责。

"生逢盛世不负盛世，生逢其时奋斗其时"。这就是田占婷始终坚信和坚守的座右铭。

执着的信念能生根　热情的种子会开花
——记宁夏销售蔡军慧

"开口营销"是一把服务客户、提升销售业绩的万能钥匙，不但能够拉近与顾客之间的距离，还能激发顾客的购买欲望，从而打开加油站的非油创收创效之门。宁夏销售中卫南环加油站员工蔡军慧在历经千辛万难之后，终于找到了这把万能钥匙，成为"非油大礼包"的销售冠军。

一、转压力为动力

依据《中卫销售分公司非油 4+X 挑战赛方案》，南环加油站结合加油站员工个人优势制订了"非油大礼包"销售之星、汽油复合剂销售之星、香烟销售之星、牛奶销售之星等"真金火中炼、决战明星赛"的夺星目标。站经理还提出每天"非油大礼包"销售挑战数量至少 5 单，完不成目标就延迟下班，直到完成为止。

蔡军慧接到面向公司 50 家门店，争夺"非油大礼包"销售之星的任务。这个任务让蔡军慧犯了难，家里有在襁褓中嗷嗷待哺的孩子，要是不能按时下班怎么办？焦虑过后，蔡军慧打定主意，一定要为孩子完成任务，早回家。

松弛的琴弦，永远奏不出美妙的乐曲。压力就是动力，没有过不去的火焰山。

蔡军慧围着大礼包打起主意：大礼包的白酒，包装高端大气上档次，这是个卖点；大礼包里除了白酒，还有大米，可以吸引女士和好丈夫；玻璃水是爱车人的刚需；苏打水的卖点是喝出健康。品质没问题，那价格怎么样呢？蔡军慧拿出手机扫一扫，499 元的大礼包在淘宝要卖到 1912 元。

知己知彼，百战不殆。了解完商品，选好定位，再设定好目标客户，蔡军慧胸有成竹。销售当天，她就卖出 7 单，超额完成任务，拿到 210 元的销售奖励。蔡军慧笑着说："销售目标不是压力，而是激发潜能的动力。"

二、转热情为纽带

从此以后，蔡军慧每天都精神饱满，有目标就有奋斗的热情。她在心里暗暗算一笔账：销售一单大礼包可获得30元奖励，一天要是销售10单就能拿到300元，一个月上15个班就是4500元，这是一笔额外收入，这让蔡军慧浑身充满力量。

力量能转换成热情，热情还可以传递。这种"想方设法将这种商品全部卖完"的热情让她接待每位顾客时，都能做到全心全意、全过程优质服务。她认定顾客第一眼就能看到她服务的热情，就会有一个愉悦的心情愿意接受她的服务。

在加油全过程中，蔡军慧都做到无微不至地礼貌询问、快捷操作，在最短的时间里，得到客户的认可。有效用好加油黄金一分钟，向顾客介绍便利店爆款礼包的卖点。为每位顾客提供促销信息，与他们共享省钱优惠的初衷。顾客就是上帝，即使没有成交，蔡军慧的热情服务也不减分毫。她会把对大礼包萌动的种子种到顾客心里，用纽带牵动着客户，等到下次来时再引导他们形成"想了解一下看看、想购买一套试试"的心理活动。这样，先前的种子就会开出花，结成果。

三、转失败为成功

蔡军慧说："开口营销被客户拒绝总是难免的，失败是成功之母，失败后不能把时间浪费在灰心和抱怨中，要在拒绝中找原因、找办法。"第一位顾客拒绝购买的原因是"我不喝酒"，就要为下一名顾客精准画像，喜欢喝酒的人一般都有酒肚子，只要遇到有酒肚子的顾客就首推大礼包，成功概率极高。其次就要盯准做生意的老板，一般这些老板都有礼尚往来的需求，在介绍大礼包的时候一定要说"这款大礼包绝对是你想要的"，提起顾客好奇心。首先您用车频率高，玻璃水是必备的，其次回家拎袋大米您老婆也会为您关心家用而欢心，更重要的是4瓶白酒放在后备箱里，解决临时逢人送礼或者应酬的急需。有时候这些老板听蔡军慧说得挺有道理一高兴就能拿好几套。蔡军慧每接待一位顾客都会乐此不疲地开口营销，即便是开口一百次失败99次也不会放过能有1次成功的机会。在无数次失败中总结经验、找准措施然后精准发力、正中靶心。

蔡军慧在无数次失败、无数次拒绝中依然满怀信心坚持开口营销,历经千辛万难拿到打开非油创收创效之门的万能钥匙,在"真金火中炼、决战明星赛"中披荆斩棘成为"非油大礼包"销冠。

汗水擦亮平凡　真心换来光彩
——记新疆销售刘银凤

从下岗工人到年销售超百万的加油站便利店主管刘银凤，用自己的实际行动证明什么叫"是金子总会发光"。

一、隔行如隔山，隔行不隔理

下岗工人的失落与无奈，刘银凤深有体会和感悟，所以当机会再次眷顾她的时候，除了珍惜就只有好好把握。

石河子新城加油站，全新的环境，全新的舞台，全新的同事战友。为了尽快融入，尽快适应，刘银凤不怕辛苦，不怕困难，她深知"百舸争流，唯有勇者胜"的道理。

2008年10月，石河子新城加油站开展便利店业务，刘银凤也因为突出的个人能力、负责的工作态度，担任便利店管理工作。

"隔行如隔山"，干了半辈子建筑工人的刘银凤对便利店业务一窍不通。

"隔行不隔理"，再难的业务也怕有心人。为了尽快掌握业务知识，刘银凤虚心好学，不懂就问，向年龄比自己小而经验比自己丰富的同事请教。通过勤学好问，刘银凤从专业知识一窍不通的下岗女工，到非常熟悉便利店业务的称职员工，逐渐成为一名合格的兼职便利店主管。

二、没有白费的努力，没有碰巧的成功

经过两年多的辛勤付出，刘银凤的工作得到同事的认可、站经理的认可，也得到公司领导的认可，同时为新城站非油收入跨过百万元大关发挥自己的全部力量。

对商品陈列知识的欠缺让刘银凤很是发愁，正在这时，公司请来基钰的老师来

给各便利店主管讲授商品陈列的技巧和营销策略，老师还亲自到新城加油站便利店进行教学和实地操作，新城便利店的视觉效果焕然一新。刘银凤突然开窍了，只要多学习、多操作，就没有弄不懂的知识，达不到的目标。

从此以后，刘银凤根据学到的知识，每天一有时间就到货架前看，不停地动手调整商品摆放位置，直到满意为止。

三、沟通就是营销的法宝

"顾客的需求就是我们的追求"，作为便利店销售主管的刘银凤，很看重与顾客沟通，主动征求顾客的看法，了解顾客的购买心理和拿取商品的习惯性，以便更合理地利用便利店的各种货架，充分展现便利店的饮料区、目的区、冲动消费区等等。这一系列做法得到同事和顾客的好评，也进一步提升便利店的销售收入。

刘银凤作为一名便利店主管，从服务仪表、服务态度、服务语言、服务规范等方面严格要求自己。推行"微笑服务、两站三声、一双手"为基本内容的柜台服务，把抓单纯服务态度转变到以顾客为中心、以顾客满意为准绳的服务要求上来。带动其他员工推销便利店商品，尽量向每一位进站加油的顾客介绍便利店商品，向每一位进店的顾客推销便利店商品，让更多的顾客了解到便利店都在销售什么样的商品。

新城加油站是市区加油站，许多企事业单位都在该站定点加油。刘银凤就利用加油站的品牌优势，首先向他们推销名烟、名酒，收到很好的效果。每逢节前，烟酒的销售额非常可观。另外，有些单位在节假日要给单位员工发放福利，于是刘银凤就主动联系他们，了解他们的需求，然后统一采购，在满足利润空间的基础上，以他们能接受的价格进行销售。久而久之，这些单位就成为便利店的稳定客户。

有付出就有回报，新城站非油销售收入于2009年跨过百万元大关，2010年增幅20%。刘银凤每年都被评为先进便利店主管，她用自己辛勤的汗水点亮每一个平凡的日子，用满腔的热情展现出中国石油人的销售风采！

雪域"格桑花" 高原"结硕果"
——记西藏销售刘利

19年,8座站,8个岗位,这是刘利不同寻常的职场经历。在刘利的内心版图上,人生没有苟且,因为有诗有梦,还有值得辛勤耕耘的原野。

一、坚定,源于热爱

2004年,毕业于重庆石油高等专科学校的刘利,谢绝家人和朋友的挽留,执意来到西藏销售,在西藏销售拉萨分公司中兴加油站,开始从事加油员、油料员工作。

"到这里,既能够学以致用,从事石油行业,又能够抵达我心中的'远方'——格桑花盛开的地方。"正是这份内心的热爱和执着,让她心无旁骛地扎根油站,像雪域高原上的格桑花一样盛开、怒放。

初来高原,恶心、胸闷、头晕等难以承受的生理反应,不但没有让刘利屈服,反而激发出她内心那股不服输的韧劲。家人都在等着她过了"新鲜劲儿"就"打道回府",刘利却暗自下定决心:西藏,我不仅要扎下根,更要干出一番成绩!

短短几年,刘利便像脱颖而出的格桑花,先后担任加油站副经理、经理。踏实本分的工作态度、死磕到底的工作能力,让刘利不断成长、成熟。

2013年,刘利调入拉萨分公司机关工作,先后担任办公室副主任、业务营运部副科长。两年的时间,刘利踏实严谨的工作作风,赢得大家的欢迎和肯定。

但是,刘利自己却打起了"退堂鼓"。从基层到机关,从前线到后方管理人员,工作时间规律了、没有风吹日晒了,刘利却总觉得生活缺少点"滋味",机关岗位的历练更让她明了,加油站才是托起销售企业的立足点。她开始怀念每天和顾客打交道、和同事共同奋斗的日子,耳畔时常飘过每天车来人往"活话剧"一般的声音。

心动不如行动。2015年10月，她主动请缨前往拉萨分公司柳梧加油站，重拾曾经最熟悉的岗位——加油站经理。从机关管理岗到加油站经理，看起来是一个下坡路，很多人不理解她的选择，但她平实地叙述自己的内心："加油站是销售企业的创效黄金终端，做一个好的站经理，是我追求的人生价值。"

二、真情，以心换心

多岗位、多维度的历练，让刘利从事加油站经营管理工作更加有自己的想法。柳梧加油站位于黄金地段，但多年来销量增幅缓慢，非油业务更是一言难尽。新官上任三把火。刘利的第一把火便是将"开口营销"落实到所有员工的言行当中。第一步就是营造无处不在的"仪式感"：每逢交接班抽出10分钟的时间，带领员工练习加油十三部曲，反复诵读"您好，欢迎光临；慢走，欢迎您下次光临。"这样的仪式感一来是为了向顾客展示良好的精神面貌，二来是为了克服员工不敢开口的畏难情绪。

不到一个月，柳梧加油站整个换了精气神。顾客进站，来有迎声走有送声；加油过程中，用沟通交谈拉近距离、了解客户需求；沟通交流中，赢得顾客情感认同，带动非油销售增长。"开口营销""真情服务"的落地，换来柳梧加油站油品和非油销售比翼齐飞，迅速上涨。到2018年，到任三年的刘利和她的伙伴们，让主油年销量成功突破万吨，非油年收入成功突破百万元。

2019年年初，距离柳梧加油站不到1公里的柳梧二号加油站正式营业。顾客的分流、竞争的激烈再一次激发刘利性格中不服输的韧劲。她将客户群瞄准小额配送市场，那一年她用脚步丈量了周边所有工厂和村庄。

一次，刘利偶然得知，距离加油站20多公里的地方有一支新组建的车队，车辆总数有400多辆。嗅到商机的刘利马上前去拜访，却没想到刚开始就吃闭门羹，甚至一听到"加油"两个字就将刘利赶走。

一次不行，两次。再去拜访的时候，刘利一进车队先是搬进站里赠送的矿泉水，然后看到哪里需要帮忙二话不说就去帮忙，绝口不提加油站的事。

两次不行，就三次、四次……

星光不问赶路人，岁月不负有心人。这样的拜访将近30次，时间将近半年。直到有一天，车队负责人实实在在对她说："说实话，我们在私人加油站加油可以赊销，况且一直都是他们的大客户，你们能给我们提供什么优惠？"看到车队负责人终于松口，刘利从品牌形象、油品质量、送油上门、申请优惠等方面进行耐心解读，终于让该车队成为油站的大客户，年增加销量1000多吨。

三、攻坚，超越自我

柳梧加油站的成功经验，让组织看到刘利出色的加油站管理能力。2022年1月，她转任柳梧二号加油站经理，承担攻坚克难的重任。

长期以来，柳梧二号加油站非油业务发展缓慢、油非转换率不高等问题，始终制约着该站非油业务的发展。担任该站经理不到半年时间，柳梧二号加油站非油业务传来捷报："非油销售345万元，同比增幅354%……"

非油销售有什么诀窍吗？刘利给出了自己的答案，很简单，又很不简单，那就是真正将"开口营销"落到实处。

"开口营销"是一个老生常谈的话题，但是要真正落到实处仍需要做大量的工作。其中最难的，就是如何破解员工的思想关和开口关。针对这个情况，刘利有一套自己的法子——多学、多说、多演练。

"您好，现在电子卡充值有优惠，您看需要充值吗？""普琼，你看咱们把这句话改成'您好，电子卡充值500元送30元电子券，相当于一升优惠近6毛'，这样既可以体现出优惠政策，也可以更加直观地让顾客体验到优惠力度。"带领大家研究营销话术是刘利每天的保留项目。每周组织一次"模拟演练"也是柳梧二号加油站的"独特风景"。针对不同背景、不同身份、不同地域的顾客，刘利带领员工一遍一遍地推演营销话术，将成熟的话术打造成标准化营销语言在站内推广。

"我们要说顾客想听的、能听懂的话，而不是说我们自己想说的。"这是刘利经常挂在嘴边的话，正是这份对细节的执着，"开口营销"在柳梧二号加油站落地生根，店内非油商品推销成交率翻一番。

与此同时，刘利将开发主油客户的成功经验运用到开发非油客户上。

2022年4月，加油站里正在搞促销活动，刘利像往常一样推销非油优惠政策，一位加油客户随口问了一句："需要量多的话还能优惠吗？"刘利便从加油现场一路跟到收银台再从收银台送上车，事无巨细的介绍便利店商品及优惠政策。第二天，这位客户专程来到加油站，进一步了解非油业务。充分的沟通后，当场决定从加油站长期采购日用品、烟酒、米面油、牛奶、尿素、机油等非油商品，两个多月的合作贡献非油收入近7万元。良好的服务意识和优秀的商品质量，使这位客户成为柳梧加油站油品和非油商品的全方位忠诚客户。

回首来时路，刘利感慨之余更多的是发自内心的感恩。"一路走来，西藏销售给予我广阔的成长平台，我也依托西藏销售实现了自我价值。我会把加油站工作当作一生的事业，倾注所有的热情和激情。"

鲜衣怒马少年时　不负韶华行且知
——记西藏销售索朗德吉

索朗德吉，2007年大学毕业后进入西藏销售，一干就是16个春秋。风雨16年，索朗德吉从青涩到成熟，见证了公司的发展壮大；启航16年，索朗德吉从日喀则分公司到加油站管理处再到非油公司工作，积累了丰富的经验，同时也向人生理想迈进；坚定16年，在石油销售的舞台上绽放自我，挥洒汗水，收获喜悦。

一、爱岗敬业，履职尽责

16年里，索朗德吉增长的不仅仅是年龄，还有经验。从开始的手工做账到现在的系统操作；从没有中央仓，把自己在单位仅50多平方米的房子当成仓库，与邮政司机一起搬货到现有中央仓；从最初的几十个单品到现在的几千种单品；从最初的几十个集采商品到现在的六百多个集采商品；从最初的几十个统采商品到现在的一千多种统采商品；从制度不完善到各种制度和流程完善起来。分部门、分岗位、分职责，从"小白"到老手，从经验不足到指点江山，索朗德吉见证了西藏销售非油发展的历程。

二、追求卓越，乐观合群

卓越来自积累，成功来自坚守。2012年，索朗德吉开始在非油岗位工作，那时候只有他和孙建仓两个人负责非油。2015年非油公司成立，队伍逐渐壮大，尤其是2019年生产自有特色产品格桑泉，时间紧、任务重、强度大，他从来不推脱责任，从来不敷衍塞责，而是在接到每一个任务或工作的时候都沉下心去考虑要如何完成任务、如何克服困难。遇到不懂的地方就主动请教、虚心学习，遇到新来的同事也能做到倾囊相授、热心帮带。

宝剑锋从磨砺出，梅花香自苦寒来。16年的磨砺，索朗德吉已经完全具备了挑战该岗位的技能，面对新岗位，也能完全上手，游刃有余。

时代在进步，作为时代潮流中的一个小分子，索朗德吉更加活跃在时代浪潮中。现在线上业务已经成为发展趋势，也是依托互联网展开销售的新业务形态，目前处于刚起步阶段，与社会上成熟的电商相比还有很多欠缺，从电商平台的运营维护，到专业的线上营销，再到商品供应链、物流发货、售后服务各环节都有很大的提升空间，索朗德吉做到不断学习、不断完善，在以往的经验中抓机会，做好运营部电商管理岗的信心更足更强。

三、年富力强，开拓进取

索朗德吉有着丰富的工作经验、稳重的工作心态、熟练的工作技能。正是年富力强的时候，他对工作充满热情，对岗位充满热爱，对公司充满热诚，对新事物也充满好奇，愿意接受新挑战。

作为油二代，索朗德吉传承父亲的诚实守信、深学笃行的优良品质。作为本科生，遇到问题，他能用长远的眼光看待，能接受新事物，提高创新思维；对待工作，有清晰的思路、坚定的方向和踏实的作风。以前没有软件系统时，索朗德吉都是自己手工做账，每次都要求记录得清清楚楚。后来有了HOS系统，手工账已经不能跟上时代潮流，为了能够适应新模式，学习新知识，除了去内地培训，索朗德吉还收集了很多课件，利用空闲时间自学，再把学到的理论与实践结合，真正做到学以致用。现在，索朗德吉对HOS系统的使用已经非常熟练。索朗德吉相信，这些技能将成为高标准、高效率完成各项工作的助力。

西藏销售准备开展线上业务，得知这一消息的索朗德吉已经摩拳擦掌，准备迎接新的挑战。他对线上业务有着浓厚的兴趣，电商管理是集宣传、策划、总结等于一体的岗位；也是集公众号、短视频、文案写作、电商直播为一体的岗位。索朗德吉期待自己能够把握这个机会，接触新的岗位，开拓新的知识领域，为公司贡献力量。

"鲜衣怒马少年时,不负韶华行且知"。索朗德吉在准备竞聘新岗位的同时,没有放松眼前的工作、手中的任务。他把盼望放在心底,把劲儿使在当下,无论结果如何,他都是公司前进的助力,无论放在哪个岗位都是会发光的螺丝钉。

把员工当亲人 把客户当家人
——记江西销售车丽琴

车丽琴，赣南大道便利店主管。接手便利店一年，就实现了营业额翻倍。

车丽琴，入职中国石油10年，做过2年加油员、2年便利店收银员，文化起点低，电脑也不会用，开始工作那会儿，就连开一张发票都不能独立完成。她从小学拼音卡片学起，跟自己儿子学习制作表格……凭借一腔热爱、一股坚韧，依靠实力脱颖而出。2017年6月成为赣南大道便利店主管，并带领便利店跨上一个新台阶。

一、梅花香自苦寒来

赣南大道加油站好客便利店，地处赣州市和赣县交界处，2013年9月23日开业，每天二十四小时营业。刚开始几年，每个月营业额不到二十几万元，全年到不了250万元。直到2018年，全年营业额达到711万元，同比增量353万元，短短一年时间营业额几乎翻倍。这一切都因为新店长——车丽琴，是她在促销活动、品类培育、精细管理、客户开发上的好点子、新方法，改变便利店的面貌，提振大家的精气神。

到店之初，摆在车丽琴面前的困难比货架上的商品还要多。光有耐心、责任心是远远不够的，还要换位思考、集思广益，把员工当亲人，把客户当家人。

二、吹尽黄沙始到金

香烟销量低，是好客便利店的一大难题。王总介绍他开麻将馆的朋友来拿香烟，一下就打开车丽琴的思路：上门找客户，总比在便利店等着强。从那以后，一有时间，车丽琴就去周边的副食商店、麻将馆和网吧走访，休息日也去，去的次数多了，信任建立起来了，协议也就签订了。现在，每个月光站外销售香烟一项就收入 16 万余元。

有一年，赣南大道加油站对面的小区开始建设施工，工地运砂石的大车队来来回回地出入，这让车丽琴看到了商机。一了解才知道，大车队有自己的油罐，不用在赣南大道加油，于是就经常到工地接触车队人员，了解到他们的大车都是国 V 新车，尿素液需求较大，她找到车队负责人多次协商，达成合作协议，120 桶尿素起订，直接配货到车队驻地。贴心的服务得到车队的认可，之后车队负责人又介绍另外两个沙场客户与赣南大道加油站达成合作协议。

正是凭着这份热心肠和机灵劲儿，外加那股不服输的拼劲儿，车丽琴把便利店打理得风生水起。

三、立志欲坚不欲锐

车玉琴非常注重抓好队伍的精神面貌，要求每个员工上岗时都精神饱满、语言文明。店里除了真诚的微笑，就是店员们此起彼伏的问候语："欢迎光临！""谢谢光临，请慢走！欢迎下次再光临！"

2018 年以来，车玉琴还组织店内员工先后开展"年度心意，好物大赏"开门红、"新年囤好物"、"春风十里，用券正当时"等十余档主题促销活动，每档活动都实现引流及销售增长。开门红活动中，通过组合销售套餐，为便利店创收 19 万元。

以消费者刚需高频为重要指导思想，按照季节性消费需求、消费频次进货，把消费频次高的刚需大类摆放在店内最醒目的位置。逐步培育消费者在加油站一站式消费的习惯，提高客户黏性，打造全场景消费链。2018 年赣南大道便利店重点培育包装饮料、奶制品、家庭食品、清洁用品、汽车用品五大类商品。

在订货方面，做到大胆且不盲目，分析公司促销方案，当季火爆商品。让客户一走进便利店，看见琳琅满目的商品整齐地陈列在货架上，就有购买的欲望。

四、一枝独秀不是春

通过一年多的摸索,车玉琴明白一个人的能力是有限的,只有带动全店成员一起努力,共同营销,才能彻底提高店内营业额。

通过制订考核方案,车玉琴把销售任务细分给每一名员工,让员工绩效与考核分数100%挂钩,提升员工的工作积极性,让所有员工都有努力开口销售的动力。

通过建立微信群,把当月促销活动内容展示在群公告里。在每月促销活动前召开一次员工培训,确保每位员工都对促销内容了如指掌,推销起来就更能找准切入点。

通过制作广告宣传道旗,在站内滚动播放优惠促销信息等,不断优化客户体验,为客户创造轻松、舒畅的消费环境,让服务创效、消费增值。

每天下班后,大家在工作群里通报自己当日的销售情况,每个岗位的员工都能知道自己每月、每天、每班的任务分解及完成情况,测算当月工资。销售不好的员工看见别人卖得好,自然会"攀比""知弱而图强",因此就形成你追我赶、人人争当第一名的"激烈"场面。

2019年,赣州公司开展"金典、安慕希牛奶加油换购价80元2提"的活动。刚开始,顾客听说此活动时,还怀疑牛奶都是临期商品。经过销售人员不断地讲解、说明,耐心地介绍活动内容,不厌其烦地开口营销,2019年,仅牛奶销售收入一项就达到36万元。后来,很多顾客每次来加油都会加购两提牛奶,更有很多顾客为了买牛奶而来加油,非油销量明显增加。

一枝独秀不是春,百花齐放春满园。车玉琴和她的便利店一起,没有躺在功劳簿上,他们还将继续努力,在非油业务的创新发展上续写新篇章。

唯有真诚动人心　唯有坚韧遂其志
——记湖南销售吴金凤

2010年6月，初中毕业的吴金凤进入湖南销售，成为一名加油站的加油员，一干就是十三年。

学历低，是吴金凤的短板，也是她勤奋好学、踏实肯干的出发点。正是因为起步低，所以她没有包袱，工作起来格外卖力，再加上她原本就朴素憨厚、开朗善良的性格，对待每一个顾客都热情饱满、服务到位，终于创造了复合剂销售的"神话"。从一名乡村小站的加油员，蜕变为践行开口营销的"服务明星"。

一、逆境与机遇并存

2019年，永州分公司开展第一次复合剂培训，吴金凤牢牢抓住培训机会，学以致用。在实践过程中她会创造性地运用老师所讲的营销技术。心中有热情，胸中有章法，口中有技巧。"自来熟"的性格是她的天然优势，在做好基础加油服务的同时，和客户随意攀谈，日常寒暄，积累一大批客户，也带动复合剂销量。

2020年2月，新冠疫情突然暴发，各加油站销量骤减，客户稀少。然而，她总是能在"逆境"中求"生存"。加油间隙，吴金凤还是一次次敲着车窗，一次次拿着复合剂推销，也一次次被回绝在车窗外。隔着车窗，隔着口罩，吴金凤那颗热忱的心并没有被肆虐的病毒"劝退"。

"如果20个人中有一个人买了也是很成功的，但是必须要说出20次，才有推销的机会。"以最淳朴的想法，用最热情的服务，在疫情最严重的时候依旧能完成最优秀的销售业绩。疫情期间，其他员工的非油奖励只有几十元，吴金凤个人的非油奖励竟达到1300元，累计销售复合剂682支，平均每班销售5支。

从乡村小站到市区大站，吴金凤的舞台变得更加宽广了。

育才加油站是永州分公司的纯汽油大站，汽油日均销量达 20 吨，但车辅产品的销量一直提不起来。这对吴金凤来说，既是机遇又是挑战。离开熟悉的环境和积攒已久的客户，"快节奏"的汽油大站让吴金凤有点不适应。但她立即调整状态，不但讲究推销技巧，更追求效率。她将复合剂陈列在加油现场容易拿到的位置，客户有购买意向时，就可以马上递到客户手上或者为其加注，无需再回到便利店取货。

如此一来，吴金凤从大站"小白"变成销售能手。在吴金凤的带领下，育才加油站形成复合剂销售"比学赶帮超"的良好氛围，互相配合，人人开口，各班组默默竞争，班组成员互相"较劲"。仅仅两个月的时间，育才加油站季度累计销售车辅产品 1294 支，同比增加 293 支，增长率 325%。

二、唯有真诚动人心

"老板，300 元 95 号汽油给您加好了，您看下油表。"

"要带一瓶燃油宝吗？清积碳，省燃油。"育才站的熊鹏刚给顾客加完油，一边给客户盖上油箱盖，一边向顾客推荐复合剂。

"不用了，上周已经加过了，下次再来加吧。"

"好的，欢迎您再次光临！"熊鹏收完顾客的钱转身向便利店走去。

"过年好啊！李老板。"站在一旁的吴金凤一眼就认出了这位老客户——李老板，急忙走上前去询问。

"像你们这种加 95 号油的车，可以多备一点燃油宝、玻璃水、除雾剂等车辅清洁用品，就当给车做内部保养。你之前不是有个车辅券吗，来！我帮你看看吧。"吴金凤说完径直带李老板走进了便利店。

"行！车辅券不用也是浪费了，有你服务我挺放心的，就买燃油宝吧。"李老板笑呵呵地说道。

站在收银台上的熊鹏，看到刚刚才拒绝自己的客户再一次走进来，还买了 7 瓶燃油宝的时候，惊讶不已，立即向眼前的吴师傅请教："你是怎么让一个已经拒绝了的客户回心转意的呢？"

吴金凤笑着回答道："推销最重要的不是套路，而是真诚。服务真诚，待人真诚，这些客户都是我的回头客，一回生，二回熟，久而久之，当然能积攒很多回头客，还不会让客户感到反感。"

"我真诚地为每位客户服务，关心他们，他们自然能够感觉得到。"把客户当成朋友对待，这是吴金凤心中始终不变的服务理念。

唯有真诚得人心，保持一颗热忱真诚的心，耐住性子，以心交心，才能被客户接纳。在推销过程中，吴金凤从不强买强卖。都是让客户以良好的心情欣然接受，并自愿购买。推销之后，还有热情的"售后服务"。她会在客户下次加油的时候关心客户的使用体验，关心车子的情况，会记住每位顾客的消费券使用情况，尽可能地为客户争取最大的优惠。

三、唯有坚韧遂其志

"行源于心，力源于志"，有什么样的精神，就会有什么样的力量。卖复合剂，也是吴金凤给自己增加收入的重要渠道，有时候她一个月的非油收入就能达到3000多元。并以一己之力，掀起整个分公司销售复合剂的热潮。

"唯坚韧者始能遂其志"。这句话成为吴金凤的真实写照，工作13年，从未有过一个客户的投诉电话。吴金凤先后获得湖南销售2019年度"先进员工"、永州分公司2020年度"先进员工"、湖南销售2021年度"服务明星"等光荣称号。

在永州分公司的鼓励和支持下，吴金凤带着自己的销售经验和技巧，开始经验分享之路。从永州分公司走向全省，走向全销售系统。永州、衡阳、邵阳、长沙、西安……不管飞到哪，总会掀起一阵销售热潮，赢得不断的掌声和荣誉。

吴金凤，这只从白水镇乡村站飞出的"金凤凰"，未来还会越飞越远，越飞越高。

第四章　流金岁月

概　要

中国石油非油业务经历了十几年的发展，从零星站前机油店、站前小烟店到2万余个连绵成网的国内头部大型连锁企业，从在加油站"上不了台面"到集团公司"油气氢电非"五位一体战略布局的重要组成部分，背后是集团公司党组的远见卓识和运筹帷幄，是中国石油成品油销售企业"不破楼兰终不还"的矢志不渝，更是非油战线广大干部员工用智慧和心血凝结的"事业""家底"。

本章通过集团公司领导的重要指示批示和部署要求，展示党组对大力发展非油业务的殷切期盼，为非油发展领航助力。非油专业线党员干部和业务骨干，作为事业发展的中流砥柱，将实践沉淀成发展智慧、凝练出业务规律，畅谈非油业务价值观、书写重要里程碑的苍劲历程，展现他们的责任担当。各省区销售公司非油业务亲历者，忆往昔峥嵘岁月，用情怀驱动发展，用梦想铺垫成长，感悟精彩非油人生，书写创业激情故事。有责任与梦想的结伴，有坚持与彷徨的纠缠，有信任与托付的豪气，有汗水和欢笑的争奇斗艳，无一不在书写波澜壮阔、绵延不断的非油"流金岁月"！

第一节　高屋建瓴　把关定向谋全局

企业要充分认识每项业务规律性变化，既要做好销售，更要做好市场。各专业公司要加强市场跟踪分析，认真研判国内外市场前景，在此基础上组织开展工作，不能完全依赖于第三方研究报告。同时，集团公司提出"绿色发展、奉献能源，为客户成长增动力、为人民幸福赋新能"的价值追求，距离这个目标还有很多工作要做，特别要加快由"坐商"向"行商"转变。以销定产、以产促销是具体方法，必须优化资源配置、建立健全内部市场化机制，形成上下游产销互促、产业链协调联动的良好格局。

——戴厚良 2022 年 5 月 11 日在集团公司市场营销工作座谈会上的讲话摘录

成品油销售要深化对标管理，加大市场开发力度，精心组织差异化营销和精益营销，优化终端网络布局，投资向高效市场、"油气氢电非"综合能源站和盘活存量加油站倾斜，提升市场营销能力和价值创造能力。

——戴厚良 2022 年 1 月 13 日在集团公司 2022 年工作会议主题报告的讲话摘录

成品油销售企业要全力提升零售销量，发展新能源和替代能源终端销售业务，打造非油业绩增长极。

加快数字化转型。完善顶层设计，加快信息集成共享，构建统一电商平台，建设全域会员体系，实现线上线下互融、B2B 与 B2C 联通，打造智慧营销体系。强化"智慧供应链"，打造智能仓储，加强精益管理，建立端到端协同的数字化智慧供应链体系。全力打造"智慧加油站"，提升数字化非油等服务能力。

——戴厚良 2020 年 11 月 18 日在集团公司市场营销工作会议上的讲话摘录

怎样以客户为中心，怎样打造推进油非有机融合，望研究。

——戴厚良 2020 年 5 月 23 日在昆仑好客汇报材料上的批示

请进一步明确定位，从非油与油的关系、体制机制、信息化（非油业务线上、线下关系）等方面入手，加强顶层设计，完善可操作的方案。

——戴厚良2020年4月28日在《关于销售企业非油业务后评价专项研究有关情况的报告》上的批示

高效发展非油业务，丰富商品品类，做强重点单品，拓展线上业务，加快供应链优化，努力增收创效。

——侯启军在集团公司2023年年中干部会议上的讲话摘录

继续大力发展非油业务，提升门店营销力，加快电商平台建设，努力增收创效。

——侯启军在集团公司2023年工作会议上的讲话摘录

创新非油商业模式，加快电商平台建设，强化便利店营销、跨界营销，力争店销收入、毛利分别增长到300亿元和50亿元以上。

——侯启军在集团公司2022年工作会议上的讲话摘录

昆仑好客成立以来发挥专业化管理作用，推动销售非油业务规模和运营质量稳步提升，为集团公司及销售业务高质量发展做出积极贡献。要高度重视非油业务发展，进一步强化专业化、市场化运营，为集团公司建设基业长青的世界一流企业贡献更大力量。非油业务前景广阔，是促进成品油销售、推动加油站转型升级、助力"油气氢电非"一体化发展的重要支撑，要大力支持非油业务发展，统筹解决好发展中遇到的困难和问题。

着力打造品牌形象。销售业务和非油业务是展示中国石油品牌形象的重要窗口和阵地，使命光荣，任务艰巨，要守住商品质量与服务的底线，打造"黄金终端"不断提升企业市场影响力和品牌价值，为打造基业长青的世界一流企业贡献更大力量。

推动业务管理升级。大力推进非油业务数字化、信息化发展，加快非油业务信息系统和线上营销渠道建设，以此为抓手加强管理提升，推动实现更高质量发展。

加强人才队伍建设。一流的管理需要一流的人才保障，要对标行业一流加大专业化人才和优秀青年人才的培养、引进力度，加强商品开发、营销等专业团队建设，强化业务管理体制机制、商业模式、激励政策等方面的创新，为成品油销售业务发展增添活力动力。

——侯启军2021年10月21日调研非油业务时的讲话摘录

非油业务经过十几年的发展，成绩斐然。在国内大循环为主体、国内国外双循环互相促进的新发展格局下，国内消费场景将发生质的变化，蕴含巨大的增长潜力，非油业务想象空间广阔，应对非油发展充满信心。

非油业务是加油站价值提升的重要载体，非油品牌价值增长是对中国石油品牌价值的有力支撑，要站在满足人民对美好生活向往、建设"油气氢电非"能源综合站的高度谋划"人·车·生活"场景下的非油业务布局。

昆仑好客要志存高远，站在"以发展好中国石油非油业务为己任"的高度，加强非油业务的顶层设计，从战略层面谋划发展，明确发展方向、目标，优化体制机制，做强管理与服务职能，提高管理效率，不断激发加油站、加油员的积极性。

——段良伟 2020 年 9 月 2 日在听取非油业务工作汇报时的讲话摘录

近年来，非油业务展现出很多工作亮点，体现了昆仑好客领导班子和非油战线广大干部员工能够认真贯彻落实党组各项决策部署，积极谋划，埋头苦干，克服困难，采取了很多有力措施，成绩有目共睹，来之不易。

非油业务潜力巨大，前景光明，发展无上限。党组和厚良董事长对非油业务发展提出了"打造非油业绩增长极""创新商业模式"等部署要求，要深入研究，认真贯彻落实。坚持问题导向，眼睛向内，对标行业先进水平，对照党组各项部署要求，找准市场需求，始终保持客观、清醒，避免小富即满的心态，加强顶层设计，拿出更大魄力，在"十四五"发展规划的基础上，进一步明确发展定位，擘画蓝图，谋划更加远大的发展目标。

大力发展非油业务是党组的决策部署，所有从事非油的干部员工从上到下都要坚定信心。做强做优做大非油业务要从点滴做起，深入落实"四精"要求，细分客户，细化品类，坚持"油非互促"，充分发挥品牌效应，千方百计维护品牌、打造品牌。

非油业务点多面广，运行过程中要针对行业特点、运行中存在的问题，切实加强经营、财务、廉政、舆情等风险管控。

——任立新 2022 年 6 月 30 日在听取非油业务工作汇报时的讲话摘录

非油业务成绩显著，大有可为。非油业务经过十余年的发展，销售规模、利润和市场品牌，都取得了巨大进步，已经进入高质量发展阶段，有力促进了油品销售，提升了老百姓消费的便利程度，拉动了国内消费，未来不断增长的消费规模将为"油非互促"提供广阔舞台，要抓住有利时机奋发有为。

要深入谋划非油业务"十四五"发展，坚定不移地围绕促进成品油和天然气销售做强做大非油业务；坚定不移地做好线上线下融合，用店、网互促推动"油非互促""气非互促"；要进一步理顺销售公司、昆仑好客、省区销售公司的关系，建立完善以加油站经理为主导的营销体系。

非油业务受地域、商圈环境等因素影响较大，在政策推进过程中不搞一刀切，对创新性的工作可先行先试。

——李凡荣2020年9月2日在听取非油业务工作汇报时的讲话摘录

非油业务潜力很大，要结合本次后评价，借鉴中国石化的经验，进一步谋划非油业务发展路径。

——李凡荣2020年4月27日在《关于销售企业非油业务后评价专项研究有关情况的报告》上的批示

近年来，非油业务发展取得非凡成绩。加油站正在向"人·车·生活"的综合服务平台转变，非油业务在整个销售业务质量效益发展中的作用越来越重要。"昆仑好客"便利店、"咔咔"汽服店已经成为中国石油面向社会、服务大众的重要载体，"我们使您微笑、我们共同微笑"的中国石油非油业务品牌内涵逐步深入人心。运营体系日益完善，逐步健全完善了一系列标准化、规范化的管理和运行体系。营销队伍得到锤炼，按照总量控制、专兼相宜的原则，形成了一支既能卖油品又能卖非油、素质和作风过硬的复合型人才队伍，使非油营销更专业、更贴心、更有效，促进了中国石油品牌影响力的提升。

销售业务须立足油品、做大非油、"油非互促"、协调发展，非油业务不是无所作为，而是大有可为，过去八年，仅仅是一个序幕，是一次探索、是积累、是在打基础，从现在开始，要正式地开演非油这场大戏，要把非油作为重要的业务来发展，实现非油业务质的提升。

非油业务发展要始终坚持质量至上的理念，依靠管理、技术、文化上的持续创新，不断提高员工工作质量和产品质量、服务质量、工程质量，从而保证发展质量，实现从注重量的扩张向注重质的提升的转变。更加注重发挥品牌优势，强化品牌理念，夯实质量和信任基础，精进文化溢价，守本开新，赋予适应时代的新的文化内涵，助推中国石油品牌形象的提升和朋友圈扩大。更加注重诚信合规经营，守护品牌积淀，顺应民众期待，依托非油窗口，打造优秀的品牌形象。更加注重改革创新，坚持开放、合作、共赢、包容的理念，创新经营模式，有序推进跨界营销与合作，积极探索与行业领先者的合资合作，努力成为行业参与者最有价值的合作伙伴。

——喻宝才2015年10月27日在中国石油销售企业非油工作会上的讲话摘录

发展非油业务是销售企业面向未来的战略任务。非油业务既是充分利用加油站资源、提高资产使用效率的重要方式，也是满足客户多元化需求、完善销售业务服务体系的重要途径。非油业务既是展示国际水准的重要窗口和提升品牌形象的重要载体，也是培养国际化人才、提升销售队伍整体素质的重要途径。

坚持国际水准不动摇，高标准推进非油业务。建设国际水准非油业务体系，要遵循几项原则：一要坚持国际水准，二要坚持顶层设计，三要坚持效益优先，四要坚持以油为主、"油非互动"，五要坚持专业化运营，六要坚持有所为有所不为。

——刘宏斌 2013 年 2 月 20 日在非油工作视频会上的讲话摘要

昆仑好客"uSmile"品牌设计体现了中国石油热情、友善、微笑服务的特质，要在商品陈列、展板宣传、营销服务中处处体现出昆仑好客的品牌特点，做好昆仑好客品牌推广。

——刘宏斌 2017 年 8 月 28 日在昆仑好客特色特产商品展销会上的讲话摘录

集团公司全面开展非油业务以来，销售系统干部员工认真贯彻落实集团公司党组的决策部署，积极借鉴国际先进经验，按照"自主经营、因地制宜、规范发展、稳步推进"的方针，坚持品牌化、规范化、专业化发展方向，开创了国内加油站行业创新发展非油的先河，取得了不平凡的业绩，实现了从小到大、从弱到强的转变，走出了一条具有中国特色和石油特点的非油发展道路。非油业务已经成为集团公司销售业务价值实现和中国石油品牌形象塑造的重要力量，成为促进油地合作、造福当地人民的重要途径。

回顾非油业务十余年发展历程，我们有不少经验和启示值得总结：始终坚持发展非油业务不动摇，始终坚持规模和效益并重不懈怠，始终坚持走专业化道路不停步，始终坚持创新驱动不停步，始终坚持服务为本不松劲。

加快发展非油业务，是适应国内消费需求变化的必然要求，是集团公司创建世界一流示范企业的必然要求，是打造销售强板的必然要求。

——焦方正 2019 年 3 月 21 日在非油业务交流会上的讲话摘录

要始终坚持以零售为核心，打造加油站综合服务平台；坚持"油卡非润"一体化运行，充分用好两种资源、两个市场；当前一个时期，非油业务的重点，要以家庭食品为重点，抓好厨房工程和自有商品开发，丰富便民服务，优化昆仑卡的功能，提高顾客消费黏性，满足顾客多元化需求，让消费由随机性向目的性转变，把加油站变为顾客消费目的地。以非油差异化的优势实现"油卡非润"互促，推动油品和非油品双轮驱动、协同发展。时刻秉持开放的心态，敏锐洞察各种新事物、新概念和新的商业模式、行业发展趋势，多关注、多学习、多借鉴，坚持为我所用，加快实现"油卡非润"各项业务的深度融合、协调推进，做互联网经济发展的推动者。

干部员工队伍建设要与时俱进，对照德才兼备、善于经营、充满活力的优秀企业家标准，增强党性、提升素质、抓好班子、带好队伍，成为干事创业的领头羊，既要做油品业务上的专家，也要做非油业务上的专家，既要做传统营销的专家，也要做互联网营销的专家。

——田景惠 2016 年 2 月 27 日在销售公司"十三五"发展研讨会上的讲话摘录

非油业务是销售公司践行集团公司市场化战略的重要举措，是增强公司竞争能力、保持利润和市场优势的有效补充，是销售业务新的增长方式。各单位要按照"自主、统一、规范、科学，有边际效益、具备前瞻性"的原则，根据实际情况，以市场为导向，发挥品牌优势，运作上规范化、营销上差异化，因地制宜，稳步推进。

——田景惠 2007 年 12 月 20 日在非油业务座谈会上的讲话摘录

中国石油非油业务 2008 年起步，一步一个脚印、一年一个台阶，商品种类不断丰富、业务领域持续拓展、发展质量连年提升，特别是以昆仑好客组建为标志，踏上了市场化、专业化、差异化、一体化、规范化发展的快车道，目前运营昆仑好客便利店超过 2 万座，与各行业头部企业的战略合作持续深入，高端商品、特色商品、自有商品极大丰富，线上线下营销渠道不断拓展，满足"人·车·生活"消费需求的商品服务"生态圈"加速构建，规模实力、创新能力、行业竞争力、品牌影响力大幅提升，已经成为销售业务扩大对外合作、提升网络价值、展示良好形象的重要平台和窗口。

——廖国勤 2021 年 3 月 3 日在中油即时通信内购商城上线仪式上的讲话摘录

非油业务是销售主营业务，在销售业务转型升级和高质量发展中发挥着重要作用，广大非油干部员工要充分认识到肩负的责任和压力，加快做大业务规模、效益，争取市场主动权。要结合中长期发展规划进一步细化业务发展规划和投资计划，围绕运营效益、效率等指标，进一步激发各单位争创百万元店、挖掘发展潜力等积极性，持续推进便利店运营管理提升；加强香烟、包装水、化肥农资、米面、油、酒、咖啡、奶类、车润车辅等大单品和汽车后服务业务运营，补齐产品线，扩大全渠道销售份额；坚持走轻资产、合资合作思路，结合加管 3.0 信息系统，抓紧推动供应链建设落实落地；加快发展线上业务，优化升级线上营销平台，不断增强顾客消费体验；要不断加强非油品牌、商标群的管理以及非油商品与服务的营销宣传。

——廖国勤2022年9月16日在昆仑好客召开非油业务发展研讨会上的讲话摘要

  昆仑好客成立以来，在党组的坚强领导下，经过各级领导和合作伙伴的大力支持，一系列重大政策的效应累积，上上下下不懈努力、久久为功，非油业务发展根基更加稳固，党的建设更加有力，管理效能更加突出，品牌形象更加彰显，驾驭复杂局面更加从容，企业发展更加和谐，非油业务站在了高质量发展的新起点，步入高质量发展的新阶段。今后一个时期，要矢志不移提升专业能力，持续强化标准规则制定能力、产品和技术研发能力、服务保障和培训等能力，为高质量发展蓄势赋能；要矢志不移提升管理水平，深入落实集团公司领导干部会议精神，进一步完善运行机制，优化管控模式，提升精益管理水平，增强企业治理能力和价值创造能力；要矢志不移强化改革创新，发展无止境，改革无穷期，敢于以壮士断腕的勇气深化改革转变职能，以一抓到底的韧劲创新创业；要矢志不移履行好社会责任，发挥央企"顶梁柱"作用和销售终端网络优势，继续在乡村振兴、民生保障、扩大内需等方面听党指挥、挺身在前；要矢志不移加强人才队伍建设，坚持将人才强企作为推进高质量发展的重要基础工程，持续完善非油业务人才培训、培养机制，完善管理人员和操作服务人员职业认证体系，快速培养一批专业管理和一线营销专家队伍，筑牢高质量发展的人才根基。

——刘刚在昆仑好客2023年党委（扩大）会议暨一届二次职工代表大会的讲话摘录

第二节　踔厉奋发　淘尽黄沙始到金

着力打造"五个强板"　奋进高质量发展
——昆仑好客总经理、党委副书记朱磊访谈摘要

当前和今后一个时期,我们将坚持以习近平新时代中国特色社会主义思想为指引,牢记党组"坚定信心、志存高远,奋力打造非油业绩增长极"的期许,锚定"行业一流零售服务商"的奋斗目标,突出便利店核心地位,深化合资合作,创新商业模式,升级运营体系强化专业能力,做大优势品类提升商品能力,加快供应链建设提高服务质量,做强线上业务完善服务平台,深化异业合作延伸业务范围,布局新场景、开发新商品、延展新服务、创造新体验,推动"人·车·生活"生态繁荣,全面做大非油规模、做优业务结构、做强效益贡献,奋力开创非油业务高质量发展新局面,以更加优异的成绩为集团公司建设基业长青世界一流综合性国际能源公司作出新的更大贡献。

2023—2026 年,非油业务将着力打造"五个强板"。一是着力打造便利店业务强板。深化以精益零售为核心的昆仑好客运营体系推广应用,完善便利店督导帮扶机制,加快实现"IT 经营",建立门店独立经营能力,打造强大便利店现场,便利店业务收入占非油总收入的 60%。二是着力打造商品供应链强板。强化商品产、研、销协同,做精品类规划,按小类精准施策,通过重点品类、大单品、核心爆品带动销售规模。强化商品数字运营,常态化开展商品全生命周期管理、全方位价格对标、全业务链数据分析,形成高效快捷的商品引入汰换机制和物流响应机制。三是着力打造线上业务强板。加快完善零售会员体系,建设全国统一的会员管理平台

和线上商城，为零售会员打造全渠道销售服务模式，转化加油卡活跃用户，激活"沉睡卡"用户。力争到 2026 年线上业务收入占非油总收入的 20%。四是着力打造综合服务强板。加强异业合作延伸消费场景，加快布局新能源车和燃油车整车销售及售后服务业务，形成完整的汽服产业链。因地制宜拓展餐饮业务，2026 年餐饮门店超过 2000 座。持续开展代收代缴、旅游、广告等服务项目，增加客流量和综合效益。五是着力打造进出口业务强板。创新跨境电商、海外仓、进出口综合服务和再制造等新业态新模式，构建完善的运营机制和跨境物流体系。大力实施境外直采，有序打造全球直采供应链体系，积极探索进口产品定制，开展"好客进口"国内经销。打造一批专业展、特色展，推动自有商品和服务"走出去"。

高起点　多元化　加快业务转型升级
——昆仑好客党委委员、副总经理陈建志访谈摘要

我和非油业务的关联要追溯到 2001 年我开始在中油 BP 石油有限公司任职时。2001 年到 2007 年，是中油 BP 通过业务培训向中国石油销售企业提供非油管理思想的关键时期，这段时间先后对中国石油销售企业培训了几千人次，这些人后来成为了中国石油非油业务的中流砥柱。近年来，集团公司党组对非油业务给予很高的期望。集团公司董事长等党组领导对非油业务定位很明确，要将非油业务打造成为销售企业新的增长极。"增长极"的潜力是基于昆仑好客的便利店、汽车服务、餐饮、线上等业务的未来预期，尤其是线上业务在未来大有可为。2017 年昆仑好客成立后，以精益零售理念和 711 便利店管理模式为理论指导，结合非油业务实践探索，创造性地构建昆仑好客运营体系，从 2018 年开始推广，通过完善商品全生命周期管理和运营督导辅导联动机制，形成完整的业务闭环，现在各省区公司精益管理和极致服务理念已经逐步生根，非油业务发展质量获得明显提升。昆仑好客正在大力开展数据经营探索，目前数据系统建设升级项目正在向 3.0 挺进，这样就能更

有效更全面支撑商品全生命周期管理目标实现。"双碳"目标提出后，集团公司"油气氢电非"五位一体打造黄金终端，其中非油业务作为一个新的增长极，产业转型大背景下油非良好互动应主要体现在三个层面：一是经济协同层面，对油气销售下降的补稳作用。非油业务和新能源业务，能够逐渐地把油品销售下降趋势托住，这是主要作用。二是服务民生、履行社会责任的作用。非油业务是服务民生、提升生活质量的关键环节。在原料和产品的选择上，昆仑好客打造的产品系列没有添加剂，没有农药，没有转基因，同时昆仑好客便利店绝不售假，我们以更高的标准来支撑高品质生活。三是发挥销售终端品牌赋能窗口作用。昆仑好客便利店直接面对消费者，是展示中国石油形象的服务窗口。前几年，在福建、江西、湖南、湖北举行的春节铁骑返乡活动，免费向骑行人提供热饮、食品等全方位服务，社会影响非常大。非油业务有很多塑造中国石油品牌的做法，例如消费扶贫，近五年我们发挥非油业务平台优势，累计带动全国百余个帮扶县近3000种帮扶产品销售超20亿元。新冠抗疫期间，昆仑好客联合集采合作伙伴，兑现"不断供、不涨价、不打烊"承诺，全力以赴做好保供服务，昆仑好客荣登全国"抗疫品牌点赞"活动第一，彰显央企担当。

秉持"优品优质优享"理念　高标准提升商品服务
——昆仑好客党委委员、副总经理、安全总监张恩怀访谈摘要

昆仑好客成立后大力推进三项重点工作，就是要全国一盘棋，通过集团化运营和专业化管理来做非油。一是集中采购。在非油业务发展过程中，集中采购理念的树立经历了非常艰难的培育进程。艰难的本质核心在理念。可喜的是，集团公司领导非常坚定地支持商品集采工作，拿出纪检、审计护航的底气来规范推进。昆仑好客成立之初，商品采购和管理状况如何？以红牛为例，集采前有区域、省、市、县4级分销渠道，红牛供应商达到600多家，进货成本大。通过集采，服务商减少

到 30 多家，不仅实现管理成本和采购价格下降，厂家统一售后更有保障、促销政策更好，还提升了采购的整体话语权，降低采购风险，推动 2 万座便利店连锁化运营，油非一体化专业管理，形成合力。二是自有商品开发运营。昆仑好客自有商品基因定位为绿色、有机、环保、扶贫。这几年，自有商品从无到有，从弱到强，昆仑好客做自有商品有一套规矩：一是生产商要选头部企业，二是要深入参与到商品的标准制定及生产端，三是商品要能体现央企责任。经过几年的艰苦努力，自有商品也逐步得到消费者认同。例如，昆仑好客与民族企业头部生产商洁柔合作，开发"好客壹生"系列生活用纸；与台湾咖啡人杨志强联合的"好客·智"咖啡，获得国际金奖；与福建光泽县政府合作生产的武夷山矿泉水等，都深受认可。三是供应链管理。集团化运营，需要有高效的供应链管理作支撑。因为集采要求，所有省区公司都建立了中央仓，但目前大部分都只是周转仓，还不能实现淡销旺存，这是今后一个时期需要着重努力的方向。

经过努力，昆仑好客便利店目前形成了明显的优势。一是商品保真，中国石油和终端头部生产商双品牌背书；二是品质优良，全程参与商品标准制定和生产质量过程控制；三是特产丰富，31 个省区公司均开发了特产商品，将最地道的特色商品进行优质集中；四是方便快捷，加油站 24 小时营业，提供极致便捷；五是消费帮扶助力社会发展取得较好效果。"十四五"期间，我们要实现集采 1.0 向 2.0 过渡升级，升级自有商品增加更多创新性、引领消费潮流的爆品，建成强大的中央仓等供应链体系，在"油气氢电非"五位一体布局中，让"非"起到承上启下的作用。

聚焦价值引领　加快财务转型升级
——昆仑好客党委委员、总会计师杨旭访谈摘要

非油财务专业线工作要全面贯彻新发展理念，主动适应非油销售业务发展新趋势，强化财务治理融入到企业治理体系和治理能力现代化总体布局中，聚焦价值引

领、加快转型升级,以提质增效为主题,建立合规精益的财务管理和安全高效的资金管理模式,为非油业务发展做出更大贡献。

坚持深化提质增效不动摇。按照集团公司党组要求,全面落实"四精"要求,牢固树立"过紧日子"思想和"一切成本均可降"理念,坚持低成本发展不动摇,把控本降费作为提质增效的着力点和关键检验指标,大力严控成本费用。突出预算引领作用,建立健全"事前算盈"的全面预算管理机制,做到先有预算再干事,以收定支、量入为出,大力推进精益成本管理,提升低成本竞争优势。强化整个非油专业线的费用毛利率的监督与管控,将费用毛利率全面控制在预算指标范围内。加快建立适应非油业务发展的阿米巴经营模式,强化阿米巴经营指标考核,助力提质增效和发展目标的实现。

坚持筑牢合规管理底线不松劲。坚持底线思维,增强忧患意识。严守财经纪律高压线,当好合规管理坚守者和风险预警提醒者,守住"不合规的钱坚决不赚、不合规的业务坚决不做、不发生重大风险损失事件、不发生重大监管处罚事件和不发生重大负面舆情事件"五条财务风险底线。利用好数字化、智能化监控系统,强化资金日常监控。严格落实资金管理规定,对资金风险管理时刻保持敏感性、可控性,严把大额资金支付关,进一步加强长期挂账往来款项清理工作,定期开展财务基础工作检查,提高财务基础管理水平。

坚持推进财务管理转型不减力。努力构建与非油业务发展相适应的财务运营管控模式。提升财务服务发展、支持决策、提质增效、防控风险的专业能力,提升财务价值管理能力,动态跟踪业绩考核关键指标,查找生产经营薄弱环节,及时预警经营风险,为管理决策和生产经营运行优化提供依据,推动财务向价值管理转型、转变。强化财务与业务的融合沟通,参与生产经营全流程管理,实现财务与业务、财务与共享的协同协作。有计划、有针对性地组织培训,以先进财务人员为典型,助推财务人员加速转变观念、提高认识,全面适应财务转型的需要,努力打造一支适应财务转型要求的专业队伍。

不断提高非油线上业务核心竞争力　增强核心功能
——昆仑好客党委委员、副总经理杨子燕访谈摘要

非油线上业务是运用互联网思维和跨界融合理念的创新实践，是连接2万多座昆仑好客便利店、客户、供应商等资源的重要纽带，也是非油业务在便利店总量持续缩减情况下扩大业务规模、效益的重要突破口，发展潜力巨大，同时也面临着技术迭代迅猛、产业变革深刻、现实挑战繁多、改革任务艰巨等现实挑战。因此，不断提高中国石油非油线上业务核心竞争力、增强核心功能，对提升销售企业整体创效能力，助力集团公司建设世界一流企业具有重大意义。要想不断提高非油线上业务核心竞争力、增强核心功能，就必须以习近平新时代中国特色社会主义思想为指导，依靠马克思主义基本原理解决改革发展中遇到的瓶颈难题，把"六个必须坚持"作为开创非油线上业务高质量发展新局面的根本遵循。

坚持人民至上，走进百姓生活，让非油线上业务"接地气"。结合"消费者决策树"准确刻画消费者的购买决策过程，着力打造差异化、高附加值的商品与服务，增强客户黏性，让非油线上产品走进"千家万户"，走进"用户心中"。坚持自信自立，打造自主品牌，让非油线上业务"有内涵"。传承弘扬以石油精神和大庆精神铁人精神为核心的企业文化，卖有温度的产品，讲有温情的故事，塑有内涵的品牌，进一步赋能提升"昆仑好客""昆享""昆悦""昆觅"等自主品牌价值。坚持守正创新，构建场景革命，让非油线上业务"建生态"。发挥线下终端网络优势，利用非油"1+1+N"线上业务渠道，打造中国石油"油气氢电非"综合服务为特点、具有国企质量保证、客户放心的一站式生活购物渠道，构建"人·车·生活"生态圈。坚持问题导向，推进改革创新，让非油线上业务"活起来"。坚持市场化发展方向不动摇，大胆探索新的发展方式和商业模式，充分发挥资本运营优势，努力进入业务契合度高、发展潜力大、资产优良的相关产业和服务领域。坚持系统观念，强化数字赋能，让非油线上业务"集大成"。突出垂直电商特点，依靠数字化手段，

强化渠道建设，强化营销整合，强化客户经营，打造非油线上业务集成优势。坚持胸怀天下，加大对外开放，让非油线上业务"走出去"。坚持高水平对外开放，充分发挥中国石油的品牌优势、规模优势和销售渠道优势，采用自建平台统一运营方式大力开展昆仑好客跨境电商，逐步打通庞大的海外市场。

重人才　强合规　为非油高质量发展提供坚实保障
——昆仑好客总经理助理、总法律顾问、人事处处长于天水访谈摘要

非油业务经过十几年的发展，特别是昆仑好客成立5年多以来，在经营管理取得长足发展的同时，培养了一支坚强有力的专业人才队伍。昆仑好客成立后针对非油业务存在的难点痛点，创建以精益零售理论为核心的昆仑好客运营体系，以此为抓手，首先培训一批内训师，并以他们为"播种机""宣传队"，组建专项培训推广工作组，利用两年时间分赴31家省区销售公司大力开展培训、赋能和推广应用。仅仅在这两年间，工作组累计行程8万多公里，分级分类培训超过2万人次，为非油人才队伍建设做了大量工作。

为深入贯彻集团公司党组《关于全面加强市场营销工作的意见》精神，落实集团公司市场营销人才"赋能"专项行动和人才强企工程要求，昆仑好客正在深入开展非油业务从业人员培训暨岗位认证体系建设课题研究，这是非油业务基业长青、事业常兴的重要保障，意义重大，影响深远。我们将聚焦非油业务产业链整体价值提升，围绕"培养一批专家、认证一批岗位、鉴定一批队伍"的目标，坚持分层级、分领域推进，统筹策划，分步实施，构建全产业链全员、上下贯通的非油专业能力培训体系和全员岗位认证体系，着力加强非油一线操作和经营管理人才队伍建设，着力培养善于谋划市场布局、把握市场需求、提高市场占有率和客户忠诚度的高素质非油营销专家队伍。计划2024年取得试点成效，"十四五"末前实现全面推广。

集团公司党组反复强调，要坚持依法合规治企为建设世界一流法治企业提供坚强保障。昆仑好客成立以来，高度重视法治建设工作，着力将"坚持依法合规治企"纳入战略规划，持续优化依法合规责任体系、制度体系和指引体系，强化法律合规监督与纪检监察、巡视巡察、审计、内控等协同联动，推动构建大监督体系，打好依法合规监督"组合拳"，增强以案促管、以管促效、违规惩戒、追责问责效果，全力推进企业法治建设取得新成效，为企业高质量发展提供坚强的法治保障。未来，我们将持续高度关注非油业务线重点领域和关键环节合规管理，以市场交易、安全环保、产品质量、知识产权和商业伙伴等共性重要领域为基础，结合具体业务实际，对重大典型性和普遍性风险及时发布风险提示，确保各项业务合规运行、风险受控。

非油业务未来无限，只要非油专业线广大干部员工拧成一股绳、聚成一条心，非油业务一定能够早日做大做强做优，真正成为销售业务新的效益增长极。

坚定信心　迎接挑战　非油业务空间无限
——昆仑好客副总经济师董宇鲲访谈摘要

2001年刚参加工作时，国内加油站以成品油的零售为主，当时非油业务的雏形与顾客需求相关，非油产品更多用来维护客户关系。随着零售业务的网点数量快速增加，成品油销量也在上升，顾客对非油产品的需求也在增加。随着中国经济的发展，中国石油在加油站发展方向上作出很多探索，在加油站管理处下面设立非油品运作中心，负责非油业务的开发，逐步在销售公司设置非油处，从机构的角度为非油业务的发展确定方向，这是非常明智的决策。

我见证了这些非油业务的发展变化，对它们充满感情，也对未来充满信心，但道路是艰难曲折的，因为我们是在一个绝对的"红海"里面打拼。我们要加快业务模式转型，在做大做精做强便利店等传统业务同时，应依托现有网络，探索开发新项目，比如加油站新能源车换电、快餐连锁等，如果能抓住这些变化，我们在转型的过程中就能赢得主动。

做非油业务需要开放包容的心态。保守的思想做不了非油业务，对新业态、新项目不能一上来就说这也不行、那也不行，要积极探索、合理试点。同时要有创新的态度，我们国有企业做非油业务是按照最高标准来做，对关系民生的产品更要自觉地履行社会责任。中国石油在一定程度上影响了消费者的消费模式，比如，我们的"后备箱"计划，促使顾客习惯到我们加油站便利店对米面粮油等重物消费，这也是我们对行业的一些贡献。同时，我们的便利店建设标准仍在不断升级，相较于20年前，从建设标准到运营标准再到场景氛围，表面看是基础设施的改变，深层次看则是思维的改变，即加快建成高质量的"人·车·生活"生态圈。

当前，我们必须要认识到，随着"双碳"目标政策的逐步落地，"油气氢电非"一体化综合交通能源服务站建设将继续提速，5G、物联网、大数据、云计算、人工智能等现代信息技术将广泛应用于智慧油站，零售业务逐渐由传统线下向"线上+线下""预售+自提""社团+社群+社交"等模式发展，非油业务将成为加油站新的业绩增长点。

第三节　忠诚担当　非油路上写春秋

同行十七载　携手向未来
黑龙江销售执行董事、党委书记　吕成才

风雨多经志弥坚，关山初度路犹长。17年间，黑龙江销售非油业务规模实现跨越式发展，从延伸服务变为主营主业，从年销售4300万元到13亿元，销量利润呈几何式增长，管理模式向精益零售管理方式转变，便利店规模持续扩大，非油业务核心竞争力显著增强。

细数17年的历程，有着诸多"闪光标记"：2006年，黑龙江销售非油业务开始起步，2007年成立非油品处，2008年引入标准化店面模式，2009年尝试开展化肥业务，2010年加油站零管系统上线，非油业务引入数字化管理，2011年实现商品统一采购，2012年全面规范业务流程，突出精细化管理，2013年非油收入突破4亿元，2014年开展优化提升推动便利店提档升级，2015年实行"四统一"运行模式建设运营中央仓，2016年打造便利店厨房工程建设放心厨吧专区，2017年集团公司成立昆仑好客，在昆仑好客的引领下，黑龙江销售开启非油规模化、品牌化发展之路。2018年成立非油专业化公司，全省便利店数量达到1066座，黑龙江销售第一家加油站"得来速"餐厅投运，第一款黑龙江销售自有商品秋林格瓦斯投放市场。2019年推出五个品牌40余种自有商品，格瓦斯进入全国饮料类畅销商品排名前20。2020年探索新业态，实现线上线下融合经营，上线"饿了么"平台。2021年启动"大庆精神主题实践活动"，2022年开展"美团到家"及整车销售业务，拓展线上销售渠道，着力六大专区建设，重点品类销量和便利店核心竞争力显著提升。2023年，发挥黑龙江优质农产品品牌引领带动作用，与黑龙江省农业投资集团有限公司开展合作，全面推进融合发展。

习近平总书记在推动东北全面振兴座谈会上的重要讲话精神及在黑龙江省视察期间的重要指示精神，是新时代东北地区和黑龙江振兴发展的总遵循、总纲领、总指引，为我们提供了千载难逢的时代发展机遇。黑龙江销售坚持"诚信、优质、开放、共赢"的经营理念，持续为黑龙江省经济建设和社会发展助力加油，黑龙江销售地市公司发展能力从2018年的排名第31位，提升至2022年的排名第7位。

按照昆仑好客做大做优做强非油业务的总体部署，黑龙江销售努力践行建设"价值、绿色、精益、规模、创新、幸福"六个黑龙江销售奋斗目标，坚持一体化营销思路不动摇，充分发挥油品客户资源与品牌优势，持续打造"油卡非润""线上线下""'销售+服务'一体化""大营销"体系，推广加油站"阿米巴"经营管理模式，持续提升营销组织能力，促进非油规模提升和油品纯枪上量，形成双向互促的良性循环。在非油领域，坚持立足黑龙江省大农业、大边疆、大旅游的区域资源，秉承"身在龙江学大庆、最北最冷最忠诚"的文化理念，按照差异化经营思路，做精做优专区建设，强化集采名优商品、自有商品等高毛利商品的引入销售，运用52周行事历，依托节假日，在昆仑好客统筹开展活动的基础上，自主开展多种主题促销，在统一开展"10惠"活动基础上打造"10惠"升级版，独创"大庆精神主题实践活动日"，每月26日组织开展"大庆精神主题实践活动"，强化车队卡客户、重点工程项目、工矿企业等机构客户开发，"10惠"日和"大庆精神主题实践活动日"首尾呼应，形成贯穿全月的品牌促销，提升"油非互动"质量，"双品牌"打造深入人心。

未来，黑龙江销售非油业务将按照"目标引领、强化运营、创新驱动"的工作思路，依托稳定电子卡客户群、全省一千余座便利店网点，以及多年深耕市场塑造的品牌形象三大优势，不断深化昆仑好客运营体系，升级数据应用和督导考核机制，更新经营理念，探索走出去的"资源互换，成果共享"营销战略，在一体化、一盘棋的原则下，立足当地放眼全域，打好黑龙江地产名优商品和边贸商品两张牌，利用口岸城市的区位优势适当开展出口边贸业务，带动黑龙江省特色商品、自有商品甚至全国各地商品销售；尝试在海南销售昆仑好客便利店增设黑龙江省特色商品和边贸商品专柜，激活潜在消费点。引导全员树立"平台和生态能做多大，舞台就有多大"的理念，积极研究非油业务创新发展实施路径，探索新模式、开辟新市场、融入新业态，努力把非油业务打造成跨界合作的桥梁、增加客户黏性的纽带和增收创效的利器。

回首十七载，成绩令人鼓舞；展望未来，蓝图催人奋进，黑龙江销售必将以"咬定青山不放松"的决心，"长风破浪会有时"的信心，在昆仑好客的带领下，与各省区销售企业一道风雨同舟、砥砺前行，为推动集团公司高质量发展贡献"昆仑好客品牌"力量！

变中求进 打造非油高质量"五循环"经营链路

安徽销售党委副书记、总经理 周慧泽

在构建"双循环"发展新格局的背景下，如何加速破除制约要素合理流动的堵点，畅通生产、分配、流通、消费各个环节，是构建国民经济高质量内循环的紧要主题。批发零售业作为引导生产与消费的先导性产业，是内循环的核心指标和基础力量。在市场化程度与竞争水平极高的行业态势下，加油站能否向多元商业体业态高效转型与高质量延伸，是其决胜终端的关键。非油扎根于实体零售行业，衍生于成品油销售业务，历经数十年的发展，已成为驱动销售企业腾飞的"第二曲线"与重要利润增长点。

经历疫情前高速发展的十年与三年战疫洗礼，零售市场进入第三和第四消费时代的融合期，消费风向迭代与多渠道竞争态势给非油业务同时带来巨大的挑战与机遇。通过打造五条高质量循环链路，可构建体系内外相融互促的非油新发展格局，从而为消费者提供更精深的产品服务、更贴切的消费场域、更美好的购物体验。

一是筑牢"党建引领业务"的"稳链承重环"。"行之力则知愈进,知之深则行愈达"。非油经营管理植根于党的建设,萌芽于群众土壤。只在业务中融合党建是不够的,应构建"大党建"格局,树立"党建项目化、责任具体化"的组织建设思路,把党的工作延伸到业务线打造、品类建设、供应链优化、运营督导中去,将党的理论与实践指导从有形覆盖向有效覆盖转变,使党建与业务工作形成更加畅通的体内循环,使"把方向、管大局、保落实"作用贯穿于非油运行的全过程。

二是打通"站内并联站外"的"业态共享环"。加油站的未来,绝非仅以加油购物取胜。在新能源汽车年均高速复合增长的局势下,比较成本劣势、供应链短板限制了非油向社会零售领域发力。打通站内站外业态共享环,须以供应链共享为引擎,大力发挥店面"前置仓"作用,畅通渠道外价值流通链路;以客户共享为路径,借力平台裂变,降低营销成本,发挥"1+1＞2"的资源整合效应;以场景共享为起点,拓展即时零售、便民生活圈、社群导购、汽车前/后服务等衍生业务,丰富消费体验。

三是完善"非油协同油品"的"一体增效环"。"千钧将一羽,轻重在平衡"。非油,起源于油,但不止于油。既要抓住非油品具有的一般零售市场共性,同时也要兼顾油站场景独有的个性。传统的一体化模式应由"广种薄收"向"精耕细作"转变,横向协同深耕商圈、客型、品类、促销、场景等变量的相关性,纵向协同链接油销、油服、非销、非服等内部资源,注重各项政策的配套耦合,实施"一体化决策、项目化管理、特色化定位、差异化服务"的增效举措,实现油非一体化向更深程度发展。

四是强化"数字驱动经营"的"决策效能环"。零售行业与数字技术的深度融合,推动非油的信息化诉求升级。数字化应用与市场交易共生共创,可将商品、供应链及运营信息转化为生产资料,深入解构交易数据、用户数据、潜客数据、产品数据等,通过重构、融合与输出,找出经营痛难点,挖掘价值增量点,增加消费者触点,高速推动对内客户转化与复购,同时以要素资源共享模式拓展对外输出,反哺决策优化与业务创新。

五是培育"商品组合服务"的"生态流通环"。规模优势不会自动转变为发展优势。技术发展与需求迭代推动服务零售与商品零售加速融合,许多过去习以为常的营销场景正在失去赖以生存的土壤。非油的竞争最终要回归到商品力、服务力、运营力中去。通过打造大单品池,走品牌化、定制化、差异化、带量采购开发,可为站内店销、站外投标等业务提供商品力支撑。通过延伸核心场景优势、品牌优势,在机器洗车、便民服务、租赁、餐饮以外拓宽服务零售领域,可最大化挖掘"人·车·生活"场景生态应用价值。

"穷理以致其知,反躬以践其实"。面对新形势、新问题、新机遇,地方成品油销售企业应在深化、内化、转化上下功夫,把握释放内需、消费迭代的发展良机,补齐基础产品、管理能力、信息化建设等方面的短板,畅通经营各环节、各领域链路,优化更新终端业态与互动模式,综合考量、系统布局、整体推进、重点突破,立足市场实际构建大营销体系,做强非油这一"第二曲线",加大传统成品油销售业务的深度和广度。

"浩渺行无极,扬帆但信风"。改革即打破惯性、自我完善的过程。唯有深刻把握"难"与"进"的辩证法,勇于走入预变、迎变、应变、赢变、求变的循环中去,蓄积"破"力,方能破局蜕变、浴火重生。

十年磨剑　砺得梅香

宁夏销售党委委员、副总经理　贾小娟

2012年,我进入宁夏销售非油业务领域工作,有幸见证并参与推动了宁夏销售非油业务从蹒跚起步到成为主业,与非油业务的发展壮大一道相伴相随、风雨同舟。历经十年起落磨砺,2022年,在疫情形势最为严峻的一年,宁夏销售非油业务销售收入近7亿元,不仅是公司创收创效的主营业务,更是高效发展的重要支撑。

宁夏销售非油业务发展是中国石油成品油销售企业非油业务发展的缩影。2006年，宁夏销售开始在所属高速公路服务区探索开展小范围的非油业务；2007年3月，成立非油品经营管理公司，设立非油品管理处，正式开始规模化探索发展非油品业务；2011年，公司非油业务收入突破1亿元。五年的探索起步，发展速度比较缓慢。

2012年，我被选为公司非油品经营管理公司经理、非油品管理处长，与非油业务线的同志们一道，着手推动非油业务的品牌化、规范化、专业化发展。一方面，我们加快拓展和完善便利店网络布局，2012年、2013年两年间运营便利店从180座达到280余座；另一方面，加快品牌店和标准店建设，两年间，建设昆仑好客标准店近百座，持续强化商品选品，优化商品陈列，美化购物环境，提升品牌形象，不断提升客户对昆仑好客便利店的认知度，逐步提升便利店的竞争能力。在此基础上，探索拓展新领域新业务，因地制宜开展化肥、烟草、餐饮、租赁、汽修、广告、便民服务等业务，在高速公路服务区推行餐厅特色化经营和专业化管理，在营销组织上推动油非业务互动互促、一体营销，取得良好效果。到2013年年底，公司基本形成遍布宁夏全区的便利店网络，主营业务从初期的便利店业务扩展到综合性业务，年销售收入达到3亿元，较2011年翻两番，走出一条符合宁夏区域特色的非油业务发展之路，非油业务的营销质量也在这两年奠定了坚实基础，2013年，宁夏销售非油业务利润率在销售系统排名第4位，高效发展初步成为全员共识。

在此期间，公司非油业务之所以取得这么快的发展，得益于时任总经理刘刚和当届领导班子的远见卓识和正确领导，也得益于销售公司领导的关心和支持，尤其是时任非油业务管理处副处长朱磊给予我们很多的悉心指导和帮助。

从2014年我离开公司非油业务领域，到2020年担任宁夏销售副总经理分管非油业务工作，我和非油业务的前缘再续。"十三五"期间，宁夏销售非油业务快速增长，由期初的3.4亿元增长到5.8亿元，年均增幅14.3%，毛利由6990万元增长到1.1亿元，年均增幅11.2%，非油业务已成为宁夏销售转型发展的新引擎和高质量发展的新驱动。面对骄人成果，继往开来，压力和责任带给我和整个团队更强的驱动力。

一是瞄准发力靶向，把提升便利店竞争能力和盈利能力作为重点方向，突出差异化经营理念，一站一策确定便利店核心商品，有针对性地在各地市重点区域打造重点便利店，做好科学选品、精准要货、氛围营造、布局优化，改进门店消费体验，培养客户消费习惯，打造一批有影响力、有竞争力的优质店。截至2022年年底，公司百万元便利店达153座，占运营店总数的41.4%。其中500万元便利店达到9座。

二是深化一体营销，做实"10 惠"以油带非、"5 惠"以非促油会员日活动，打通线上、线下加油、购物、洗车电子券互促，实现客户线上线下全覆盖；聚焦重点品类打造"大单品"，坚持会员日促销与专题促销常态开展、店内销售与客户开发同时发力、区内区外市场同步拓展。疫情三年间非油业务保持稳步增长，收入由5.8亿元增长至6.9亿元，2023年突破7亿元。

三是加快拓展新业务，带动突破非油业务发展瓶颈，化肥、润滑油、农产品已经成为增收的主要业务，同时充分利用加油站和便利店空间，加快丰富和发展多元经营模式，采取合作经营、合伙人等多种模式，因地制宜开展快餐、小吃、线上等业务，以及维修、仓储、司机之家等项目，全力形成新的量效增长点。

四是树立鲜明导向，在全面推行全员非油百元收入提成工资制度的基础上，进一步深化以效益为核心的激励机制，通过智能要货系统对高中低毛利商品进行"红黄蓝"标记，明确奖励兑现标准，按照商品毛利率不同给予门店店销收入阶梯奖励，充分激发员工销售高毛利商品的积极性。

2023年8月，宁夏销售打造的"中珠"葡萄酒正式上市，这是公司非油业务转型发展的阶段性成果，具有里程碑意义。尽管现在本人已不再分管非油业务，但对于推动宁夏销售高质量发展和可持续的进步和变化，我表示由衷的高兴、满心的赞赏和全力的支持。衷心祝愿昆仑好客灼灼其华、熠熠生辉，祝愿宁夏销售非油业务蒸蒸日上、大有可为。

uSmile 往昔

销售公司原非油处处长 胜秋月

初识"非油",始于 2006 年年初,在广东开办的销售公司非油业务第三期培训班。彼时,销售公司正在为开展非油业务进行着热身准备,而作为宁夏销售加油站管理处处长的我,有幸参加此次培训。培训中,我了解到什么是非油业务,身为基层管理者,我感受到国内市场对非油业务的迫切需求,同时,我也对非油业务的发展前景充满期待和希望。培训班结束时要求每个人讲几句话,时过多年,我都还清楚地记得自己的发言:"我们是第三期学员,一生二、二生三、三生万物,非油业务一定会在我们的手中生根、发芽、开花、结果。"果真好事将至、言出法随,当年同期参加培训的路虹、程华等伙伴,日后都成为我国非油业务发展的重要推动者和实践者,而本人则在 2007 年集团公司正式启动非油业务时,有幸成为销售公司的第一任非油业务处处长。

一、品牌的构建

2007 年 12 月 25 日,销售公司召开全系统第一次非油业务视频会议,这意味着非油业务启动的号角正式吹响。然而,各省公司大部分领导和员工们都还处于对"非油"的认知迷茫期,什么是非油?如何做非油?如何做好非油?这些问题同样摆在我们刚刚组建的非油业务处这支年轻团队的面前。朱磊、王磊、董宇鲲和我,四人均来自油品与加管业务方向,全都没有非油业务背景,于是我们几人开展了大量的学习和参观,积极了解成品油业务的发展方向,深入学习发达国家的非油成长脉络,采取"走出去,请进来"等不拘一格的形式,在短时间内了解非油业务的"往世今生"。

在这一过程中,我们对"非油"由迷茫到清晰,从清晰到专业。"创建非油业务独有之品牌,走品牌发展之道路"成为我们多次汇报的主题,也成为日后非油业务发展的主要方向。公司领导在非油业务开展之初,就定下"高标准、高起点"的基调,并聘请有加油站零售经验的 CBX 专业团队助力。经过反复比选,"uSmile 昆仑好客"便利店品牌诞生了,而随之诞生的,还有"uSmile 昆仑好客"视觉形象标准、工程建设标准、室内布局标准、汽车服务标准、快餐业务标准等一系列中国石油非油业务标准,以及《中国石油非油业务运作手册》等相关规范性实操及运作标准。加油站零管系统内规划和实施的非油业务蓝图及体系架构与上述标准同步进行建设,使得几十万"非油"数据一上线,就有着强大的信息系统保障支撑。以上所有的规范性文件及信息系统架构,为非油业务品牌的构建起到了极为重要的"地基"作用。

二、传教式的培训

2008 年 8 月,中国石油第一座"uSmile 昆仑好客"便利店在北京望京站开业,至此,"试点、培训、总结、提高、再培训"的传教式培训工作在全国石油销售系统拉开帷幕。各省公司的各个层面、各种层级都对非油业务高度重视,正值非油培训班、主管零售领导非油培训班、主管工程领导非油培训班等多个培训活动开展的热火朝天。甚至,当时的销售公司主管领导田景惠副总经理都亲自上阵当起了教员,在培训中统一思想,在培训中带领大家学习和贯彻标准,通过专业的知识和丰富的案例,让大家认知非油、了解非油,教会大家如何做好非油。

非油业务发展初期最难的是思想上的统一。记得某次研讨会上,一位来自上海公司的领导说,"我们上海零售业最发达,几百米就有一个便利店,谁到加油站买东西啊?"而另一位来自新疆公司的领导说,"我们新疆地广人稀,几十公里甚至几百公里都见不到人,有谁到加油站去买非油啊?"而业务发展的结果大家是知道的,这两家公司如今都成为非油业务的主力部队。

非油标准的推广也并非一帆风顺。对待加油站油品标准,大家都可以欣然接受并保持遵守,但对非油的标准,由于各地习俗差异和对销售概念理解不同,大家接受"非油"的标准化制式经历了一个略显艰难的过程。记得有一次到某家省公司调研标准推广情况,有位领导很兴奋地对我们说,他计划把便利店的地面做成这个颜色，要把墙面做成那个图案，这种创新型思维虽值得赞扬，但在品牌打造过程中，统一的视觉形象是消费者对一个品牌最为直观的感受，也是一个品牌最独一无二且最具价值的精髓所在。

2009年起，各省非油业务由试点到批量化推广，大大小小的培训活动数百场，线上、线下参加人数超过10万人次。正是这些教学式的培训，实现了非油业务的思想统一和标准化建设，为"uSmile昆仑好客"品牌的顺利成长和广泛传播奠定了坚实的基础。

三、喜人的成长

如果中国的零售业是一片竞争激烈的红海，那么，处于加油站的非油业务则是零售业态中的一片蓝海。迅速铺开的网点、加油站已有的客流人群、充足且货真价实的商品，使得非油业务快速发展、长势喜人。

而最让人鼓舞的，是快速成长的非油业务各层级团队，每个人都在用新知识、新技能来提高自己、升级油站，每个人都由外行变成了内行，由"不专业"变成了"很专业"。对商品选择的探讨、对商品陈列的探究、对促销方式的评估、对汽车服务的分析、对便利店快餐的探索、对高速公路服务区的研究等，通过一个接一个的专题研讨，大家不断地成长和进步。其中最为特别的是，各个团队对消费者购物行为的研究，从消费者的分类构成到购物比例，从消费者的购物动机到停留时间，从商品类型的展示计划到商品价格对购买的影响等，从不同侧面分析了消费者需求与促成商品交易的多种因素，极大程度促进了非油业务的科学发展。

功夫下在什么地方，什么地方就会发光发亮，几年间，非油业务一步一个台阶，慢慢地已从一棵幼苗成长得枝繁叶茂。2008年，非油业务第一次签订的业绩合同是销售收入10亿元，而如今，利润额早已远远超过当年的销售收入额。非油业务从当年作为加油站业务的有效补充，到现在成长为销售业务的创效主力，非油业务已成为中国石油销售业务中不可或缺的重要组成部分。

同时，"uSmile昆仑好客"也为中国石油的品牌注入了更多的文化内涵，为中国石油与消费者的交互搭建起一座桥梁,成为重要的沟通窗口,旨在为消费者提供更加便利的"人·车·生活"品质服务。而这一切,都离不开一代又一代非油人的付出与奉献,在山花烂漫之时,我们追忆往昔,笑看今朝,每个人都衷心祝愿"uSmile昆仑好客"继续成长壮大,化林为森!

乘风破浪12年 我与非油共成长

云南销售非油分公司党委书记、纪委书记 王志勇

2011年,我从云南销售信息处调任非油公司担任业务副经理。同年,公司率先实施"非油品管理处+非油公司"运作模式,实现了"市场反应快、新品引进快、客户开发快、运行效率快"的良性循环。

经过12年的发展,公司在营便利店近900座,非油业务实现一年新增一个亿的台阶式跨越。非油业务经历了艰难起步、建章立制、发展壮大三个阶段。从传统"等客来"销售到全渠道拓展,非油店销收入从不到6000万元到2022年突破13亿元,各项主要指标均居销售板块前列。公司连续2年获得"云南销售先进集体",公司党委获得云南销售战疫先进基层党委荣誉称号。

一、我眼中的非油才露尖尖角

走过12年,我越来越热爱非油事业,从中学习到很多东西。接触和开展非油业务之初,我专心钻研便利店业务,业务具体是什么,便利店商品是什么、是如何分类的,便利店商品如何管理,什么是商品品类、商品结构、商品品类优化,商品促销如何做,如何按照我们不同的油站、店面、商圈及客户不同的需求,形成差异化的商品结构和差异化的营销、促销,满足不同区域、不同商圈、不同人群、不同客户的需要,我觉得这里面的学问非常多。2013年,分管润滑油、化工期间,对润滑油的产品开始了解,哪些是工业油,哪些是车用油,车用油的分类、车辆产品是什么，什么样的车用什么样的油，黏度、客户管理、销售技巧、沟通技巧，都是我和公司员工要关注和研究的重点。2019年，我主管非油业务，如何更好统筹各项业务顺畅合规运行、顺利完成指标，成为学习研究的主要内容。2021年，我主管党群纪检工作，如何更好地强化党建融入中心促发展的政治、思想和组织保障作用，强化基层党建"三基本"和党建"三基"有机融合，更好筑牢员工思想根基，坚定理想信念，团结奋斗，守正创新，以高质量党建引领保障非油业务高质量发展，成为工作中新的研究重点。

二、我身边的非油初长成

随着非油业务的不断发展，从局限在店面、店销的业务开展，到现在跨界拓展到电商，再到和大搜车、华行汽车业务的合作，和属地汽车4S店、经销商的合作拓展整车销售，和修理厂等联合建立自己的汽车后服务终端、服务网络、车用尿素联合生产商等，包括现在与生产厂商成立跨界合作电商业务、跨境电商业务。

围绕"人·车·生活"生态圈根植非油品牌文化，以云南白药、鲜花饼、茶叶、咖啡等开发"好客雲品"的自有商品系列，打造独具特色代言产品，为非油品牌代言，形成"一产品一特色一品牌"，这些都是我与非油同成长的真切认知和身先躬行。2012年，公司持续深化非油品业务改革，以"转方式、优结构、重质量、强基础、抓执行"为主线，实现非油收入、利润同比分别增长26.8%、21.3%。2014年，公司深入落实"调结构、提质量、增效益"总体部署，以市场为导向，以店销为核心，以效益为目标，精细店面管理，科学商品营销，收入、毛利均排名区外第三，公司获股份公司劳动竞赛"非油品业务先进集体"荣誉称号。2015年，面对国际油价持续下滑，国内经济增长放缓，成品油需求减弱，纯枪销量增长乏力的不利形势，公司非油收入、利润继续位居销售公司前列，超额完成"十二五"收官任务。2018年，公司积极应对成油品市场激烈竞争与新零售发展挑战，牢牢抓住消费升级、汽车后服务、炼厂投运等发展机遇，实现非油业务跨越式发展。

三、我心中的非油放光彩

2020年12月,面对新的消费习惯和消费方式,我牵头率先举起非油公司阿米巴改革的大旗。我们以市场化机制、社会化运作为思路,打破体制,深入阿米巴改革,努力让组织扁平化、让团队柔性化。打破部门,设立"4个阿米巴+1个办公室+1个数据组",细分13个项目组。坚持业绩导向,建立量本利关键指标考核机制,打破职能职级壁垒,打破"大锅饭""旱涝保收",从论资排辈向业绩论转变,实现从"要工资"向"挣工资"转变,激发全员创新创效积极性。特别是2022年,我们深化大部制改革,开展12个项目组负责人竞聘、项目组人员公开竞争双选上岗,吸纳省公司机关、昆明等分公司业务骨干人员,加强干部培养,选聘公司经理助理1人,部门主任2人,中央仓主任1人,高效的组织机构有效地保障非油业务的顺畅运行。2021年,面对疫情突发和反复、旅游熔断、经济下行、店销业务划转、产品缺乏竞争力、人员缺乏市场经验,公司紧紧围绕"十四五"发展目标,立足新起点、走出舒适区、迎接新挑战、谋求新发展,敢变、敢探、敢破、敢担当,较好地完成了全年目标任务,巩固了和谐稳定发展大局。2022年,我们以场景无限、货物无边、人企无间完善站内生态圈,构建了"产品+汽服+餐饮+广告+服务"的平台化发展新格局。我们以建立非油业务新模式、新业态、新场景拓展站外增收圈,构建"品牌输出+渠道运营+产品服务"为一体的营销创新平台。我们以打破"人找货"思维模式构建线上生态圈,构建以会员为纽带、以支付为工具、以营销为目标、以数据为支撑的线上线下营销平台。我们以激发全员愿为、善为、有为的内生动力完善项目保障圈,非油业务活力有效释放。2023年上半年,非油业务立足转型升级、创新驱动,主动拥抱零售行业发展趋势转型,积极整合资源,探索全渠道融合销售新模式,经营持续向好。

四、我陪伴的非油勇担当

2020年以来,作为公司党委工作第一责任人,我带领全体党员干部员工坚持以习近平新时代中国特色社会主义思想为指导，认真落实党的十九大、二十大精神，认真落实集团公司党组、云南销售党委决策部署，始终把党的政治建设摆在首位，坚决做到"两个维护"，抢抓机遇、趁势而上、大胆创新，公司非油发展水平、质量、效益得到显著提升。疫情期间，克服重重困难，提供应急物资7万余份，经营指标全面完成，对内展示了团结协作精神，对外展示了央企责任担当，为公司发展营造了良好环境。我们坚持为员工群众办实事，慰问生病员工、困难党员、困难员工、生育员工累计15余人，为家庭困难员工爱心捐款1.4万元，针对员工家庭涉及法律纠纷，积极协调律师提供法律咨询和服务，购买简易健身器械，设置"即时健身区"、开展季度员工户外素质拓展，多种方式劳逸结合，进一步增强队伍的向心力和凝聚力。

往事历历在目，未来值得期待，站在新的起点，我定会时刻铭记初心、坚定信念，与公司全体党员干部一道，撸起袖子，埋头苦干，为实现公司跨越式发展，为做强做优做大非油业务而努力奋斗！

从步履蹒跚到大步前行

吉林销售高级营销专家　陈　舟

2007年，我在吉林销售加入非油队伍，至今已有16年。与非油一路相伴、一同成长，看着非油业务从零起步，发展为年收入超过13亿规模的零售商，我感到无比荣幸。

一、云程发轫，非油业务乘势出发

吉林销售非油业务起步之初，可以说是举步维艰。消费者还没有到加油站消费的习惯，那时候的加油站没有设计便利店，只有改造营业室，规模小，商品都是各地市公司自行采购的当地商品，不仅采购价格和运输费用高，商品的质量也很难把控。

大品牌的供应商对我们不重视，但我没有畏难退缩，坚信规模才能有话语权，才能赢得供应商的尊重。经过 8 年的培育，2015 年吉林销售非油业务的规模突破 2 亿元，中央仓配送的条件基本成熟。我相继到中油 BP 石油有限公司、中国石化浙江仓、大连罗森的中央仓考察学习，结合吉林省的实际情况，在销售公司非油处的大力支持下，依托于当时的零管系统开发 EWM 信息系统。由于无先例参考，我与负责开发系统的同事挑灯夜战，梳理业务流程、设计报表格式、优化分配逻辑。经过近两个月的开发调试，自主开发的物流配送系统上线了。我们还不断与邮政沟通，计算每个单品的配送费用，最大程度压低运费成本，优化配送流程，为后续非油业务规模化发展奠定坚实的基础。

二、不负使命，规模化发展锋芒初现

2015 年是吉林销售非油业务发展的又一个关键节点。在深思熟虑之后，我们开始谋划业务布局和品牌打造，不断丰富服务业态。

结合吉林省是农业大省且属于化肥输入型市场的现状，我们着手开展农资业务。在经过几轮的市场调研之后，我们与新洋丰、史丹利等 14 家供应商进行合作洽谈，综合考虑产品种类、资源供给、售后服务等方面，选择新洋丰、中化作为化肥的主体供应商。一线的销售人员不仅送肥到家、主动帮忙装卸，还从零开始认真学习化肥知识，主动担任化肥使用的指导员。到 2021 年，吉林销售实现化肥销售 29 万吨，收入突破 6 亿元。

2019 年，吉林销售开始尝试以跨界合作的形式继续丰富服务业态。延边分公司通过租赁模式与肯德基合作的餐饮服务，实现日销过万的突破，产生 "1+1＞2" 的协同效应。2022 年，为实现毛利最大化，又调整合作模式，以加盟形式在长春分公司投资建设华光站肯德基汽车穿梭餐厅。2023 年，松原分公司锦江站与肯德基的合作项目也如期提上日程。

积极参与自有商品的开发，昆仑好客要打造一款属于我们自己的包装水，我陪同昆仑好客领导到长白山等多处泉眼进行实地考察，反复比选，最终成功开发"好客火山泉",将吉林省最优质的矿泉水推向全国。

三、守正创新,在新征程上昂首奋进

经过全体非油人多年的不懈努力,我们不仅与多家供应商建立了合作,也有了冠以"昆仑好客"的自有商品,品牌效应逐步显现。但是,改变却并未止步于此。

2022年,为适应新零售业态的发展需要,我们开发了移动端的"好客吉享"小程序。在完善界面设计和强化功能分析上下足功夫,不仅整合了加油支付、油卡充值、发票开具等功能,也对接了多家供应商,建立了线上商城。我们还与多家洗车机厂家共同开发,实现了加油站赠券,通过"好客吉享"小程序启动洗车机,为客户提供自助洗车的服务,并在10月17日召开发布会,全力推进线上运营。2023年,我们大力发展直播业务,组织各地市公司利用平台开展了20余次直播活动,在1月至7月实现线上收入1000万元。

潮涌催人进,风正好扬帆。过去的十六年,我见证了吉林销售的非油业务从无到有到实现量与质的飞速提升。2023年,我来到松原分公司参与一线的销售工作,挑战与机遇并存,我将秉承初心,以将非油业务做大做强为奋斗目标,以"闯"的精神,"创"的劲头,担当作为,为吉林销售的高质量发展贡献全部力量。

雄关漫道真如铁 而今迈步从头越

山东销售非油分公司副经理 郭伟杰

山东销售开始探索非油业务较早,2002年年底,济南分公司开始出现便利店业务萌芽,2004年山东销售进行了经营执照的增项,在经营项目内加入便利店营业项目,经营方式以加油站自营为主。2007年山东销售开始统一推进非油业务,我也是在这一年进入非油业务战线,在这16年里,我经历了中国石油非油业务发展的整个历程,个人也随着业务的快速发展而不断成长。16年来,我主导创建便

利店店面优化标准流程，牵头开发便利店自动订货系统，先后参与编写集团公司企业标准《销售企业加油站非油业务管理规范——便利店业务》《销售企业非油业务自有商品质量管理规范——食用油类》《中国石油昆仑好客便利店现场操作规范369》，参与编写的《加油站操作员》荣获集团公司"百优"培训教材。

2007年4月，我参与编写了山东销售第一个非油制度文件《山东公司便利店运作指导手册》，几易其稿后于7月在济南召开"便利店现场培训研讨会"，开始正式推行运作指导手册，使业务开展有了基本的遵循依据。同年，山东销售开展非油业务加油站215座，实现非油品业务收入1252万元，毛利186.3万元，经济效益初步显现。

2007年12月25日，集团公司销售板块召开非油品业务工作视频会议，规范发展非油品业务，明确"自主经营、因地制宜、规范发展、稳步推进"的指导思想。山东销售于12月28日召开专题视频会议落实会议精神，筹划非油品业务机构建设，明确非油投资计划、非油考核制度、非油发展规划等。在领导班子的重视下，公司形成自己的非油发展理念，非油业务氛围空前浓厚。

2008年5月，公司在加油站管理处设立非油业务管理中心，最初仅有王海峰主任和我两名非油管理人员。同年，将非油指标写入年度业绩合同，纳入公司业绩考核，明确各地市公司的非油业务开展进度及数量、销售收入等量化指标，每月进行考核，并将非油品销售毛利的40%返给一线员工，充分调动员工销售积极性。截至2008年年底，开展非油业务的加油站数量达到729座，实现非油收入1.09亿元，成为公司新的利润增长点。

2009年，为进一步规范非油品业务管理，山东销售先后制订下发了《月底盘点管理办法》《商品采购管理规定》《供应商管理规定》《旗舰店考评管理规定》《业绩考评及激励管理规定》《库存商品管理办法》等规章制度，通过规范系统操作、规范流程执行、规范单店运营、规范供应商管理、规范商品管理、发展配套设施等有效措施，实现非油业务的稳步、健康发展。全年实现非油收入13329.23万元，成为山东销售的一个重要经济支柱。

2009年10月，山东销售成立独立的非油品业务管理中心，负责全省非油业务运营管理，各地市分公司均成立相应的管理部门。非油业务自此迈入快速发展时期。非油品业务管理中心针对前期供应商管理不规范、厂家众多、资质参差不齐、供应商引进无统一规范的现状，积极进行市场调研，通过分公司推荐、寻找省级代理、厂家洽谈三种渠道筛选供应商，从价格、配送、结算、售后服务、促销支持等方面进行对比选商，在系统内较早推进全省统采。

2009年，我承接了公司中央仓建设任务，负责开展中央仓建设方案的编写和论证，研究最佳中央仓建设方案。通过对租赁、代管、委托经营三种仓储物流预估经营效果的对比及方案可行性的论证，最终选取委托中远物流有限公司全面负责仓储物流。方案确定后，积极推进中央仓建设方案的落实，先后多次与中远物流公司进行谈判，双方就合同框架、费用标准、操作流程逐一明确，形成最终合作方案，于2010年1月1日开始运行，在系统内首先实现统采统配。中央仓的建立，为实现全省统采统配奠定基础，2010年6月前完成除烟草以外的所有商品的统采统配工作，增强对商品种类的管理和优化，保障便利店商品供应，与更多优质供应商建立合作关系，规范供应商的统一管理。

在中央仓建设过程中，实现2项创新并沿用至今：一是创新计费方式，当时国内物流泡货按照体积、重货按照重量计费，便利店商品种类繁多，计算烦琐且难以控制总体费率和费用支出，经过大量测算，我们按照货值的百分比核定配送费率，并增加配送及时率、缺货率及服务投诉率等KPI考核指标，大大提升配送效率，且费率一直在系统内处于领先水平；二是创新损溢处理模式，一批次一清理，配送损溢由配送方按照便利店售价当场予以赔付，便利店即时通过入库销售的模式进行账务处理，简化了账务处理流程和核算工作量。2013年1月，山东销售在宁夏非油现场会进行中央仓运营模式经验交流。

中央仓体系运行稳定后，我又转到运营管理岗，在运营方面作出诸多探索，着力提升店内运营质量。一是推行核心商品订货引导制度，结合商品、季节及顾客需求变化，兼顾品类贡献和宽度，每季度精心选择该季节各明细品类中历史销售较好单品出具核心商品目录，实施订货销售引导，提升单品销售贡献。二是推行"蓝黄红"库存商品预警机制，指导加油站及时清理不动销商品、滞销商品，补充缺货畅销商品。三是开展便利店分类管理培育，在进行新品试销、核心商品铺货、促销开展等营销业务时，依据不同类别店实施不同营销政策，工作开展更具针对性、有效性。四是强化培训和现场指导，编写《非油业务现场销售手册》，从便利店布局、商品陈列、现场服务规范、商品销售技巧、便利店常用术语、客户投诉处理等方面对业务进行规范和指导。五是开展重点商品固化陈列，与箭牌、娃哈哈、康师傅等知名品牌合作实施固化陈列，提升陈列效果，同时通过陈列宣传费年增效益百万余元。六是创新开展便利店全流程诊断，形成现场诊断、出具报告、报告评估、现场整改、效果评估及跟踪辅导六部曲，明确现场诊断七个环节的诊断方法和标准，全面提升便利店店内运营水平。该工作方法在2014年销售公司半年分析会上进行分享和便利店现场观摩讲解，后又在北京销售试点参与完善，形成目前推行的店面优化工作体系。

2010年至2019年，山东销售非油业务快速发展，年年保持收入和利润双双箭头向上。2020年以来，受新冠疫情和油品市场竞争的双重冲击，山东销售非油业务发展的基础土壤持续萎缩，非油业务进入平台发展期。

雄关漫道真如铁，而今迈步从头越！作为非油战线的一名老兵，必须直面当前困难，积极转变观念，坚持守正创新，在昆仑好客的领导下，聚焦重点品类和大单品增量，优化升级一体化营销工作机制，加快新业务、新场景拓展步伐，夯实业务长远发展基础，为非油业务发展贡献自己的力量！

披肝沥胆守初心　风雨兼程践使命

内蒙古销售　杨雪松

从1986年参加工作到今天，从一线普通员工到分公司副经理，加油站每个层级的工作我几乎都做过，要说哪项工作让我印象深刻，我一定会说是非油品业务。

1999年，我在柴家梁加油站任站长时，柴家梁周边国省道、运煤线交汇，是蔬菜批发集散地、劳务市场聚集地，商业鱼龙混杂，客群结构复杂。为完成加油站油品销售任务，我每天都在思考如何让更多的人来加油。我看到很多司机师傅找不到吃饭的地方，就组织站内员工共同集资，在营业室组装几节货架，开了一个"小卖部"，解决过往司机、周边务工人员的"吃饭问题"，没想到效果很好，柴家梁加油站一下子便成了当时的"网红加油站"。当时加油站也没打算靠卖小商品挣钱，就是为吸引司机师傅来我们站加油，但潜移默化间形成了"以非促油"的营销效果，油品销售逐年递增，其他加油站都学习我们站的做法。分公司经理高文华同志知道我们的做法后，给予很高评价。受到表扬后，我的干劲也更足了。

2006年3月，我被推荐参加在广州培训中心举办的非油品业务学习班。结业回来不久后，分公司成立市场部，专门经营非油业务。部门成立之初，只有我和李晓华同志两名员工。由于自己一直在油品业务工作，转为非油业务后感觉自己脱离了主业，心里难免存在落差。但是作为一名党员，我还是坚定地服从组织的安排。没有可借鉴的运营管理模式，我们只能硬着头皮摸着石头过河，慢慢积累经验；没有办公地点，就在老公司后院找了一间不足30平方米的平房，既是办公室，也是库房；没有启动资金，就托朋友找关系，让我的亲戚做担保，和当地诚信高、规模大的批发商赊货；没有配送车辆，就"磨"着领导配备了一辆面包车……就这样，一个"丐版"市场部算是挂牌营业了。

业务首先面向东胜地区的加油站展开。我和李晓华找供应商逐个单品讲价，尽最大努力压低进货价，提高单品毛利空间。短短几周内，东胜地区12座加油站便利店全部由分公司统一管理。到2007年年底，实现全市中心城区、主要国省道等重要站点100多座便利店全部由分公司统一经营管理的模式。

站点不断增多，就需要引进更多的品类来满足客户不断增长的需求。包装饮料、速食、饼干、零食、酒类、糖果、个护、清洁用品、润滑油、汽车用品等大类不断丰富，磁带、CD等个性化商品也逐渐走进加油站便利店。我们当时对非油发展前景做了清晰定位，一切以客户为中心，加油站不光要为人提供服务，也要为车提供服务。后来公司在东胜北门加油站、康巴什六号加油站投资建设"凯旋门"隧道式自动洗车房，在东胜正邦加油站建设了包含四轮定位、钣金快修、轮胎销售等项目的汽修店，但由于我们缺乏相应的管理技术和经验，这些尝试都没有取得理想效果。

业务快速扩张，就需要有先进的管理工具和方法。2009年加油站零管系统上线前，分公司非油经营品类已涉及13个大类900多个单品，管理100多座门店，我们仅靠5名员工以手工记账的方式进行管理，管理难度可想而知。为快速把非油业务接入零管系统，我们与财务部门用"三栏账"算账法，圆满实现非油管理由"人脑管理"向"电脑管理"的转型。

2019年，我被提拔为分公司党委委员、副经理，因为和非油业务有着不解之缘，我的分管工作就是非油业务。履新不久后，新冠疫情暴发，多数人都被封控在家，便利店销售额断崖式下降，为稳定店销份额，我和专业线的同志们认真研究卖什么才能把销售拉回来，最后决定销售鸡蛋，而且是平价销售，拉拢了不少顾客；疫情期间孩子们都居家上网课，很多家庭都没有笔记本电脑，只能用手机上网课，我们就及时开展手机销售业务，取得了一定成效；此外，公司要求开展化肥销售业务，但和非油业务初期相同，我们对化肥业务也是"两眼一抹黑"，因此，我亲自带队去巴盟公司取经学习，得到王永利副经理和李志强主任的耐心讲解。回来后，我们与杭锦旗经营部经理李波一起走村入户、走访调研，在吉日嘎郎图镇三苗树村问老百姓需要什么样的肥，什么价位的肥，通过全体员工持之以恒的努力，终于打开了化肥销售局面。

这些年，在非油业务上值得回忆和思考的工作还有很多，但都有一个共同特点，就是顾客需要什么，我们就卖什么，也就是我们常说的"以客户为中心"。现在，科技改变了人们的消费习惯和理念，过去是人找商品，现在是商品找人，这就需要我们认真研究客户需求和消费习惯。酒香也怕巷子深，唯有脚踏实地、敢于付出，常思我为祖国献石油的精神，胸怀"有条件要上，没有条件创造条件也要上"的决心，非油业务才能取得更快更好的成绩。

敢拼才会赢

福建销售　李思敏

三分天注定,七分靠打拼,敢拼才会赢。从业17年,从加油员历练走上店长岗位,现任福州分公司象山加油站便利店店长。从新人到老将,从青涩到成熟,我一直秉承着脚踏实地、埋头苦干、拼搏进取的理念,努力做时代的书写人、追梦的奋斗者。先后获得"销售能手""劳动竞赛先进个人""优秀共产党员""非油能手""非油创效店长"等多项荣誉,所在便利店多次获得"先进便利店"称号。

一、优化诊断,细化管理,由质变带来量变

记得初到象山加油站时,象山加油站虽然处在市区繁华地段,但是便利店非油品年销售刚过百万。如何更好地提升店内销量,是亟待解决的首要问题。没有调查就没有发言权,我主动走出油站,走进周边居民社区及写字楼,认真调研周边的销售环境及三公里内的竞争对手,掌握客户的真实需求和主要竞争对手的销售策略,以调研为基础,为便利店选品、订货提供数据支撑,充分运用公司赋予店长的六项权益,将象山便利店商品重新梳理,通过优化订货,用网红产品、爆款商品替代周转慢的商品。完成调研后,接下来是如何布局优化。象山便利店面积只有28平方米,寸土寸金,如何在小布局内创造出大效益?我坚信,做好商品陈列,可以让商品自己"说话"。通过努力,象山便利店的陈列实现了"满""新""突出"的特色:"满"是货架要丰满,不能有空当,把商品按照大小排列,在丰满中突出层次感,抓住客户眼球;"新"是商品堆头陈列及时更新,根据公司下发的促销政策,每半个月调整一次,抢在客户产生审美疲劳之前,让他们有新体验;"突出"是在特殊节假日,如端午节、中秋节、儿童节等,通过对商品的特殊包装,营造浓厚节日氛围。正是在这有限条件下围绕饱满度、高度、色彩等仔细做文章,让促销单品得以"突出重围",给客户强烈的视觉冲击,激发客户购买欲望,为象山便利店带来意想不到的销售效果。

二、以点带面，团队协作，由个人带动团队

我深知，一个人的能力是有限的，一个团体的力量是无穷大的。如何带领好团队共同进步，是我走上店长岗位后一直在努力的方向。一方面通过不断自我充电，提升销售技能，另一方面注重培养员工销售积极性，带动团队共同进步。为了更好地组织员工开口营销，我经常和站内员工进行交流沟通，从员工角度出发，从客户实际出发，为员工组织精准的商品营销话术，吸引客户注意力，提高销售效率和成功率；为了更好地促进员工开口营销，我还在现场和收银台以身作则，主动示范商品推荐，并根据收银员和营业员的差异性，让敢开口的员工带不敢开口的员工，并运用班前、班后两个会议及时总结优化提升；为了更好地激励员工开口营销，我给员工制订可触及的销售目标及阶梯奖励，鼓励员工大胆开口，"自我加薪"。在带动站内员工开口营销的同时，不断地学习和借鉴各大商超的促销手段和话术，将适合象山站的做法重新梳理后在站内运用尝试，取得效果后及时与员工分享，助力员工提升促销成功率。就这样，员工开口营销多了，油站便利店收入也提升了，员工收入提高了，干劲也就更足了，员工队伍也越来越稳定，形成良性循环。

实行加油站经营团队管理后，在团队经理的带领下，我协同团队内其他店长发挥团队合力，组成便利店优化小分队，对团队内的其他站点便利店进行诊断优化，发挥各站优势，帮助其他站点销售周转率较低的商品，盘活各站库存，使大家可以放心订货，大胆尝试，共同提升团队内便利店收入。

三、勇于创新，敢为人先，实现新突破

进入移动互联网时代以来，更多消费者希望享受便捷生活服务的新模式，于是我大胆转换销售策略，积极拥抱"线下+线上"便利店运营新模式。如何扩大企业微信群，实现自己的销售"蓝海"？我带领销售团队进行多种尝试。首先，在收银台放置二维码，由员工开口引导进站客户关注中油好客e站并扫码入群；其次，在群内分享促销软文，以及朋友圈"点赞有礼"推广优惠活动，吸引更多顾客入群；

最后，带领员工走出油站在附近居民区和商圈进行扫楼，发放促销商品宣传单，并通过促销信息吸引客户入群，从几十个到几千个，群内客户不断增多。同时，为更好管理群内客户，我和团队进行分工设立专属客服进行售前与售后咨询，为有需要的客户及时提供优惠获取途径和问题答疑，积极开展社群营销，提升用户活跃度。

成功道路从来都不是一帆风顺的。线上下单，送货上门服务，刚开始成效并不理想，部分客户往往只购买一袋米或一箱水，就需要员工送货上门。面对员工的困惑，我耐心解释和不断打气，因为有中国石油品牌保证，加油站有24小时营业优势，做好错峰时段的配送服务，消费者就会愿意在线上下单。通过我和销售团队共同努力，2023年一季度就成功实现销售83单，成功将5家油品固定客户转化为非油客户，并累计为15家企事业单位及工地工厂提供送货上门服务，包括属地社区、医院、私人企业、工程单位等，累计配送武夷山水230箱，五粮液酒15箱，"习缘"酒30箱，王老吉、加多宝、红牛等包装饮料300箱，奶类400余提，实现销售23万元。

17年来我坚持做一件事——做好便利店"带头人"。"道虽远，行则将至，事再难，做将必成"，我坚持深耕便利店业务，以客户需求为中心，坚持运用"三到三心"工作法：心想到，为客户着想让客户更贴心；腿跑到，主动走访客户让客户更省心；事做到，主动服务客户让客户更暖心，象山便利店如今已经实现年收入六百万元，成为福州非油销售旗舰店。

少年自有凌云志　不负黄河万古流

福建销售　林小妹

从2010年入职中国石油这个大家庭，营业员、值班经理、便利店店长到油站经理，加油站每个岗位的工作我都做过。我从二十几岁来到中国石油沙县加油站成为一名加油员，从一位内向胆小的女生，到现在独当一面，成为单月便利店收入最高破 50 万元的金牌便利店店长，我感到很开心，也很自豪。

一、笨鸟先飞，勤能补拙

2012 年我刚做便利店主管的时候，可没少悄悄回家哭鼻子。那时因为业务不太熟悉，不仅要经常加班，还因为不善于沟通，没少被顾客指责。印象最深的就是刚上任便利店主管一个星期时，有一位顾客急匆匆地走进便利店，让我给他拿件商品，因为对商品陈列不太熟悉，我找了一会儿才找到，顾客当时很生气地说，"让你们拿个东西总磨磨蹭蹭。"听完这句话我的脸立刻红了，但没有说话，从那天开始，我知道了规范陈列商品的重要性，为提高站店内陈列水平，我经常去附近的大型商超里拍照、学习，对着照片来优化店面陈列。我用这些看似"笨拙"的办法，一点点提高自己的业务水平，成为三明公司专业能力最强的便利店主管。我用自己的行动，验证了"笨鸟先飞，勤能补拙"这个真理。

二、真诚服务，赢得信任

在开口营销中，我虽然不擅长很多专业的技巧，但我认为一名好的销售，真诚服务好每一位客户，得到顾客的信任能胜过一切。

记得有一位顾客来购买润滑油，离站后，我发现他多付了两百块钱。我们立刻通过开票信息找到顾客的联系方式，把多付的钱还给他。从此，这名顾客就是我们的老客户。后来这名顾客转行做了工程承包，哪怕路程很远，他所需要的油品与润滑油都会找到我们采购。

某天，便利店进来一对老夫妇，眼盯着我们伊利金典有机奶的堆头多看了好几眼，似乎特别有兴趣。这时，我赶紧走上前说道："阿伯，这伊利有机奶对身体特别好，现有促销还很优惠呢"。阿伯说："我们家两个孙子都爱喝这种牛奶，每人一天要喝 2 瓶，我想多买几件，只是提不回去。"我说："阿伯，您买多少，我帮您送回家。"他一听立马购买了 8 件。我把牛奶送到老人家里，老人家非常感谢，表示说会介绍他身边的老人朋友给我，他们和他一样都对牛奶、米、面、油等沉重的商品有需求。没过几天，大伯带来一群大爷、大妈买牛奶、大米。就这样，油站周边小区的老人群体成为便利店的忠实客户，当月牛奶售出358件，大米也售出182袋。

三、主动出击，引客入店

我以商圈定顾客、以商品定陈列、以顾客定需求，创新便利店商品布局、陈列，挖掘和激发每一平方米、每一个货架的销售能力。针对周围具有较高消费能力的客户群（习惯购买高价值、高品质非油品的特点），大胆引进高端高毛利商品，每月对商品陈列进行轮换，不断引进新品进行尝试，将销售较好的商品陈列在黄金位置，淘汰销售排名后20名的商品；为确保进店客户的新鲜感不减，我在醒目区域设立主题活动，做到月月有活动，逢节必促，重点推销特色产品和自有品牌，年累计销售额近50万元。

我所在的加油站摩托车加油客户多，但是一直以来摩托车机油销售都不理想。为什么有客户群体但没有形成有效消费呢？通过与多名摩托车客户进行现场交流后，了解到这类客户对价格极为敏感，于是我提出"购买机油送油品电子券"的促销方案，即"购买一瓶SF摩托车机油赠送10元油品电子券"。在两个月的活动时间内，实现摩托车机油销售458瓶，摩托车进站率明显提高，汽油销量增长。

以前自己不懂红酒知识，身边也缺乏爱喝红酒的朋友，红酒成为我们站的滞销商品。对这块高毛利"肥肉"，我是又爱又怕。为了打破这个僵局，我找到广告公司制作红酒促销宣传海报，同时注明"数量有限，会员限购2箱"；"10惠"活动当天告知充值的客户，您是会员能参与红酒的促销活动，不是会员不能购买，但会员每人限购2件。其中有名驾校的教练，和她朋友一起到油站来充值，她朋友听到我的推荐后想购买红酒，但我告诉他："你不是会员不能买，不过你朋友可以购买2箱，可以借用你朋友的名额来购买。"驾校教练说："那我分你购买1箱的名额，还有一个名额我回家同家人商量下再来买。"第三天驾校教练急匆匆地跑进便利店找到我："我的会员还有1个红酒名额没有用，你帮我拿箱红酒吧。"就这样，"10惠"促销期间销售红酒27件，当月累计销售红酒360瓶，突破红酒销售纪录，不但为三明分公司红酒销售带来新方法，更奠定了加油站员工红酒销售的坚实信心。

"一人势孤俩力大，三人能叫河搬家"。我深深懂得，众人拾柴火焰高的道理，要想取得好的业绩，必须汇聚团队的力量和集体的智慧。通过不断努力琢磨和探索，我收获了一群志同道合的同事，我所管理的金泰便利店也成为三明分公司一面鲜红的旗帜。未来，我和我的伙伴们立志攀越新高峰，创造新业绩！

入门非油十四载　广阔舞台助成长

四川销售　郭　佳

2008年参加工作至今，在我的职业生涯中，非油工作几乎占据了全部内容。非油从业十四年，我有很多话要说……

一、转观念，在激烈的市场竞争中站稳一方天地

2008年7月，我被分配到刚刚挂牌成立的非油品分公司。报到当天，我就愣在现场：拥挤的办公室、坐满等待洽谈的供应商、此起彼伏的电话声、满地堆得无处下脚的零食样品……我放下包，接到第一个工作任务：去隔壁的商场询价。那天，我和同事走完一条街道的24座便利店，真实感受到非油业务与成品油的差距——真正的市场竞争。

为了能快速适应业务，我主动兼职公司样板站的店长，从商圈调查、货架摆放、订货盘点、员工排班、商品促销等工作逐一上手，甚至为了照顾隔壁小学的学生群体这个稳定"大客户"，怎样把握烤肠的火候、如何调配豆浆的甜度，我都如数家珍。以润油化工业务为基底成立起来的四川非油，面对完全陌生的便利店行业，摸着石头过河，从一个个货架搬起、一个个堆头做起，有条件的地方新建站点，没条件的以手推车和简易便利店起步，大力推进便利店网站建设。那时只有一些综合类的供应商，没有专业的物流公司，无数非油人从办公室走出去，从搬货、

卸货到手工盘点销售记账……几年时间，通过我们不懈努力，逐渐让客户习惯了在加油时搬箱水、上厕所时带包烟、离站时捎袋米的"后备箱计划"，越来越多的人了解到我们中国石油原来还有 24 小时提供商品的便利店。

历经十余年的摸索探究，四川销售非油在发展道路上狂飙突进，实现"从无到有""从追赶者到引领者"的蜕变与跃升。业务发展由最初的便利店业务，拓展至汽服、广告、线上、化肥、直播、团购等多个领域，2008 年至 2022 年，店销收入从 4281 万元增长至 22.24 亿元，年平均增幅 33%，1612 座便利店站稳了"一方天地"。

二、敢创新，在拓宽业务形态中拼出一片天地

为有效挖掘、发挥加油站闲置资产效益，从 2009 年开始，我们充分利用加油站现场罩棚立柱、围墙墙体、加油机龙门、现场堆头广告、灯箱、桁架等平面广告位及便利店刷屏机多媒体广告位开展招商工作。此后，全省加油站每年都能实现广告收入超千万元，有效盘活现有资产，提升加油站创效能力。

有些加油站地理位置较好，场地宽阔，开一座便利店都还能空出几个停车位。停车加油之余恰好方便洗车美容、换油配零件等业务，于是汽服业务提上议程。2012 年在昆仑好客指导下，我们多方考察，轻资产、快投建，迅速发展网点。如今，汽车后服务市场前景被连锁品牌 4S 店和互联网界印证之时，我们中国石油的"咔咔"品牌已经在各大中城市遍地开花。传统的润油化工、便利店销售、广告和汽服四大板块业务格局基本形成，慢慢立起四川销售主营业务的另外半边天。

2015 年，公司精准研判新零售业态发展趋势，在传统业务发展瓶颈的情况下，创新性提出线上平台思路。我牵头负责此项工作，带领团队从需求分析攻坚到产品设计，从 BUG 测试到操作流程撰写，在 2017 年完成以京东专区为主、特色产品为辅的线上商城模块，逐渐建立一套具有公司特色的电商运营模式，电子券试点成功、内外网打通、油卡充值功能接入、移动充值与违章处理上线、京东自营店铺开设、旅游自驾开通，创新之花竞相绽放。2019 年，公司启动"社交零售"全员营销，

打通与员工家庭、朋友关联的第二需求圈，为后来基于企业微信建立的社群营销打好坚实基础。2020年疫情暴发，中油优途APP通过"不下车支付"功能，为公司多项业务助力，作为成品油行业首款"不下车支付"的APP，除了日常发票开具、充值、购物等常规功能模板，中油优途还能够提供在线洗车、充电、便利店商品加油换购、话费充值等丰富多样的服务。至今中油优途平台注册用户突破1300万人，累计交易额已达到50亿元，商城累计交易额超2亿元。

三、创一流，在高质量发展中拼出战略高地

"逢十"会员日活动开展后，效果十分明显。"为什么我们不能搞一个我们的非油会员日，打造非油品牌"这个念头闪现后，在公司领导的支持下，我马上付诸行动。创新打造"逢5"优享会员日，精选50余款畅销品和32款"爆品"组合油非一体化"大礼包"在会员日销售，有效减轻流量压力，提升客户服务质量，会员日店销收入、毛利较平日分别提升57%、48%，油非转换率达到21%，同比提高9个百分点。

2018年起，我负责开发运营四川销售自有商品，围绕"昆仑好客""好客蜀韵"两个序列品牌管理，至今已扩展到8个序列的30余款SKU，培育自有商品，荞麦方便面、"U&U"纸等近10个系列商品进入"优选+"序列，累计实现销售收入2.5亿元以上。2021年，积极落实消费帮扶，与凉山中泽橄榄、阿坝州红原奶粉等地方生态企业联合开发自有商品，甄选四川竹浆纸、峨眉雪芽等40余款地方特色商品纳入全国集采目录，线下设立特色专柜，线上开辟特色专区，推动地方名优商品热销全国。2022年，四川销售与五粮液合作的一款自有商品"五粮好客"问世即爆火，印证了四川销售非油自有商品和大单品策略的方向正确，目前销售渠道扩展至29个省区公司。

2023年，四川销售以高水平对外合作传播品牌影响力，将非油业务全面融入治蜀兴川、稳定四川民生经济大局。讲好非油品牌故事，落地与40个地方党委政府、大企业大集团、科研院所战略合作，讲好昆仑好客品牌故事，加大自有商品推

广，同时探索开发文旅、金融等业务，打造"石油+旅游"综合服务体，推进"石油+金融"服务工具，创新合作模式，丰富服务功能，助推企业质量变革、动力变革、效率变革。

入门十四载，跟随着四川非油一路成长，历经非油业务从无到有、由弱变强的发展全过程，自己也从一个懵懂的大学毕业生走上领导岗位。这十多年来，四川非油全面拓展业务量效空间，提升非油创效能力、创新能力、核心竞争力，使公司非油规模实力处于区域性公司、同行业前列，基本构建"线下实体+线上平台+异业商家"循环生态圈。我相信，未来非油的舞台会更加广阔，非油人将一如既往负起担当，带着希望再次起航，破浪前行。

6年6000万 源于不停挑战

辽宁销售 马晓飞

一、站在800万的起点上，向1000万发起挑战！

2017年的1月，我来到星海湾加油站，担任加油站经理。刚上任，公司就发布了2016年的"年报"，巨大的红色喜报《星海湾非油营业额达到803万元》刷爆了辽宁销售的朋友圈！能够一下子接手辽宁销售中销售额最高的星海湾便利店，我很自豪。

站在800万这个里程碑的起点上，我思考更多的是未来要实现一个怎样的目标。终于，在省市两级公司的领导和鼓励下，我勇敢向辽宁省第一座"千万元级便利店"这个目标发起挑战。这个目标让我豪情万丈，充满激情，因为向来选择做有挑战的事情就是我的性格和特点。

目标一旦确定，接下来需要策划的就是到底应该怎么干。经过细致的思考，决定要走便利店专业化的管理路线。用现在的话说就是：回归商业本质，做细做实便利店的店销。为了能够把便利店做得更加专业，我从理论和实际开始学习。理论方面，学习铃木敏文《零售的哲学》。认识到做好"假设验证、商品适销、商品清洁、友善服务"是锻炼"便利店经营的肌肉"，有肌肉才有力量。便利店商品的选择至关重要，不是以自己的喜好为倾向，而是以顾客的需求为导向，用顾客的视角选品。与客户沟通的时候，不能站在一条河的两岸喊话，而是要像挖井一样，挖出一条通向客户的水渠。

实操层面，要向优秀的便利店行业和专业人员学习。我经常和助理四处走访调研，去遍了罗森、全家、华润万家高端店 Ole 超市。同时邀请资深的便利店员工来店里手把手地教我们做好陈列。看似基础的工作往往是最难的，也是最需要付出心血的。为了能够验证客户需求，我们选择了多种进货。最多的时候，几乎采购了中央仓 2300 多个 SKU 中的近 2000 个。每次到货，都是满满两大卡车。所有员工利用下班时间搬货、归位、整理。

完成这些商品 SKU 数量的扩充与陈列的改善以后，大大地增加了客户购买率。记得，临近春节的时候，日均销售额已经达到 35000 多元，最多的一天卖出 5 万元。如果按每个客户客单价 300 元来计算，每天都要装满 120～165 个购物车。这背后，就对应我们无数次的上货、送货、补货……

300 余个日日夜夜的辛勤付出，终于迎来了那个期盼已久的激动时刻。2017 年 12 月的一天，随着最后一笔交易的完成，我和伙伴们热泪盈眶，激情相拥，因为我们创造了属于自己的销售纪录，开启了星海湾便利店的"千万元时代"。

二、武夷山月销 10 万瓶，让努力变成案例！

2019 年，已经是我们成为千万元级便利店的第三年。时逢辽宁销售正如火如荼地开展"开口营销"的培训工作，我想以此为契机，向一个近乎不可能完成的目标发起挑战——月销 10 万瓶武夷山。目的有三：第一，锻炼队伍的营销能力；第二，提升便利店的营业额；第三，用战斗来提高团队的新动能。2019 年 5 月，我们卖出 36000 瓶武夷山，单日最高销售 3000 瓶。按单日最高销售乘以 30 天是 9 万瓶，于是我大胆地提出了"月销10万瓶武夷山便利店"的目标。

我很感谢我的团队伙伴们，对我提出的这个近乎不可能实现的目标，表现出极大的支持和热情。我们制订了每天销售3500瓶的目标，因为要排除中间有下雨、停业等不定因素，所以尽量把任务往前推进。这个过程当中，有的员工给客户用手推车送货上门，有的利用下班时间去给客户送货，不遗余力地推销，一旦有客户购买，员工都是一下子搬起两箱送到客户车上，之后抹去汗水，露出胜利的微笑，和现场的同事，来一个"胜利"的击掌。

毫无悬念，我们成功了。2019年6月29日上午10点，10万瓶的销售目标提前一天完成，星海湾也被公司评为"金牌营销团队"，成为辽宁销售众所周知的一个"销售经典案例"。回顾战绩，里面有太多客户和领导的支持，有太多伙伴们的努力与汗水，但最重要的是我们感觉到了努力的力量，努力能够创造奇迹！

三、不忘初心、追求品质、打造更高竞争力！

时间很快就到了2023年，当前零售业的形式和格局都发生了很大变化，从传统零售到新零售，到数字零售，再到全渠道零售，我亲历着便利店的变迁，经常查看一些便利店行业报告，时刻关注着行业发展的变化趋势。CCFA、麦肯锡、尼尔森等专业报告，洞悉行业趋势、产品趋势及客户需求、行为、偏好。关注宏观，把握微观，以单站价值体系经营理念为指导，专注店销，关注毛利，做到利润最大化，为辽宁销售乃至昆仑好客品牌发展，尽一点自己的微薄之力。

非油伴我同成长

湖北销售　吏　璐

春华秋实，岁月如梭。湖北销售的非油业务已走过了15个春秋，发展成为全国系统靠前、本地知名的渠道型便利连锁零售体，拥有近800座便利店，涉及22

大类的商品，形成线上线下业务齐头并进，零售和批发业务突飞猛进的格局。如今，主营业务收入已是15年前的50倍。如果把2008年以来湖北销售非油业务所发生的变化、所取得的进步串起来，那将是一段精彩绝伦的经历。

作为一名从事12年非油业务的"老非油人"，我想我是幸运的。

2011年7月，我从湖北销售原加管处IC卡业务岗转到非油业务岗，年轻的我就这样跨进了非油业务的大门，转眼就是12年。回首往事，点点滴滴，仿佛就在昨天。

我们满怀激情，用深情和汗水书写我们激昂的青春，将执着和努力挥洒在平凡的岗位上。用十二个春夏秋冬，见证着公司非油业务的成长历程。

起初，非油业务机构还隶属于加管处，非油岗位员工仅有三人，人员力量单薄。那时候加管系统上线应用没多久，各套系统之间数据融合度不高，就连每周总部的考核都会让我"神经紧绷"。我从系统统计岗的基础工作干起，坚持自身业务的学习，在领导的指导下，提高管理水平，优化工作方式方法，确保非油系统考核指标不掉队。

2012年盘点枪系统是我独立负责的第一个省级项目，我专门跑到北京规划院对接资源，组织了三期培训班，全省业务和财务共计200余人参加培训，确保了系统初期的应用落地，该系统的应用还被纳入当年公司的科技项目之一，取得了优秀的成绩。我也在那次培训中提高了专业水平，学会熟练运用各种非油加管系统的方法。

2013年，公司非油处成立，非油业务进入一个崭新的时代。成立之初，我负责中央仓商品的选择，开始与品类管理有了交集。中央仓运行的前两个月，工作量大，没有配套的系统，为了对账，没有足够经验的我们连续通宵工作数天。在非油处的那几年，我先后做过统计、经营分析、综合管理、供应商管理。从一个没高度、没想法的"毛头小子"，到思考业务运营、揣摩思路的管理者；从起初写文章语句不通，到每周每月负责给分管领导写经营分析材料，其中一份湖北非油"十三五"规划汇报的材料还得到总部领导的高度认可。这些点点滴滴都让我在成长中锻炼自己，提高了自己的综合素质。

2015年，在担任非油供应商管理期间，我参加了一次在杭州举办的全国展会，这不仅提高了我的社交能力，改变我原本内向的性格，还积累了大量的资源。此后，我不仅开发了"优客逸品""昆仑情"这两个湖北销售自有品牌的设计和立项，还陆续开发了随州的香菇、精武鸭脖、赵李桥茶叶等代理和自有商品，并多次参加全国系统展会与推广，产品开发经验也越来越丰富。

2017年，非油体制进一步深化改革，成立了非油公司，这对我来说是一个全新的挑战，虽然工作岗位发生变化，但我的工作热情依旧。我不断完善供应商管理、风险防控、中央仓运行等制度机制，为公司非油业务的供应链搭建付出了汗水。如今，我又一次站在了新的岗位上，为公司非油店外业务发展出谋划策，贡献力量。尽管每个人的职位、岗位各有不同，能力有大有小，但我坚信只要不遗余力地去奉献自己的智慧和力量，在做好分内之事的基础上，为非油业务发展尽到自己的责任，就能交出一份令人满意的答卷。

12年春秋，几多汗水。我常常怀着感恩之心，辛勤工作，不改初衷。我深深地爱着这份非油事业，是非油业务为我提供了发挥自己人生价值的舞台。在这个舞台上，我将坚定信念，尽心尽责，不断奉献，成就不平凡的非油未来。

泛舟蓝海　风雨兼程逐梦光

吉林销售　王骊野

作为吉林销售的一名老员工，我走过了非油业务从无到有的历程，见证了加油站从以油品供应和市场拓展为主业的1.0时代到引入"互联网+"、经营非油商品的2.0时代，再到以加油站为平台，借助互联网、大数据、云技术等，通过融合、共享、跨界，全面打造"人·车·生活"生态圈的3.0时代，而我也在这个过程中成长为全新的自己。

一、脱发之路

刚进入非油战线的时候，我 33 岁，还有一头浓密的头发，脑子里却没什么非油的知识，尤其在当时计算机、信息化还不那么普及，我对加油站管理系统可以说是"一问三不知"。刚开始的几个月里，我向操作系统的一线员工学习，向总部工程师请教，经过不懈努力终于逐步对非油品业务及信息系统有了初步的认识与了解。

在我慢慢驾轻就熟的时候，2012 年，省公司非油处成立，这对我们这些想干事的非油人来说，无疑是一剂强心针，我加倍地投入到非油知识的海洋中，如饥似渴，虽然发量日渐稀疏，但对非油的理解却与日俱增。

二、打怪升级

加油站管理系统的雏形保障了加油站便利店业务的基础需求，但随着零售行业不断更新，非油品业务不断发展，以及公司对非油品业务高度重视，全体石油人对非油品业务的观念转变，原有的系统功能已经不能满足业务开展需求。

业务开展之初，为统筹协调各地市公司、各加油站非油销售，省公司进行集成管理，受系统限制，手工内容多，任务量巨大。比如控制加油站合理订货，没有大数据支撑，没有预警机制，只能人工审核。无论工作日、节假日，每天我都雷打不动地审批各单位上传的数百条订单信息，保障加油站便利店日常进货销售。

2017 年，加油站管理系统整体升级至 2.0 版本，我通过日常经验总结，积极与项目组沟通，研究、探讨适合非油品业务发展的各类系统功能与业务流程，提出合理化需求，60% 以上在全国推广使用。

2018 年，吉林销售与易科德合作，自建订货系统，我与对方工程师反复研讨，拟订吉林销售非油商品自动订货系统各业务环节管理流程，当年 10 月正式上线，目前稳定运行，并不断完善。

变革的不仅是硬件系统，员工们的思想观念、对待非油业务的态度也在转变。起初,加油站零散开展非油业务,如同站经理自营的小卖店,业务随意性强、不够规范,供应商为加油站提供的营销搭赠商品常被视为加油站的"私产"。省公司统筹管理后,我们做了大量思想工作,推动业务专业化、合规化发展。如今,较为健全的规章制度和较为成熟的管理体系,能够推动业务发展得更健康、更长远。

一路走来,磕磕绊绊,犹如打怪升级,但也充满乐趣。随着3.0时代的到来,我们的系统在向3.0推进,我们的观念也在向3.0推进,以消费者体验为中心、大数据和其他科技驱动为支撑的广泛零售形态,以客户体验和服务升级为目标,我坚信未来非油业务将为消费者、为人民群众带来更便捷、更美好的生活体验。

三、精神传承

为发挥平台规模效益,2016年,集团公司建设物流管理系统(EWM),吉林销售作为试点单位,成为销售公司第一个"吃螃蟹的人"。作为基层工作人员,我与规划院工程师一同研究、讨论、调整最初的系统逻辑与架构,从第一版全面推翻到后来的逐步完善,从"唇枪舌剑"到"惺惺相惜"。系统顺利投入使用后,我有幸到北京参加了集团公司物流系统验收会。

2019年,非油分公司完善机构和人员配置,我迎来新的"战友",更多人参与到非油业务的维护管理中。时至今日,中央仓系统日趋完善,非油中央仓也日趋壮大,实行仓储配送一体化管理,仓储、分拣、包装、配送等自动化运行,为全省站点提供每周两批次配送任务,年配送额超过2亿元。

近30年的职业生涯,12载非油蓝海奋楫扬帆,是与同事们苦乐与共的岁月,是对非油事业的一腔热爱,是愿为祖国献石油的不变情怀,这些喜乐将成为时光的老照片,而未来,我相信非油业务会更加美好。

我与加油站的非油故事

安徽销售　杜礼虹

我是杜礼虹，2014年参加工作，从一线普通员工到站经理，追忆往事，我为自己的成长感到特别的骄傲。

十年前，一次偶然的机会让我进入安徽销售六安分公司城南加油站，成为一名营销员，那是我第一次接触非油业务。到城南站不满一年，我就因为工作责任心强被提升为班长，在这个岗位一干就是六年，期间，获得六安分公司优秀员工、安徽公司优秀员工等荣誉。

2021年年初，公司调我去安徽销售六安分公司六霍路加油站担任负责人，接到任务时我心里很忐忑，担心自己不能胜任，辜负公司领导的栽培。可最后一想既然公司给了我机会，为什么不好好拼一次？六霍路加油站是六安分公司一类加油站，加油站地理位置优越，油品销量不是问题，但是每个月非油收入和毛利的完成率都很低，甚至达不到公司制订目标的70%。我是个要强的人，不甘落后，再加上公司一直强调，员工收入是靠业绩奋斗出来的，"躺平"不能有收获，于是我暗下决心，一定要实现加油站非油翻一番的目标。

2021年5月，公司与中国移动合作开展手机积分兑换商品业务。我抓住机会，带领员工现场对每位客户开口营销，不放弃任何一次兑换的机会。最终在7月省公司移动积分兑换活动中，六霍路加油站3名员工包揽了全省前三名，每人额外奖励800元，员工得到奖励后，干劲更足了。

2022年9月，六安分公司开展组合礼包竞赛活动，我又带着员工找准新目标，乐此不疲地推销套餐，现场营销氛围爆棚。最终，这次竞赛共销售礼包500余套，合计金额9万余元，平均每人获得非油奖励一千余元。

员工现场销售已形成良好氛围，作为站经理，我也不能闲着。六霍路加油站周边工厂企业较多，于是我利用下班时间，对企业进行拜访，询问食堂米油供货渠道。经过多次拜访，企业对比货源和服务后，最终选择与我们合作，现在我站是周边企业米油长期保供单位，每月为非油收入贡献2万余元。

2023年春耕时节，我又"盯"上站外化肥销售的机遇，凭着前两年的销售经验，在刚进入三月份的时候，就给老客户逐一打电话问好，顺便提及今年的化肥品牌及销售政策。因今年化肥价格不同于去年一直猛涨的形势，而是在持续下跌，我把这个关键信息传达给客户，获得了客户的认可和信任。同时充分利用以老带新，不断挖掘新客，去年通过一位老客户的推荐，帮我销售了整车33吨的化肥，目前已实现化肥销售60余吨。

2023年的端午节，六安分公司提倡自组套餐，我借机根据企业发放的福利要求去洽谈配货。节前的一个月，我每天围绕周边单位挨个排查，哪些单位端午节发放福利，哪些不发，发放单位以什么商品为主等。收集到信息并添加了联系方式后，我开始大量备货，因为怕到时供应不及时，所以提前备足，也给自己一些压力。距离端午节还有20天时，我又逐一给客户打电话确认，提醒他们货源已准备充足，随时可以送货。就这样，客户只要一联系我就立刻开始货车配送，不管是工作日，还是休息日，一点也没敢耽误。对此，客户对我的服务态度非常满意，都表示十分期待下次继续合作，最终实现整个端午节站外销售收入4万余元。

一路走来非常不易，有时迷茫困惑，有时举步艰难。忘不了自己躲在车上大哭时，流过多少眼泪，更忘不了领导说过的话："打铁还需自身硬。"于是一次次地告诉自己：擦干眼泪，没有过不去的坎！

我们在销售商品的同时，也是在销售自己，只有客户接受了你，才会接受你的商品。作为一名销售人员，必备真诚和自信，怀揣一颗真诚的心，诚恳对待客户，诚实对待商品。

路漫漫其修远兮，未来，我的非油之路还将坚定继续。

三"心"彰显勇担当　创"新"突破践使命

江苏销售　赵前辉

我开始从事非油销售工作，正逢2017年江苏销售非油业务转型升级期间。面对新形势、新任务、新要求，如何实现非油业务快速发展，怎样才能找准党建工作与中心工作的结合点、着力点，是我身兼支部书记和业务运营部主任的职责使命。在"新零售"业态的冲击下，公司非油业务受网络规模、进店客流等因素影响，传统业务模式已经难以保障。我经常与部门员工交流心得，如何聚焦"连续创造价值"，解决业务发展中的难点痛点问题，推动非油业务裂变式发展。

立"恒心"解难题，攻克加速发展难点。"初心易得，始终难守"。2019年以来，公司汽服洗车业务高速发展，但步入2020年后，公司自动洗车机业务渡过初期快速发展阶段，受场地条件、基础设施和环保管控等因素制约，后续发展乏力。我深知，洗车服务早已成为油站引客的有力手段，优化收入结构的重要途径，更是整合周边资源的渠道平台，绝对不容有失。问题在现场，答案也在现场。我长期坚持带领支部党员现场问诊，找准洗车网络拓展的难点症结，扎根现场求解问道。宿迁台州路站场地小，车流量大，客户对洗车服务需求强烈，但受场地限制，迟迟不能上线洗车设备。为了尽快解决问题，我把支部主题党日活动开在加油站现场，把解决洗车机投放问题作为主题，协调合作商技术员、分公司非油业务人员一起现场办公，查勘、寻找空间拓展办法。经过反复研讨论证，形成服务商租赁加油站北面场地的建设方案，突破自有场地局限性。台州路洗车项目成功投运，日均销量增加1吨多。台州路的成功也给了我启发，我通过组织大家学习"公司+""油站+"理念，采用"专业线+服务商""油站+洗车"等模式，一站一策解决洗车项目推进中的问题。"场内面积不够场外租""整合服务商优势资源""平台服务功能延展"等好方法竞相涌现，攻克了一个个发展难题，保障江苏销售洗车点数量持续位于全国前列，也逐步实现从洗车平台到养车平台的迭代升级，延伸客户服务链条。

树"信心"抓革新，解决异业合作痛点。2021年，面对非油业务多元化发展形势，公司上下对引入品牌餐饮达成共识。推动肯德基餐饮落地油站，实现区域合作"零突破"，成为了必须面对的挑战。作为知名餐饮企业，肯德基对施工队伍和建设标准的要求，与公司一贯坚持的原则差异较大。如果我们不能主动做出调整，从甲方转变成乙方，项目恐怕无法落地实施。面对困难，有些同志思想开始动摇，认为原则不能突破，否则一旦项目引入失败，还有被追究责任的风险，合作一度陷入僵局。"抓生产从思想入手，抓思想从生产出发"。在困难抉择面前，必须先统一思想认识。我多次组织相关人员集体座谈研讨，跟大家逐个谈心交流，形成"有条件要上，没有条件创造条件也要上"的思想共识，转变了长期固化的甲方思维模式，用乙方的身份和心态，深化市场认知，重新树立起破解难题的信心和决心。大家不再缩手缩脚，而是主动作为，积极寻找政策支持，终于在兄弟单位找到可以借鉴的方法。我与大家一同编制建设方案，逐句逐段研讨，反复完善细节，为了赶时间、抢进度，连续工作了两个通宵。功夫不负有心人，打破常规的投资建设模式，最终获得集团公司批准，实现盐城新都路肯德基穿梭餐厅的顺利投运。江苏销售在2021年内共建成2座肯德基店，其中新都路店日均收入3万元，在销售企业中排名第一。事实证明，对于新兴领域的合作拓展，就算是摸着石头过河，从"零"做起，只要我们坚定必胜信心，一切困难都是"纸老虎"。

用"热心"做服务，打通品牌推广堵点。2021年以来，我越发感受到：坐在办公室里等着业务上门早已变成过去式，非油业务想要发展，必须变坐商为行商，变管理思维为经营思维。在化肥业务拓展中，农户早已形成固定的采购习惯，由于在江苏地区起步晚，我们自有商品"一面旗"化肥品牌认知度不高，而且相对于一般快消品3到6个月的市场培育期，化肥市场培育期更长，甚至要2到3年时间，品牌推广阻力重重。如何让农户了解并且愿意购买我们经销的化肥，成为我要着力解决的难题。最初去苏北推广化肥时，参加品牌推介会的农民寥寥无几，也说不上两句话，往往以"算了吧"草草收场，大家都很沮丧，有一种"有劲无处使"的迷茫。于是我组织大家践行江苏销售核心价值观，深化"客户第一"思想的应用。鼓励大家在销售时，不仅是要让利于客户，更重要的是通过有"温度"的服务，获得客户的信赖与支持。"走进田间地头才能走进客户心头",为了让农民用上品质高、价格优的好化肥,我组织大家拜访农场和农田大户,携手中化化肥专家,召开多场对接会,在田间地头与农户唠家常,主动协调厂家直供降价,让农户感受到实实在在的优惠。越来越多的农户感受到了我们的诚意,萌生了试试看的想法。我们直接用三轮车把化肥推到农户家里,抬到田里,还带着中化农技师定期回访,兑现承诺的化肥使用效果。受访的农户都说:"以前我们买完化肥,别人都不管不问,现在不光送货上门,还为我们的收成操心,中国石油是有心的!"我们通过全心全意为客户着想,不仅打开了市场,还赢得了口碑。目前,我们已经设立遍布全省的化肥专卖店,化肥销售成倍增长。

"好事尽从难处得,少年无向易中轻"。对于非油业务发展来说,我只是推动巨轮前行的一朵浪花。面对加速转型期间,亟须快速发展的非油业务,我对工作思路又有了新的思考、新的方向、新的目标。我要发挥好"中枢纽带"作用,更加注重深入基层、言传身教,把会的教下去,把懂的传下去,为基层夯基础、办实事、见成效,为非油业务快速发展贡献力量。

我在非油的十年激荡岁月

云南销售 陈 燕

我是 2000 年 4 月进入中国石油工作的。二十多年时间里我从事过多个岗位,在非油工作的这十年间,对我影响最深刻、最值得记忆的要数在中央仓工作的那 5 年多的经历,一切仿佛就发生在昨天。

记得初到牛街仓库,库房简陋,周边道路泥泞,灰尘漫天。2011 年 6 月 27 日夜晚一阵狂风暴雨,十多间库房屋顶被掀翻,高压线被倒塌物压断掉在水中冒着蓝色电光,人在大自然灾害的面前显得如此渺小。我们害怕极了,只能将大家全部集中在一间较为安全的屋子里,唯一能做的就是不停地打电话向领导汇报,打 110、

119的电话报警。在我们孤立无援的时候，王红权主任冒着危险在凌晨3点赶到仓库，带领我们一起抢险。公司领导们也连夜送来救援物资，那个时候不仅感慨有这样的组织真好，靠得住，我们在这样的公司里工作也有保障。

仓库毁损后，我们搬到条件稍微好一点的王家桥仓库。2012年7月的一个夜晚，由于库区地势低洼，时逢雨季，半夜1点多洪水涌进库区。库内还有价值1000多万元的货品在仓，发现险情后，我立即去敲每一间宿舍的门，谁知道大家都早已穿好雨衣备好手电整齐地等待我的安排。经过5个小时的奋战，库内洪水被全部排出，货品也被转移到安全地带。由于抢救及时，公司财产没有遭受损失，虽然很累，但是大家的心紧紧相连，那一刻我由衷感到我的团队是最棒的，有这样的团队我非常自豪。

在普洱、昭通地区遭受地震的时候，为了能及时将救援物资第一时间送到灾区，确保沿线油站货品充足，大家放下手中的任务，无论车辆多晚到达库区，都优先装运救援物资，然后再加班加点完成本职工作。就是他们这种坚韧顽强、舍小家顾大家的拼搏精神让我感到骄傲。

细心的人会发现中央仓员工的工装永远都是脏兮兮的，那是因为我们分拣货品都是靠双手和身躯一件件抱起完成货品分拣，工装无法整洁。班前会我曾调侃："谁的衣服最脏，是不是分拣量最高啊？"大家你看看我，我看看你，都抿嘴笑着，羞涩地低下了头。有几次，我听见他们开玩笑说："哇，你衣服好干净啊，是不是昨天偷懒没干活啊？"我们的员工就是这么的朴实可爱，谁又知那件脏兮兮的工作服上凝结了多少辛劳的汗水，不到现场，无法体会。

在中央仓工作的5年多时间里，我得到各级领导和同事们的关心和帮助，集体和我个人也获得了诸多的荣誉，工作得到了肯定，付出得到了回报。

如今我已离开中央仓，辗转到新的工作岗位。人离开，心却从未走远，如今的中央仓向信息化、智能化迈进，会越来越好。我不擅长用华丽的辞藻去描绘和表述这是一种什么样的精神和情结，但这样的历练和精神，我想应该就是对石油精神和大庆精神铁人精神的一种真实写照和诠释吧。

第四节 寄语未来 长风破浪会有时

2022年非油专业线克服疫情等诸多困难，上下一心、努力拼搏、共克时艰，仍取得正向增长的良好业绩，属实来之不易。2023年希望非油专业线围绕打造区内最大商品供应商目标，锚定站内、团购、格桑泉、新品开发、跨界合作及人才培养再上新台阶，踔厉奋发，勇敢前行，为建设西藏特色一流销售企业贡献新的力量。

——西藏销售执行董事、党委书记 郭广海

吉林销售始终秉承"绿色发展，奉献能源，为客户成长增动力，为人民幸福赋新能"的价值追求，非油业务立足于市场，依托庞大销售网络和稳定的客户群体，将持续创新商业模式、开发优质新商品、打造购物新场景、创造消费新体验，锚定"行业一流零售服务商"的奋斗目标加速演进。

——吉林销售总经理、党委副书记 魏涛

2007年至今，天津销售非油业务的发展逐步壮大，建立专业化、市场化的运营模式，非油的改革发展迈出新步伐。未来，在更高水平开放型经济新体制下，非油发展空间将明显增大，消费场景更加年轻化，销售渠道更加多元化，我们将随着市场的发展逐步转型升级，通过营销融合、管理融合，以及服务融合来推动多种非油业态成长，加速构建"人·车·生活"生态圈，为顾客提供更多、更有价值的延伸服务。

——天津销售总经理、党委副书记 李涛

十六载不负韶华修远兮，十六载会挽雕弓如满月，十六载风雨兼程见彩虹，十六载不畏浮云见初心。如今正是男儿发奋时，百尺竿头须进步，十方世界是金身。待明日，长风破浪会有时，一堂欢聚庆战功。

——内蒙古销售总经理、党委副书记 钟量

机遇蕴含精彩，实干成就伟业。希望非油业务吹响改革发展号角，迸发蓬勃前进动力，以人、车需求为核心，紧密围绕"做大品类、做大业务、做大区域"，完善以客户和门店为核心的全价值链，构建一流"人·车·生活"生态圈。

——河南销售总经理、党委副书记　宋广喜

十六载砥砺奋进、十六载守正创新，我们的非油业务实现了从无到有、从有到优。如今，我们恰逢盛世、生逢其时，接续奋斗，舍我其谁！愿非油乘势而上，做强做优做大，为中国石油建设基业长青世界一流综合性国际能源公司贡献更大力量。

——湖北销售党委委员、副总经理　刘立新

回首往昔，十六载踏过不凡之路；举目前程，峰峦间散落万丈光芒。千锤百炼始成钢，勠力同心建新功。让我们非油人聚沙成塔，积水成渊，争做改革创新的领跑者，转型升级的排头兵，市场开拓的弄潮儿，提质增效的主力军，为集团公司高质量发展贡献强大力量。

——湖北销售非油分公司经理、党委副书记　路存利

非油发展至今，经历了蓄势待发的业务起步期，基础不断夯实的平稳发展期和势如破竹的快速发展期，创新经营能力逐步增强，商品品类结构进一步优化，店外业务持续发力，特色业务方兴未艾，建立起了一支专业化客户经理人队伍。未来，我们要向改革要动力，向开放要活力，进一步加强商品创新，业态创新，供应链优化，加快非油大数据应用，持续推进非油高质量发展，用实干和奋斗为打造国际知名、国内一流的"油气氢电非"综合服务商作出更大贡献。

——天津销售非油分公司经理　白刚

创业维艰，奋斗以成，非油业务自全面开展以来，全体非油人跨沟越壑、过山登峰，以实干者、开拓者、奋进者的姿态踔厉奋发、勇毅前行，推动非油业务规模、效益快速增长；以笃行之志，乘百年之势，让我们携手同心，赓续非油业务发展新华章。

——甘肃销售非油分公司经理、党委书记　周礼

关山初度尘未洗，策马扬鞭再奋蹄。非油业务自2007年全面发展以来，昆仑好客积极探索推广昆仑好客运营体系，加快构建"人·车·生活"生态圈，努力以更加优质的商品、更加贴心的服务，带给顾客更加放心、舒心、安心的体验。衷心祝愿昆仑

好客扬帆再起航，阔步新征程，为集团公司建设基业长青的世界一流综合性国际能源公司作出更大的贡献。

——安徽销售非油分公司经理　王伟

面对风云变幻的市场，非油业务不进则退。只有奋斗，才能创造更多的机会，登上更大的舞台。从2008年开始设立江西非油品业务中心，2016年江西销售成立非油处，到今天的非油分公司，非油业务风雨兼程，从蹒跚学步的婴孩，一步步成长为今天朝气蓬勃的青年，非油人用自己的努力憧憬未来；用自己的勤劳和智慧，弘扬"苦干实干""三老四严"的石油精神，推动非油事业做强做优做大。

"专业成就未来"，作为非油业务的领航人，我深知责任重大，更深知市场竞争的残酷，我们将坚持超常规发展思路，做强管理、做大规模、做优服务，在非油业务高质量发展上实现飞跃。

——江西销售非油分公司经理　赖日先

在坚守初心、牢记使命中锚定担当尽责，以便利店业务为核心、深化昆仑好客体系运用，提升商品保障能力和自有商品开发运营能力，打造便利店强大现场和效益增长点。在新时代新征程中砥砺前行，踔厉谱写善作善成的服务篇章。

——河南销售非油公司执行董事、党委书记　赵永杰

作为一名基层非油站线员工，在这份普普通通的岗位上15载奉献着青春，燃烧着生命，见证着非油业务从无到有，蓬勃发展，感恩着领导同事给予帮助和支持！祝愿昆仑好客品牌，成为每一位国人心中畅享品质生活的购物天堂。更加期待昆仑好客店外店快速成长，让宝石花遍布祖国的大江南北。

——湖北销售武汉阳光生活馆馆长　郑少华

2014年我成为一名便利店经理，近十年来，见证了昆仑好客便利店的不断发展，销售品类从简单到丰富，销售方式从单一店销到线上线下，客户群体从油品客户到周边社区以至更大看不见的社群，领略了我们昆仑好客便利店逐渐发展壮大的无限风光，期待非油销售业务更加多元化，服务质量不断提升，祝愿昆仑好客蒸蒸日上，不断创造新业绩。

——湖北销售荆州黄金口加油站经理　刘贤琼

坚持创新、绿色、共享理念，不断提升非油业务的核心竞争力。让我们一起行动起来，做具备独角兽思维、懂得储备能量的非油人，"众人划桨开大船"助推昆仑好客非油业务从众多竞争者中脱颖而出，为推动能源转型升级、促进经济社会发展做出更大贡献，携更多合作伙伴共同创造非油业务更加美好的未来！

——湖南销售株洲利安隆加油站经理　陈灿辉

十六载营销路、风雨共成长，亲历昆仑好客便利店一路稳健发展，用心用智用情吸引新客留住常客守住老客，打造"想干事、能干事、干成事"的湘销铁军，为非油事业贡献力量，为新形势下企业高质量发展赋能助力！

——湖南销售湘潭分公司　王婷

作为一名站经理，在从事非油业务十多年的时间里，享受过阳光雨露，经受过疾风劲雨，可以说有苦有甜，受益匪浅，更体现了自身的能力和价值。祝愿未来昆仑好客品牌不断走向大众、走进社区、深入人心，非油业务规模质量不断提速，自有商品畅销全国，爆款商品、网红商品迭代频出，让我们在非油业务发展壮大的潮流中绽放芳华，铸就企业发展新辉煌。

——内蒙古销售赤峰分公司赤锡路加油站经理　张承艳

加油站的未来，绝非仅以加油取胜。作为中和加油站综合管理员，从加油站最初的几十个单品到现在的上千种单品，从最初的不懂销售技巧到现在的熟练的营销技巧，从最初的一天一千左右的销售收入到如今的一天一万多的销售收入，我也实现了和加油站非油业务这块不可多得的"宝藏资源"共同成长。当我得知西藏销售以发展加油站便利店为契机，正在逐步建立健全集加油、购物、用餐、休息、汽车保养与维修等为一体的综合服务体系，为消费者提供系列化、便利化服务的时候，深感荣幸和快乐，这意味着西藏销售的非油业务发展会蒸蒸日上，希望我们西藏销售能早日成为西藏特色一流销售企业。

——西藏销售拉萨分公司中和加油站　拉姆

便利商店增长大，质优品精差异化。
汽车服务体验佳，洗车换胎自动化。
餐饮服务暖如家，美味安全多元化。
金融保险保障高，车险人险便捷化。

品牌合作众志成，销售成长专业化。
健康幸福赋新能，客户生活高质化。

——吉林销售长春分公司普庆站　陈月

非油风雨数十载，艰难和辛苦，我们一起经受。开拓非油，都知其中艰和苦。但是，喜悦与感受，我们共同拥有。做好非油，尤其需要"端正思想干"，尤其需要"实干"，尤其需要"巧干"，尤其需要"边学边干"，尤其需要"合力干"。所有艰辛，所有苦累，总是我们前进路上时刻提醒我们不断努力的鞭策。我们将一如既往地选择担当，选择坚强，选择无怨无悔的奉献，选择成蛹化蝶的希望。加油，努力，我们永远是不屈不挠的石油非油人。

——安徽销售阜阳公司　阮玲玉

我们要一步一个脚印，着力前行，在非油发展之路上，坚持不懈、勇往直前，才能走得更远！我们要秉持"责任、创新、合作、共赢"的经营理念，追求客户满意，不断提升服务质量，把非油品业务发展推向新的高度！要把握发展机遇，把握发展节奏，积极拓展市场，把握市场规律，不断创新，把握发展趋势，把握发展动力，努力推动业务发展！在企业发展的路上，我们要团结一致，勇敢挑战，勇于创新，勇于变革，不断进取，共创非油美好明天！

——甘肃销售兰州中央仓　欧承东

将非油业务打造成为销售企业新的业绩增长极任重道远。云南销售将始终站在全局和战略的高度来定位非油、谋划非油、支持非油，将非油业务作为"红海"市场逆势突围的"助推器"、销售企业转型发展的"新赛道"，坚持政治引领、战略指引、市场导向，顶住压力、练好内功、稳中求进，全力应变局、稳大局、开新局，为推动"人·车·生活"生态繁荣凝聚智慧，为推动销售企业非油业务蓬勃发展贡献云南智慧和云南力量。

——云南销售

昆仑好客便利店从无到有再到遍地开花，规模效益越来越好，业态领域越来越广，我们既是陪伴它一路成长的见证者，更是分享非油发展红利的受益者。从"请进来"销售模式的起步，到"走出去"发展策略的制订，再到线上线下结合的"比翼齐飞"营销思维，迈出的每一步都意义重大，意味深远。祝愿非油业务走得更稳，跑得更快，

"非"得更远。

——湖北销售宜昌城区团队经理　唐明姣

十来年春华秋实,十来年辛勤耕耘。回顾过去,我们无比自豪;展望未来,我们自信满满。忆往昔,站内站外多少销售话沧桑;看今朝,线上线下信心满满续辉煌。祝我们的非油发展前景无限好。

——山西销售翼城云唐加油站

非油业务坚持"优品、优质、优享"理念,持续完善服务保障体系,全面开展昆仑好客·美好生活"优行动"。思路决定出路,实干创造未来,愿非油业务再接再厉,继续创新,为建设国际知名、国内一流的"油气氢电非"综合服务商作出更新更大贡献。

——江西销售　车丽琴